Michael Coors, Alfred Simon,
Mark Stiemerling (Hg.)

Ethikberatung in Pflege und ambulanter Versorgung

Modelle und theoretische Grundlagen

Ethikberatung in Pflege und ambulanter Versorgung

Modelle und theoretische Grundlagen

Michael Coors, Alfred Simon,
Mark Stiemerling (Hg.)

Jacobs Verlag

Bibliographische Information der Deutschen Nationalbibliothek
Die Deutsche Nationalbibliothek verzeichnet diese Publikation in der Deutschen Nationalbibliographie; detaillierte bibliographische Daten sind im Internet über http://dnb.d-nb.de abrufbar.

Hellweg 72, 32791 Lage
Druck: Pressel
Bildnachweis Umschlag: © Stauke - Fotolia.com
ISBN 978-3-89918-237-8

Inhaltsverzeichnis

Vorwort 7

Ethik in Pflege und ambulanter Versorgung: Eine Einführung 9
Michael Coors

Teil I: Theoretische Grundlagen

1 Spezifische Strukturen der Ethikberatung in der stationären Altenpflege 19
Gisela Bockenheimer-Lucius

2 Ethik in der Pflege: (Selbst-)Wahrnehmung und Rollen professionell Pflegender in Entscheidungsprozessen zur PEG-Sonde bei Menschen mit Demenz 33
Margit Haas

3 Ethikberatung in der Altenpflege – Forderungen und Gegenstand 45
Annette Riedel

4 Ethikberatung in Pflege und ambulanter Versorgung: Eine Landkarte der unterschiedlichen Modelle 68
Alfred Simon

Teil II: Modelle und Erfahrungen

1 Das Malteser Ethikkonzept für Altenhilfe- und Pflegeeinrichtungen 81
Karin Gollan

2 Ethikberatung in der Bremer Heimstiftung 99
Petra Scholz

3 Das Frankfurter Netzwerk „Ethik in der Altenpflege“ 114
Timo Sauer

4 Die Arbeit des Ethikkomitees im AMEOS Unternehmensbereich Pflege Holstein 127
Jörg Wilch

5 Das Ethiknetz in Peine 142
Ina Hauptmann

6 Ambulantes Ethikkomitee Ammerland/Uplengen: Ausgangslage und auslösende Faktoren 151
Matthias Kreft, Stefan Kliesch, Sylvia Kotterba

7 Ethikberatung am Palliativstützpunkt Nienburg 162
Mechthild Schmithüsen, Reinhild Godehard

8 Ethikberatung in der Behindertenhilfe am Beispiel der Arbeit des Ethikkomitees der Stiftung Liebenau 173
Bruno Schmid

Vorwort

„Im Grunde sind es immer die Verbindungen mit Menschen,
die dem Leben seinen Wert geben."
Wilhelm von Humboldt

Was macht „gute Pflege" bzw. eine „gute Versorgung" aus? Und was ist ein „gutes Leben", wenn Pflegebedürftigkeit die Eigenständigkeit eines Menschen beeinträchtigt? Was kann und was soll man tun, wenn sich ein individuelles Lebenskonzept nicht mit den allgemeinen Ansprüchen einer „guten Pflege" deckt oder aber nicht kompatibel erscheint mit aktuellen strukturellen oder organisatorischen Gegebenheiten? Was ist zudem zu tun, wenn es abzuwägen gilt zwischen elementaren Grundrechten eines Menschen wie zum Beispiel zwischen Freiheit und Sicherheit? Welche Entscheidung kann in solch einem Einzelfall sinn- und wertvoll sein? Wie gelangen die direkt Betroffenen und Beteiligten zu einer ausgewogenen Entscheidung, die im Sinne des betroffenen Menschen ist, auch und erst recht, wenn dieser seinen Willen nicht mehr eigenständig formulieren kann?

Solche Fragen stellen sich bei der Versorgung alter, pflegebedürftiger und behinderter Menschen regelmäßig. Entscheidend für Ihre Beantwortung ist die gemeinsame Reflexion der beteiligten Personen, der direkte Austausch über Wertvorstellungen, Wünsche und Handlungsspielräume – und das trotz aller Anforderungen und Ansprüche, denen Mitarbeitende in der Pflege oder in der ambulanten Versorgung ausgesetzt sind. Der ethische Diskurs kann das Verständnis unter den Beteiligten wie auch die Wertschätzung füreinander fördern, indem miteinander statt übereinander gesprochen wird. Wichtig ist hierbei, dass die Reflexion geplant und systematisch erfolgt, um so alle relevanten Perspektiven offen einbringen und miteinander abwägen zu können. Was auf den ersten Blick aufwändig erscheint, entlastet die Handelnden in der Konsequenz und schärft eine achtsame Haltung, mit der die individuelle Bedürfnisorientierung stärker in den Mittelpunkt gerückt wird anstelle einer Fokussierung auf Arbeitsdichte, Ablaufstandards oder externe Qualitätsprüfungsvorgaben. Denn sowohl in der Alten- und in der Behindertenhilfe als auch in der ambulanten (Palliativ-) Versorgung geht es über eine medizinische und pflegerische Versorgung hinaus immer auch um (Lebens-) Begleitung, Beziehungsarbeit und Aushandlungsprozesse, für die die Pflegenden, Betreuenden und andere an der Versorgung Beteiligten sowohl Kompetenzen als auch Freiraum bzw. verlässliche Strukturen benötigen. Derart befähigt kann die übernommene Verantwortung besser wahrgenommen werden, auch unter Alltagsbelastungen und angesichts knapper Ressourcen die Sinne für ethische Fragestellungen offen zu halten.

Um eine derartige weitere Professionalisierung nach dem Motto „Beziehung vor Funktion" geht es in diesem Buch, in dem neben theoretischen Hintergründen gute Beispiele aus der Praxis der Ethikberatung in der Pflege und ambulanten Versorgung aufgezeigt werden, um anderen Praktikern Orientierung zu geben und mögliche Handlungsansätze aufzuzeigen. Der Blick über den Tellerrand auf unterschiedliche Voraussetzungen und Modelle soll dazu dienen, sich selbstbewusst aus der eigenen Profession heraus fortzuentwickeln. In dem komplexen Beziehungsgeflecht einer Pflege- bzw. Betreuungssituation braucht es Expertise für sinnhaftes Tun, insbesondere im Bereich der Begleitungs- und Diskurskompetenz. Dies gilt umso mehr angesichts der besonderen Bedarfe bei der Versorgung der zunehmenden Zahl demenzerkrankter Menschen oder in der Palliativversorgung in einer alternden Gesellschaft. Ein strukturiertes wertebasiertes Vorgehen wie jenes der Ethikberatung schärft dabei den Blick für das Ziel, Selbstbestimmung und Würde der zu Begleitenden zu wahren und sich immer wieder aktiv damit auseinander zu setzen, was dies in einer konkreten Situation heißen kann.

Unser Dank gilt den Autorinnen und Autoren des Buches. Christin Zang, Elin Scheel und Simone Schäper danken wir für die Mithilfe bei der editorischen Bearbeitung der Beiträge und der Evangelischen Kirche in Deutschland für die finanzielle Unterstützung dieses Buchprojekts.

Michael Coors
Alfred Simon
Mark Stiemerling

Ethik in Pflege und ambulanter Versorgung: Eine Einführung

Michael Coors

In Pflege und ambulanter Versorgung gehört die Ethik zum Alltag. Auch wenn nicht immer alle davon reden oder es mit diesem Wort benennen, erfassen doch die allermeisten Menschen, die in der Pflege und der (medizinischen) Versorgung alter und kranker Menschen arbeiten intuitiv, dass sie es täglich mit weitreichenden ethischen Entscheidungen zu tun haben. Oft geht es um Leben oder Tod, es geht um das Ausbalancieren von Freiheit und Zwang, von Individualität und Institution und es geht immer wieder darum, was die Würde der Menschen, die gepflegt werden, von allen Handelnden verlangt. So stehen oft die Fragen im Raum: „Darf man das? Ist das richtig? Ist das gut?"

Diese Einführung hat die Aufgabe, in das Dickicht der ethischen Fragen etwas Ordnung zu bringen und darzustellen, was Ethik ist und was sie leisten kann. Im Vordergrund der übrigen Beiträge steht dann v. a. die Frage, wie man Ethik in die alltäglichen Arbeitsprozesse einer Pflegeeinrichtung oder eines ambulanten Pflege- und/oder Palliativdienstes integrieren kann – wiederum in Theorie (Teil I) und Praxis (Teil II). Vor der Anwendungsfrage aber steht die Frage danach, was das eigentlich ist, das da in der Praxis umgesetzt werden soll.

Insofern geht es hier zunächst um die Theorie zur Praxis. Dabei ist es aber wichtig, sich klar zu machen, dass die Theorie der Ethik immer auf die praktische Anwendung zielt, denn es geht in der Ethik am Ende immer um Handlungsalternativen oder um die Art und Weise der Lebensführung.

1 Unterschiedliche Perspektiven der Ethik

Damit sind bereits zwei klassische Gegenstandsbereiche der Ethik benannt: das richtige Handeln und das gute Leben (Ross 2009; Habermas 1991, S. 100-118; Ricœur 2005). Vorstellungen des Richtigen und des Guten kann man unter dem Begriff der *Moral* zusammenfassen. *Ethik* hat es dann mit der Reflexion auf Moral zu tun (Schöne-Seifert 2007; Beauchamp/Childress 2013). Diese Reflexion kann dabei unterschiedliche Formen annehmen: Es kann um das *Beschreiben*, das *Verstehen* oder auch das *Begründen* von Moral gehen. Daraus ergeben sich unterschiedliche ethische Frageperspektiven:

1. *Empirische Ethik*: Der empirischen Ethik geht es allein darum, zu *beschreiben*, welche Bewertungen und Normen es z. B. in einer Gesellschaft oder einer bestimmten Gruppe gibt. Dafür erhebt sie mit Methoden der empirischen Sozialforschung Daten und wertet diese aus. Von der Beschreibung führt allerdings kein unmittelbarer Weg zur Gültigkeit ethischer Bewertungen und Normen. Doch die Beschreibungen sind wichtig, weil sie verdeutlichen, in welchen Kontexten Wertungen und Normen ihre Wirkung entfalten sollen.
2. *Evaluative Ethik oder „Ethik des guten Lebens“:* Eine evaluative Ethik fragt nach dem, was Menschen im Leben als das Gute erstreben. Es geht also darum, was Menschen moralisch wertvoll ist. Darum kann man auch von einer Ethik der Werte reden. Weil die Vorstellungen des Guten, die Wertvorstellungen, in unserer modernen pluralistischen Gesellschaft aber nicht einheitlich sind, gibt es unterschiedliche evaluative Ethiken. Dementsprechend geht es hier in erster Linie um das *Verstehen* unterschiedlicher evaluativer Begründungszusammenhänge.
3. *Normative Ethik:* In normativer Hinsicht geht es um die Frage, was angesichts der unterschiedlichen Vorstellungen des Guten als für alle verbindliche Norm formuliert werden kann. Der Anspruch einer normativen Ethik ist die *Begründung* allgemein gültiger ethischer Normen. Weil diese Normen prinzipielle Geltung beanspruchen, spricht man auch von ethischen Prinzipien.

Das heißt, wir gehen in der Ethik von einer Pluralität der Werte und der Vorstellungen des guten Lebens aus und fragen angesichts dieser Pluralität nach normativen ethischen Prinzipien, die für alle Geltung beanspruchen können.

2 Die Kunst der Unterscheidung

Diese sehr grundsätzlichen Überlegungen kann man auch auf die alltägliche Praxis beziehen. Dabei ist es wichtig zu unterscheiden, ob eine Aussage nur etwas beschreiben soll, ob sie es bewerten will oder ob sie einen allgemeinen normativen Anspruch erhebt (vgl. Fischer u. a. 2008, S. 30-34). Wenn also z. B. der behandelnde Arzt sagt: „Wir können Herrn Meier nicht weiter am Leben erhalten“, dann kann dies sehr unterschiedliches bedeuten:

- Ist der Satz als Beschreibung eines medizinischen Sachverhaltes gemeint, bedeutet er so viel wie: „Es gibt medizinisch keine Möglichkeit mehr, Herrn Meier lebenserhaltend zu behandeln“. Das heißt, es gibt keine medizinische Indikation zur Weiterbehandlung. Darüber ob dies stimmt oder nicht, muss man fachlich diskutieren – es ist kein Gegenstand einer i. e. S. ethischen Diskussion.
- Als ethische Bewertung kann dieser Satz Ausdruck einer moralischen Haltung sein, die ein Weiterleben in diesem Zustand nicht für erstrebenswert hält. Dann bedeutet dieser Satz so viel wie: „So wie es Herrn Meier geht, halte ich es für ihn nicht für erstrebenswert weiterzuleben.“ Damit wird eine subjektive Bewertung der Situation ausgedrückt, die auf einer individuellen Vorstellung dessen beruht, was gutes Leben ausmacht. Andere Personen und auch Herr Meier können die Situation anders bewerten. Solche unterschiedlichen ethischen Bewertungen können solange neben einander bestehen bleiben, wie sie nicht eine gemeinsame Entscheidung behindern. Wird aber eine gemeinsame Entscheidung notwendig – z.B. wenn über die Frage entschieden werden soll, ob eine lebenserhaltende Maßnahme fortgesetzt oder beendet werden soll – dann stellt sich die normative Frage, welche Bewertung für das weitere Handeln maßgeblich ist.
- In diesem Sinne kann der Satz schließlich auch normativ gemeint sein, also im Sinne von „Wir dürfen Herrn Meier nicht länger am Leben erhalten“. Wichtig ist bei dieser Bedeutung dann, dass der normative Anspruch auch begründet wird. Eine Begründung könnte z. B. lauten: „Wir dürfen Herrn Meier nicht weiter am Leben erhalten, weil er das nicht will“, oder „weil wir ihm mehr schaden als nützen würden.“ Diese Begründungen appellieren jeweils an ethische Prinzipien, die weitgehend allgemeine Anerkennung genießen (s. dazu Abschnitt 3).

Für den Umgang mit ethischen Fragen und Konflikten im Alltag der Pflege und der ambulanten Versorgung ist diese Kunst der Unterscheidung von großer Bedeutung. Denn oft entstehen Konflikte aufgrund von Missverständnissen, weil

z. B. eine Aussage über die medizinische Sinnlosigkeit einer Behandlung missverstanden wird als Bewertung einer Lebenssituation, oder aber umgekehrt wird einen ethische Bewertung als Beschreibung eines Sachverhaltes dargestellt. Oft werden aber auch normative Ansprüche formuliert, die nicht mit dem übereinstimmen, was in Deutschland rechtlich klar geregelt ist.

3 Normative ethische Prinzipien in Medizin und Pflege

Weil in der Pflege und in der Medizin in aller Regel keine Zeit ist, ausführliche Diskussionen darüber zu führen, welche normativen Prinzipien denn nun gelten sollen, hat es sich in der Medizin- und Pflegeethik etabliert, von einigen Prinzipien auszugehen, deren Geltung weitgehend unbestritten ist – zumindest so lange man sich nicht darauf einlässt, sie inhaltlich näher zu bestimmen oder ihre Gewichtung zu diskutieren. Dieser ethische Ansatz wird auch mit dem englischen Wort *Principalism* bezeichnet und geht auf die Medizinethiker Tom L. Beauchamp und James F. Childress in den USA zurück. Sie haben erstmals in den 1970er Jahren vier Prinzipien benannt, an denen sich die ethische Urteilsbildung in der Praxis von Medizin und Pflege orientieren soll (Beauchamp/Childress 2013):

- Respekt vor der Selbstbestimmung (Autonomie)
- Nicht-Schaden
- Wohltun
- Gerechtigkeit

Über die Gewichtung, die Zuordnung dieser Prinzipien zueinander und deren genauen Inhalt ist damit noch nichts gesagt und die Stärke dieses Ansatzes liegt auch darin, dass man diese Fragen auf die konkrete Anwendung verlagern kann und muss. Das heißt die Frage, ob z. B. die Selbstbestimmung des Patienten oder Bewohners schwerer wiegt als die Pflicht, ihm Wohl zu tun, muss und kann nicht abstrakt und losgelöst vom konkreten Fall entschieden werden, sondern muss in jeder Fallentscheidung neu diskutiert werden. So allgemein also der Anspruch dieser ethischen Prinzipien ist, so sehr ist die Anwendung dieser Prinzipien auf den konkreten Einzelfall wieder abhängig davon, dass sich die betroffenen Personen darauf einigen können, wie sie die allgemeinen Prinzipien im konkreten Fall gewichten.

Dennoch sind ein paar inhaltliche Anmerkungen zu diesen ethischen Prinzipien sinnvoll. Das Prinzip des Respekts vor der Selbstbestimmung betont im Wesentlichen das Recht eines jeden Menschen, seine eigene ethische Bewertung einer Situation zu haben. Das bedeutet, dass die ethische Bewertung der Situation durch den Patienten oder Bewohner immer Vorrang hat vor der ethischen Bewertung anderer wie z. B. der Angehörigen, der Pflegenden oder der Ärzte. Wenn also Herr Meier der Auffassung ist, dass er in der Situation schwerster Pflegebedürftigkeit nicht mehr leben will, weil das seiner Vorstellung guten Lebens widerspricht, dann darf ihn niemand aufgrund einer anderen Wertvorstellung zu einer lebenserhaltenden Behandlung nötigen. So ist es in Deutschland auch geltendes Recht: Niemand darf gegen seinen selbstbestimmten Willen zu einer medizinischen Behandlung oder pflegerischen Maßnahme gezwungen werden, sondern hat das Recht auf Beendigung auch einer lebenserhaltenden Behandlung (BGH 2010; Jox 2011, S. 80f).

Aufschlussreich ist schließlich die Perspektive, die das ethische Prinzip vorgibt: Es ist nämlich nicht als Anspruchsrecht formuliert, sondern es nimmt die Perspektive des *Respekts* vor der Person des anderen ein. Das entspricht der grundlegenden Perspektive von Ethik: Es geht immer um die Beziehung zu anderen Menschen und damit um die Frage, in welcher Form ich anderen verpflichtet bin. Es geht also nicht so sehr um meinen Anspruch auf Selbstbestimmung, sondern darum, dass ich die Selbstbestimmung des Anderen respektieren soll.

Damit wird deutlich, dass die Perspektive der Sorge bzw. der Fürsorge für die Menschen, mit denen ich es zu tun habe, für die Ethik von zentraler Bedeutung ist. Die Prinzipien des Nicht-Schadens und des Wohltuns werden häufig auch als Fürsorgeprinzipien zusammengefasst und bedingen einander. Sie sind zugleich sehr alte ethische Prinzipien der Medizin. Die Regel *primum nil nocere* (Das Wichtigste ist, nicht zu schaden) ist bereits im Hippokratischen Eid belegt, und die Regel *neminem laedere* (niemandem schaden) ist eine alte Rechtsregel des römischen Rechts. Dem Sinn nach ebenfalls schon im Hippokratischen Eid belegt ist die Regel *salus aegroti suprema lex* (Das Wohl des Kranken ist das höchste Gesetz), dessen Grundintention im Prinzip des Wohltuns ausgedrückt ist. Diese Fürsorgeprinzipien verweisen auf die Grundhaltung, mit der Ärzte und Pflegende Patienten und Bewohnern begegnen sollen: einer Haltung, die dem anderen, der durch Krankheit in Not geraten ist, Gutes tun und Schaden von ihm abwenden will. Weil aber die Frage, was das Wohl und was genau ein Schaden ist, immer auch eine stark subjektive Seite hat, bildet der Respekt vor der Selbstbestimmung so etwas wie eine innere Grenze der Fürsorgepflicht. Was jemand als sein Wohl, was als Schaden erlebt, ist immer auch eine subjektive Bewertung. Darum ist ein Abwägen von Wohl und Schaden nie eine rein objektive Angelegenheit, sondern verlangt immer, die Perspektive des Betroffenen mit einzubeziehen.

Das Prinzip der Gerechtigkeit ist wohl dasjenige ethische Prinzip, das in der konkreten pflegerischen und medizinischen Praxis zunächst am fernsten und abstraktesten erscheint. Klassische Gerechtigkeitsfragen sind Verteilungsfragen: Wie verteile ich etwas gerecht? Solche Fragen betreffen in aller Regel zunächst einmal Institutionen und Systeme, und so geht es im Gesundheitswesen bei der Frage der Gerechtigkeit meistens auch um die Verteilung von Geld. Aber auch in der konkreten Praxis von Pflege und medizinischer Versorgung werden Güter verteilt. Dazu gehört z. B. die Arbeitszeit: Welcher Bewohner, welcher Patient bekommt mehr Zeit und was ist hier das Kriterium für eine gerechte Verteilung? Ob wir uns einem Patienten dann besonders intensiv und zeitaufwendig widmen, wenn er besonders hilfsbedürftig ist, oder dann, wenn die Einrichtung besonders viel an ihm verdient, ist in ethischer Perspektive eine klassische Frage der Gerechtigkeit. Ist es gerecht, pflegerische Zuwendung nach ökonomischem Nutzen zu verteilen? Auf diese Frage geben ärztliches und pflegerisches Ethos eine klare Antwort: Das primäre Kriterium für eine gerechte Verteilung in Medizin und Pflege ist die Hilfsbedürftigkeit eines Menschen und nicht der ökonomische Nutzen. Es ist aber wichtig, sich klar zu machen, dass das eine ethisch normative Entscheidung ist, und dass diese normative Entscheidung in der Praxis von Pflege und medizinischer Versorgung unter den Bedingungen der Ökonomisierung immer wieder in Frage gestellt wird.

4 Fazit

Die genannten vier normativen ethischen Prinzipien haben sich in der ethischen Alltagspraxis von Medizin und Pflege als hilfreiche Orientierung bewährt. Sie formulieren keine umfassende Ethik, sondern sind der Versuch, den moralischen Anspruch, den die unverletzliche Würde eines jeden Menschen bedeutet, in konkrete handlungsleitende Orientierungen zu übersetzen.

Was dies im konkreten Fall bedeutet, ist auf den ersten Blick häufig nicht klar. Darum braucht es in der Praxis von Pflege und ambulanter (medizinischer) Versorgung strukturierte Methoden, um den ethischen Entscheidungsprozess zu gestalten. Ethikberatung ist ein Modell für solch einen strukturierten Umgang mit ethischen Fragestellungen. Bisher hat sie sich vor allem im Krankenhausbereich etabliert. Es gibt aber inzwischen auch Erfahrungen aus der Praxis von stationärer Pflege und ambulanter Versorgung, die bisher von vielen nicht wahrgenommen werden, die aber gleichzeitig zeigen, dass es auch unter den angespannten strukturellen Bedingungen in der Pflege möglich ist, einen verantwortungsvollen und strukturierten Umgang mit ethischen Problemen institutionell zu verankern.

Darum haben wir in diesem Band exemplarische Modelle der Ethikberatung in Pflege und ambulanter Versorgung gesammelt und stellen sie in Teil II des Buches vor. Dem gehen einige Kapitel zu theoretischen Grundlagen der Ethikberatung in Teil I voraus, die Strukturen (I.1) und Inhalte (I.3) der Ethikberatung sowie die Praxis ethischen Urteilens im Alltag von Pflegekräften (I.2) thematisieren. Eine Übersicht über unterschiedliche Modelle der Ethikberatung jenseits des Krankenhauses (I.4) leitet dann zum zweiten Teil des Buches über, in dem konkrete Modelle aus den Bereichen Altenpflege und ambulanter Versorgung – sowie ein Beispiel aus dem Bereich der Behindertenhilfe – vorgestellt werden.

Literatur

Beauchamp Tom L., Childress James F. (2013) The Principles of Biomedical Ethics. 7. Auflage. Oxford (University Press).

Bundesgerichtshof (2010) Urteil vom 25. Juni 2010 – 2 StR 454/09. In: Neue Juristische Wochenschrift 40, S. 2963-2968.

Fischer Johannes, Gruden Stefan, Imhof Esther, Strub Jean-Daniel (2008): Grundkurs Ethik. Grundbegriffe philosophischer und theologischer Ethik. 2., überarbeitete und erweiterte Auflage. Stuttgart (Kohlhammer).

Habermas Jürgen (1991): Erläuterungen zur Diskursethik. Frankfurt a.M. (Suhrkamp).

Jox Ralf (2011) Sterben lassen. Über Entscheidungen am Ende des Lebens. Hamburg (Edition Körber Stiftung).

Ricœur Paul (2005): Ethik und Moral (1990). In: Ricœur Paul: Vom Text zur Person. Hermeneutische Aufsätze (1970–1990). Hrsg. und Übers. von Welsen P. Hamburg (Meiner), S. 251-267.

Ross William D. (2009): The Right and the Good, hg. v. Stratton-Lake Ph, Oxford (University Press) (Erstauflage 1930).

Schöne-Seifert B (2007): Grundlagen der Medizinethik. Stuttgart (Kröner).

Teil I

Theoretische Grundlagen

1 Spezifische Strukturen der Ethikberatung in der stationären Altenpflege

Gisela Bockenheimer-Lucius

1.1 Einleitung

Ethikberatung ist im klinischen Bereich zwar noch keineswegs überall implementiert, hat aber seit vielen Jahren definierte Voraussetzungen und Aufgaben und ein klar strukturiertes Verfahren. So gehören u.a. die multiprofessionelle und interdisziplinäre Zusammensetzung eines Ethikkomitees und die mit Hilfe eines Fragebogens strukturierte Analyse ethisch und/oder rechtlich schwieriger, manchmal konfliktbeladener Situationen dazu. Die Medizinethik – und gleiches gilt für die Pflegeethik – nimmt dadurch „in unterschiedlichen Beratungsformen (potenziell) einen immer größeren Einfluss auf konkrete Entscheidungen in der Praxis, sodass die Frage naheliegt, wie der Erfolg und damit die Qualität dieser Bemühungen beurteilt und sichergestellt werden kann." (Marckmann 2013: 87). Diese Voraussetzungen gelten selbstverständlich auch für die zunehmende Praxis der Ethikberatung in Einrichtungen der stationären Altenpflege.

Ethikberatung trifft in verschiedenen Kontexten zunächst auf grundsätzlich gleiche oder zumindest sehr ähnliche Grundsituationen: Das pflegerische, ärztliche oder „betreuende" Handeln fordert den Praktizierenden / die Praktizierende in seiner / ihrer eigenen täglichen Betroffenheit und Erfahrungswelt nicht selten zum Widerspruch heraus, und die vermeintlich einheitliche Position eines pflegerischen oder ärztlichen Selbstverständnisses erweist sich nicht selten als Trugschluss. Normative Fragen führen dann zu moralischen Herausforderungen, und das eigene Urteil muss gegenüber kontroversen Ansichten der Kollegen / Kolleginnen oder gar Berufsfremder (z. B. Heimbewohner / Patienten / Angehörige) argumentativ gerechtfertigt werden. Ziel der Ethikberatung ist es deshalb u. a., „durch eine systematische Analyse einen Beitrag zu ethisch besser begründeten Entscheidungen in der Medizin und im Gesundheitswesen zu leisten" (Marckmann 2013: 88), was zwangsläufig mit einer ethischen Bewertung von Handlungsoptionen verbunden ist. Um nun die genannte Forderung nach Sicherstellung der Beratungsqualität zu erfüllen, bedarf es klarer Kriterien. Georg Marckmann zählt dazu die genaue Beschreibung der Entscheidungssituation und der verfügbaren Handlungsoptionen mit ihren Folgen auf. Normative Kriterien für die Bewertung der Handlungsoptionen müssen benannt werden, und das Begründungsverfahren muss erläutert werden und transparent sein. Eine „praxisnahe Empfehlung für eine ethisch vertretbare Umsetzung in der Entscheidungssituation" muss resultieren, wobei zu evaluieren ist, ob die Empfehlung zu einer guten Lösung geführt hat (Marckmann 2013: 88).

In der Praxis tauchen jedoch vielfältige Hindernisse auf, die bereits im Vorfeld die Chancen für eine erfolgreiche Ethikberatung reduzieren. Eine Broschüre der Malteser benennt die Schwierigkeiten und möglichen Defizite:

- Der Blick auf die Ethik und die Sensibilität für ethische Probleme gehen unter dem Zeitdruck und der Personalknappheit im Altenpflegeheim oftmals unter. Der Blick auf die Ethik darf aber nicht dem Zufall überlassen werden.
- Der Blick auf die Ethik und die ethische Reflexion müssen deshalb systematisch geschult und gefördert werden.
- In den Einrichtungen der Altenpflege müssen Strukturen (Raum, Zeit, Kommunikationsstrukturen) für die ethische Reflexion und Diskussion geschaffen werden. (Malteser 2009: 4)

Diese Hürden und Barrieren gelten natürlich für den klinischen Bereich in gleicher Weise. Warum aber nun „Besonderheiten" der Ethikberatung im Altenpflegeheim?

1.2 Handlungsfeld Altenpflegeheim

Zunächst sollen einige wesentliche *Unterschiede in den Organisationen „Krankenhaus" und „Altenpflegeheim"* erörtert werden. Wie die folgende Tabelle zeigt, lassen sich alle Einzelfaktoren damit zusammenfassen, dass das Altenpflegeheim in erster Linie – vor dem Hintergrund der Zielsetzung, ein Ort der Langzeitpflege bei chronischer Multimorbidität zu sein – eine Wohn- und Lebensgemeinschaft für die letzten Lebensjahre sein will.

Die bisherige Beobachtung, dass in der Klinik nur begrenzt wesentliche kognitive Einschränkungen der Patienten vorhanden sind, gilt zunehmend nicht mehr. Auch wenn im Pflegeheim – wohl anders als in der Klinik – die Mehrzahl der Bewohner unter deutlichen geistigen Einschränkungen leidet, steht die Frage nach der fehlenden Einwilligungsfähigkeit aufgrund von Demenz inzwischen überall im Vordergrund, wo Entscheidungen getroffen werden müssen. Der sogenannte „natürliche Wille“ (leibliche Äußerungen) spielt allerdings explizit bei Entscheidungsproblemen in der Klinik keine nennenswerte (oder gar keine) Rolle. Im Pflegeheim steht die Deutung von (außerordentlich schwer zu interpretierenden) leiblichen Willensäußerungen (Gestik, Mimik, körperliche Abwehr) im Zentrum vieler Gespräche.

Krankenhaus	**Altenpflegeheim**
Aufenthalt vorübergehend	Aufenthalt in der Regel auf Dauer
Ort der Akutversorgung	In der Regel Lebensraum sowie Ort der Langzeitpflege
Es gibt ein Leben außerhalb des Krankenhauses	Es gibt in der Regel kein oder kaum ein Leben außerhalb des Heimes
Es gibt ein „Danach“	Es gibt in der Regel kein „Danach“
Der Alltag ist von medizinischen Fragestellungen bestimmt.	Der Alltag ist von pflegerischen und sozialen Fragestellungen bestimmt.
Überwachung des Kranken ist nur vorübergehend umfassend.	Überwachung des Heimbewohners ist in der Regel auf Dauer umfassend.
Keine längerfristigen intensiven Beziehungen zwischen Kranken und Pflegenden	Langfristige, oftmals intensive Beziehungen zwischen Heimbewohnern und Pflegenden; von Seiten der Heimbewohner oftmals als „private“ Beziehungen interpretiert
Selten enge Beziehungen zwischen Angehörigen und Pflegenden, immer zeitlich begrenzt	Enge, nicht selten auch konfliktreiche und langjährige Beziehungen zwischen den Pflegenden und den Angehörigen
Beziehungen zwischen den Patienten untereinander in der Regel auf Krankheit und Information bezogen	Beziehungen zwischen den Heimbewohnern gelegentlich auf Gemeinschaft bezogen, selten intensiv, oftmals konfliktreich
Beziehungen zwischen Angehörigen verschiedener Patienten untereinander in der Regel kurzzeitig und auf Information bezogen	Beziehungen zwischen den Angehörigen langfristig, auf vielseitigen Erfahrungsaustausch bezogen

Relevant ist das *Spezifikum der Altenpflege*, dass sie sich nämlich um eine abgegrenzte und definierte Gruppe von Menschen kümmert und weit umfangreicher als die Krankenpflege u.a. auch sozialpflegerische Aspekte, Aspekte der palliativen Versorgung und der Sterbebegleitung, der gerontopsychiatrischen Betreuung und die Berücksichtigung der sog. Biografiearbeit beinhaltet. So heißt es beispielsweise im Unterrichtskatalog für die gerontopsychiatrische Pflege: „Die Charta der ‚Rechte hilfe- und pflegebedürftiger Menschen' wirft zentrale ethische Themen auf wie Selbstbestimmung, Freiheit und Sicherheit, Privatheit, Aufklärung und Information, Wertschätzung und Teilhabe an der Gesellschaft, Kultur und Weltanschauung sowie palliative Begleitung."[1]

Die Komplexität der Beziehungen zwischen Heimbewohnern, Pflegenden, Angehörigen und einer Vielzahl weiterer Berufsangehöriger geht sicherlich auch über das Beziehungsgeflecht in einer Klinik hinaus (vgl. dazu näher Bockenheimer et al. 2012).

Das Handlungs- und Entscheidungsfeld „Altenpflegeheim" zeigt also Besonderheiten auf, die sich in den anstehenden Fragen und Konflikten widerspiegeln. Die Spezifizierung der Aufgaben eines Ethikkomitees im Altenpflegeheim (EKA) ist – wie noch zu zeigen sein wird – entsprechend umfangreicher als bei einem Klinischen Ethikkomitee (KEK).

1.3 Spezifische strukturelle Probleme des Altenpflegeheims

Die Beschreibung des Handlungsfeldes ist unvollständig, wenn man nicht ergänzend die vielfältigen strukturellen Herausforderungen wie Defizite aufzählen würde.

Die Diskussion um strukturelle Probleme wird regelmäßig mit dem Hinweis auf einen erheblichen, chronischen Mangel an qualifiziertem Fachpersonal eingeleitet. Beklagt werden ein zu geringer Personalschlüssel, zeitliche und fachliche Überforderung des Personals, eine dadurch auch oftmals mangelhafte oder ungenügende fachliche Anleitung der unausgebildeten Mitarbeiter und die daraus wiederum resultierende Verringerung der Pflegequalität. Zweifellos zieht auch der grundsätzliche Mangel an finanziellen und insbesondere personellen Res-

[1] So führt das bundeseinheitliche Curriculum für die Altenpflegeausbildung u.v.a. beispielsweise auch als Lernfeld auf, den alten Menschen bei der Wohnraum- und Wohnumfeldgestaltung zu unterstützen.

sourcen Probleme für eine Vielzahl von professionellen wie moralischen Forderungen nach sich. Ein Mangel an Zuwendung und Betreuung, Hektik bei pflegerischen Tätigkeiten und die ständige Gefahr des Burnouts bei den Pflegekräften sind gravierende und ernstzunehmende gesellschaftliche, vor allem aber auch politische Sachverhalte.

Darüber darf jedoch nicht unberücksichtigt bleiben, dass der Einrichtung „Altenpflegeheim" *konstitutiv* Strukturen zugrunde liegen, die mit Blick auf ethische Fragen eine besondere Sensibilität verlangen. Im Bereich der Mitarbeiter herrschen hierarchische, mit Machtgefälle verknüpfte Strukturen vor, um die es aber hier nicht gehen soll. Von Bedeutung ist die strukturell bedingte Macht, die durch die Rahmenbedingungen, Vorschriften und Gewohnheiten eines Altenpflegeheims gegeben ist. Ein Altenpflegeheim kann – bewusst oder unbewusst – die Realisierung der Autonomie seiner Bewohner sowohl auf der Ebene der Entscheidungen als auch der Handlungsmöglichkeiten entweder dadurch unterbinden, dass Alltagsroutine und Heimvorschriften die Freiheit beschneiden oder dadurch, dass Angebote zur selbstbestimmten Lebensgestaltung fehlen (Caplan 1990: 45). Die Autonomie des Heimbewohners ist nämlich *primär* nicht dadurch gefährdet, dass sie ihre Grenze an der Autonomie der anderen findet, sondern durch Vorgaben der Institution, die die Realisierung autonomer Entscheidungen und Handlungen verhindert. Eine „verbarrikadierte Autonomie" resultiert aus den drei „R"s: „routine, regulation, restrictive opportunity" (nach Kane u. a. 1990: 317).

Auch die Architektur einer Einrichtung fördert oder behindert die Autonomie und die Privatheit der Heimbewohner – etwa die Zahl an Einzelzimmern und Doppelzimmern oder die Möglichkeiten zum Rückzug.[2]

Gewollt oder ungewollt, vermeidbar oder unvermeidbar, nicht selten als Folge schwerster Pflegebedürftigkeit, gilt nach wie vor, dass man eine „derart extreme Kumulierung von Abhängigkeiten [...] schwerlich anderswo in unserer Gesellschaft" findet (von Eicken u. a. 1990: 12). Die Zuordnung des Altenpflegeheims zu den sog. „Totalen Institutionen" (Goffman 1971) ist nicht obsolet geworden – trotz aller geradezu fundamentalen Entwicklungen hin zur Offenheit gegenüber den individuellen Bedürfnissen der Bewohner. Es gehört zu den grundlegenden

[2] Diskussionen um die Notwendigkeit oder um Sinn und Unsinn der Dokumentationspflicht sowie die Klage über eine Bürokratisierung der Pflege gehören zweifellos auch zu den strukturellen Problemen des Altenpflegeheims, sind aber nicht spezifisch für diese Einrichtungen, sondern finden sich ebenso drängend für den Alltag in klinischen Einrichtungen.

Charakteristika eines Altenpflegeheims, dass alle Angelegenheiten des Lebens an ein und derselben Stelle, unter ein und derselben Autorität stattfinden, und dass „Totale Institutionen“ – wie eben auch das Altenpflegeheim – soziale Zwitter sind, nämlich einerseits Wohn- und Lebensgemeinschaft, andererseits formale Organisation (vgl. dazu ausführlich Bockenheimer u. a. 2012: 229-239; Sauer spricht dort von einer „quasi-totalen Institution“). Umgang mit Macht erweist sich also auch als eine strukturell bedingte Aufgabe (König 1996: 116).[3]

Ein weiteres Problemfeld struktureller Art ist die oftmals mangelnde ärztliche Versorgung. Ob hier ein Heimarzt mit einer entsprechend behindertengerecht ausgestatteten Praxis die belastenden Situationen der Betreuung, vor allem im Notfall reduzieren und zu weniger Krankenhauseinweisungen führen könnte, wird sehr kontrovers diskutiert. Aber zweifellos sind einerseits die Zusammenarbeit mit den Haus- und Fachärzten und andererseits die erforderliche Übernahme von zunehmend mehr medizinisch ausgerichteten Tätigkeiten für die Pflegenden ein Konfliktfeld (vgl. dazu beispielsweise den Einsatz von Psychopharmaka; Bockenheimer-Lucius 2007).

Am problematischsten dürften sich aber wohl die aktuellen Herausforderungen durch erhebliche strukturelle Änderungen der Bewohnerschaft herausstellen. Altenpflegeheime betreuen heute viele alte Menschen mit psychiatrischen und neurologischen Erkrankungen. Außer dem hohen Prozentsatz an Demenzkranken leiden viele Heimbewohner an Depressionen, Psychosen, es werden Menschen mit Parkinson, Schlaganfallfolgen, Anfallserkrankungen und im sog. „Wachkoma“ versorgt. Damit sind die Mitarbeiter und Mitarbeiterinnen im Altenpflegeheim aber zunehmend mit hochspezialisierten Aufgaben befasst. Es ist nicht verwunderlich, dass immer wieder die Debatte darum kreist, ob die Altenpflege stärker medizinischen oder eher sozialtherapeutischen Zielen verpflichtet ist.

Noch dramatischer erweist sich die wachsende Aufnahme von sog. „jungen Alten“, denen die herkömmlichen Altenheim-Konzepte nicht gerecht werden können. Was in vielen Heimen zur Herausforderung geworden ist, hat in Frankfurt am Main zu einem Modellprojekt geführt, für das es bundesweit kein Vorbild gab: Die Einrichtung betreut 56 sucht- und psychisch kranke Menschen, die obdachlos waren oder in verwahrlosten Wohnungen lebten, und nun die Gruppe der „50 plus“-Bewohner (zwischen 35 und 80 Jahre alt) bilden. Die Bedürfnisse

---

[3] Neben dieser strukturellen Macht gibt es natürlich auch die individuelle Machtausübung, die u. U. auch mit Gewaltausübung verbunden sein kann. Dies zu erörtern, würde aber den Rahmen dieses Beitrags sprengen und gehört auch nicht zu den Besonderheiten des Altenpflegeheims.

dieser Heimbewohner sind weder mit der üblichen Pflege noch mit den üblichen sozialtherapeutischen Angeboten zu befriedigen. Um ihnen gerecht zu werden, müssen neue intensive sozialpflegerische Aktivitäten entwickelt werden.[4] „Es wird die Pflegeheime verändern", kommentiert der Heimleiter (Frankfurter Neue Presse 2014).

1.4 Was will das Altenpflegeheim sein?

Das Altenpflegeheim gehört also zu den Organisationen, deren Strukturen sehr viel heterogener sind als im klinischen Bereich. Hinzukommt, dass das Altenpflegeheim derzeit einen dramatischen Wandel in seinem Selbstverständnis erlebt und die Frage aufwirft: „Sind wir noch ein Altenpflegeheim? Was will das Altenpflegeheim?"

Während in der Klinik diskutiert wird, ob und wie weit auch organisationsethische Probleme zum Aufgabenbereich eines KEK gehören, gilt für die Ethikberatung im Altenpflegeheim, dass die Organisationsethik Bestandteil der Aufgabenstellungen ist, um die moralische Integrität der Organisation zu stärken. Dabei ist das Verständnis für die Nöte der Heimbewohner wie der Mitarbeiter abhängig von der Kenntnis der strukturellen Voraussetzungen für die Pflege bis hin zu den Aufsichtsbehörden und ihren Auswirkungen auf das Heim. Das Altenpflegeheim, oder heute sehr viel öfter das *Alten- und Pflegeheim*, ist in einer marktwirtschaftlich geprägten Konkurrenzsituation, in der Imagepflege und Kundenorientierung (sowohl gegenüber potenziellen Heimbewohnern wie auch deren Angehörigen) unverzichtbar sind. Zugleich ist eine hohe Spezialisierung mit zunehmender Arbeitsteiligkeit für unterschiedliche medizinische und pflegerische Probleme zu bewältigen. Die Mitarbeiter und Mitarbeiterinnen müssen sich gleichermaßen ihren „Kunden" wie ihren „Patienten" widmen. Die schwierige finanzielle Situation verlangt eine Anpassung an Sachzwänge und ein gutes Personalmanagement, die marktwirtschaftlichen Bedingungen erzwingen den Blick auf Kostenkontrolle und kluge Investitionen (vgl. Bockenheimer-Lucius u. a. 2012: 104-105).

Wenn man nun davon ausgeht, dass Seniorenheime, Altenheime, Altenpflegeheime nach wie vor *vorrangig Wohn- und Lebensraum für alte Menschen* sein wollen, dann stehen im Rahmen von Ethikberatungen und in den Diskussionen

---

[4] Beispielsweise werden nun Kicker, Modelleisenbahn und Sportgeräte zur Verfügung gestellt.

im EKA unvermeidbar ganz andere Fragen im Mittelpunkt als in einem KEK. Im Altenpflegeheim stellen die Probleme in der Alltagsroutine beständige ethische Herausforderungen dar. Dabei geht es um ganz praktische Belange, um gewöhnliche tägliche Aktivitäten und die damit verbundenen Konflikte und um die gesundheitlichen Bedürfnisse und Nöte Einzelner (Zuckerman 1994: 11). Arthur Caplan betont zu Recht, dass die kleinen Entscheidungen des Alltagslebens für den Heimbewohner die Grenzen seines „moralischen Universums" bedeuten (Caplan 1990: 38). Paulette Sansone hat diese Probleme mit der lautmalerischen Bezeichnung „nitty-gritty" charakterisiert (Sansone 1996: 49), und meint damit, dass es oftmals „Nichtigkeiten" sind, die den meisten Kummer verursachen und die meisten Konflikte hervorrufen. Gerade diese *Alltags*belange berühren jedoch Fragen nach dem individuellen guten Leben, nach der persönlichen und autonomen Lebensgestaltung und nicht selten nach dem verbleibenden Rest an Privatheit in einer Institution. Selbstverständlich treten häufig darüber hinaus Probleme in der Pflegeplanung auf, wenn über Ernährung und Flüssigkeitsgabe zu entscheiden ist, wenn ein mutmaßlicher Wille zu eruieren ist, wenn die Sorge um eine palliative Betreuung ansteht. Ebenso ist die vielfach institutionalisierte Hospiz- und Palliativkultur ein Thema für ein EKA.

Ein entscheidender Unterschied zu der Arbeit eines KEKs liegt aber darin, dass die Frage, ob es sich im aktuellen Fall überhaupt um ein „ethisches Problem" handelt, umfassender beantwortet werden muss. Die in besonderer Weise für den alten Heimbewohner geforderte *Wertschätzung und Teilhabe an der Gesellschaft, Kultur und Weltanschauung* ist umfangreicher als dies bei den enger medizinisch-therapeutischen Problemen in der Klinik der Fall ist.

1.5 Spezifische Strukturen der Ethikberatung im Altenpflegeheim

Angesichts der Vielfalt dieser Charakteristika des Handlungsfelds ist es nicht erstaunlich, dass der Bedarf an Ethikberatung im Altenpflegeheim bewusst geworden ist und an vielen Stellen inzwischen auch zur Gründung von Ethikkomitees geführt hat. Nun verfügt aber nicht jedes Altenpflegeheim oder jede Pflegeeinrichtung über ausreichende – vor allem personelle – Ressourcen, um ein Ethikkomitee einzurichten. Zudem unterscheidet sich das Setting eines Komitees im Altenpflegeheim in einem wesentlichen Punkt vom Klinischen Ethikkomitee:

Im EKA sind zwar die verschiedenen beruflichen Perspektiven vertreten, die Komiteemitglieder rekrutieren sich aber fast ausschließlich aus der eigenen Einrichtung. Ein krankenhauseigenes Komitee ist durch Vertreter verschiedener Fachkliniken pluraler besetzt und arbeitet auch nicht unter den hierarchischen Bedingungen eines einzigen Leiters. Aus beiden Gründen empfehlen sich für die Altenpflegeheime Verbundeinrichtungen, die regional oder trägergebunden (zum Beispiel die Kette eines privaten oder kirchlichen Trägers) für mehrere Einrichtungen ein Ethikkomitee gründen.[5] Derartige *Joint Committees* sind in den USA vor allem für Pflegeheime entstanden. Die Vorteile liegen auf der Hand:

- Die finanziellen und personellen Ressourcen sind bei einer gemeinschaftlichen Etablierung und Nutzung von Ethikberatung umfangreicher.
- Vorhandene Ressourcen können für die Ausbildung von Komiteemitgliedern effektiver eingesetzt werden.
- Die Qualität der Beratung ist besser zu erreichen und zu gewährleisten.
- Eine Gruppe für mehrere Einrichtungen kann mehr Erfahrungen sammeln.
- Wertegemeinschaften wie etwa religiös gebundene Einrichtungen können mit einem gemeinsamen Komitee ihr Leitbild und ihre Wertvorstellungen umsetzen.

Das von Timo Sauer in diesem Band dargestellte *Frankfurter Netzwerk Ethik in der Altenpflege* stellt eine Verbundeinrichtung dar, die lokal und trägerübergreifend 2008 von uns konzipiert und inzwischen mit zwei EKAs eingerichtet wurde (siehe ausführlich Bockenheimer-Lucius u. a. 2012). Im Folgenden sollen dazu auch unsere persönlichen Erfahrungen einfließen.

Bisher liegen zu Vor- und Nachteilen derartiger Verbundeinrichtungen nur sehr wenige Erfahrungsberichte aus den USA vor (z. B. Meece 1990). Es fehlen Berichte darüber, wie weit ein Austausch mit Komiteemitgliedern aus verschiedenen Heimen in der Einzelfallberatung den Entscheidungsprozess fördert, oder wie weit möglicherweise Hemmschwellen aufgebaut werden. Ebenso fehlen Da-

[5] Hoffman Diane E. u. a. (1995) unterscheiden beispielsweise zwischen geographic model, value or culture based model, corporate model. Alternativ kann sich ein Netzwerk auch dadurch entwickeln, dass im Rahmen regionaler oder wertegebundener Institutionen (beispielsweise innerhalb eines Landkreises, eines Bistums oder einer Wohlfahrtsorganisation) ein Komitee zur Verfügung steht (bei Bedarf auch mehrere Komitees), das alle angeschlossenen Heime, die noch keinerlei Erfahrungen mit Ethikberatung haben, bei der Etablierung eines Ethikkomitees unterstützt (Bockenheimer-Lucius u. a. 2012: 40).

ten oder zumindest Einschätzungen, ob in einem Ethiknetzwerk beispielsweise erfolgreich Richtlinien in Zusammenarbeit mit dem lokalen Notarztteam und den Rettungsdiensten erarbeitet und umgesetzt werden können. Auch die Frage, in welcher Form Informationen über aktuelle Fragen und Materialien am zuverlässigsten an alle vernetzten Heime verteilt werden können, ist noch nicht beantwortet.

Anregung und Grundlage für das in diesem Band vorgestellte Frankfurter Netzwerkmodell sind die Ergebnisse einer Evaluation des *New Jersey Stein Ethics Education and Development Project (NJ SEED),* das für die Langzeitpflege eingerichtet wurde. Das Konzept basiert auf der Pilotarbeit von drei regional eingerichteten Komitees (*Regional Long-term Care Ethics Committees*), die bereits bestehende sowie in der Gründung befindliche Ethikkomitees oder Ethik-Gesprächskreise unterstützten und über ein Jahr hinweg systematisch Fortbildungen zur Ethikberatung durchführten. Die Auswertung dieses Trainingsprogramms zeigt einige wesentliche und kritische, aber auch weiterführende Aspekte auf (Weston u. a. 2005: 72f):

- An erster Stelle steht das grundsätzliche Problem der *fehlenden Bekanntheit* des Netzwerks. Sowohl die Mitgliedschaft im Netzwerk als auch die Möglichkeit, es für Einzelfallberatung zu nutzen, ist den jeweiligen Mitarbeitern einer Einrichtung oftmals nicht bewusst.
    - ➢ Diese Erfahrung machen wir im Frankfurter Netzwerk trotz eines sehr großen Verteilers und einer Vielzahl von Veranstaltungen ebenfalls, so dass unsere Öffentlichkeitsarbeit verstärkt werden muss.
- Eine weitere Schwierigkeit bereitet die *hohe Fluktuation der Mitarbeiter* innerhalb der Einrichtungen. Neue Mitarbeiter müssen nicht nur ausgebildet, sondern oftmals überhaupt erst für ethische Fragen sensibilisiert werden.
    - ➢ Auch dies ist leider ein erhebliches Problem, das die Kontinuität der Fortbildung schwierig macht. Innerhalb der beiden EKAs zeigt sich inzwischen eine sehr erfolgreiche Ausbildung der Mitglieder.
- Von grundsätzlicher Bedeutung ist die *persönliche Beziehung zwischen den Institutionen.* Eine besondere Rolle kommt dabei den Leitern der Heime zu, allerdings auch den Verantwortlichen in den Netzwerkkomitees, die die Kontakte zu den Altenpflegeeinrichtungen pflegen müssen.

   - Die persönlichen Beziehungen zwischen den Heimen sind in Frankfurt aufgrund eines bestehenden Netzwerks der Heimleiter sehr gut.
- Recht kontrovers stellen sich die unterschiedlichen *Wahrnehmungen und Empfindungen* angesichts konkreter Falldebatten dar. Entlastung und Hilfestellung in kritischen moralischen Fragen stehen Unbehagen und dem Gefühl, öffentlich „schmutzige Wäsche zu waschen", gegenüber. Viele Einrichtungen ziehen es vor, Probleme im eigenen Haus ohne „Einmischung" Dritter zu lösen.
   - Auch dieses Problem ist in Frankfurt zumindest nicht nachweisbar vorhanden.
- Damit verbunden ist auch die Sorge, überwachende Institutionen (in Deutschland wären es beispielsweise die Heimaufsicht oder der Medizinische Dienst der Krankenkassen [MDK]) auf bestehende Probleme aufmerksam zu machen. Auch hier ist die Rolle des Heimleiters nicht zu unterschätzen.
   - Ganz im Unterschied dazu besteht in Frankfurt auch von Seiten der Heimaufsicht ein konstruktives Interesse an der Arbeit des EKA und generell eine positive Zusammenarbeit mit den Heimen.

Neben der Empfehlung zur Netzwerkgründung hat sich aber in der Arbeit des *Frankfurter Netzwerks* auch für das Verfahren der *Ethikeinzelfallberatung* ein spezifischer Ablauf entwickelt, der den Strukturen eines Altenpflegeheims angepasst ist. Daher sollte ein Träger sinnvollerweise für das Altenpflegeheim ein eigenes Komitee einrichten und die Belange und ethischen Probleme einer an ein Krankenhaus angeschlossenen Einrichtung nicht durch das KEK bearbeiten lassen.

Selbstverständlich braucht eine Ethikberatung im Altenpflegeheim einen strukturierten Ablauf und die kompetente Moderation durch einen ausgebildeten Ethikberater. Die praktischen Erfahrungen haben aber gezeigt, dass sowohl die üblichen Fragebögen als auch der vorgesehene Einstieg mit der Präzisierung der ethischen Fragestellung weder der Dynamik eines Beratungsgesprächs im Altenpflegeheim entsprechen noch dem Gesprächsbedarf bei Angehörigen, Betreuern, betroffenen Heimbewohnern und Pflegenden gerecht werden. Damit soll keineswegs der Unterschied zwischen einer Ethikberatung mit dem klaren Ziel der Bearbeitung normativer moralischer Fragen und einem Aufklärungsgespräch oder gar einer Supervisionssitzung für Pflegende verwechselt werden. Alle Aspekte, die im Rahmen einer Fallbesprechung für die ethische Aufarbeitung Bedeutung erhalten können, müssen (nach entsprechender Schulung) im Team des Ethikkomitees *zum jederzeit abrufbaren Wissen* gehören.

Zunächst müssen aber Angehörige, Bevollmächtigte oder Betreuer und gegebenenfalls in noch viel höherem Maße der/die Heimbewohner/Heimbewohnerin und die Pflegenden in ihrer Betroffenheit und mit ihren Emotionen gehört werden. Wir beginnen daher mit einem offenen Teil der Beratung, um Befindlichkeiten und Problemfelder aufnehmen zu können. Wenn von vornherein das Ziel des Zusammentreffens durch eine ethische Fragestellung benannt und betont wird, stiftet dies bei den Betroffenen Verwirrung und blockiert das offene Gespräch. Auch dies darf nicht als Beliebigkeit missverstanden werden, zumal wir im Rahmen der Begrüßung den Sinn, den Ablauf und das Ziel der Ethikberatung für die oftmals unerfahrenen Gesprächsteilnehmer benennen und verständlich machen und der Grund für das Zusammentreffen allen bekannt ist. Die Reihenfolge der Aspekte – beispielsweise medizinische Fragen, pflegerische Probleme oder biografische Details – muss vom Ethikberater gegebenenfalls auch anfragespezifisch überprüft und variiert werden. Aber gleichrangige Punkte können dabei durchaus nebeneinander stehen. Dieser Teil des Verfahrens braucht keine starre Regelung, sondern liegt völlig im Entscheidungsbereich des Moderators. In der Struktur eines Bogens sollte dieser Freiraum nicht fehlen.

Nach dieser offenen Phase ist es dann die Aufgabe des Moderators, den roten Faden aufzunehmen und nun strukturiert die ethische Problematik herauszuarbeiten, Einzelaspekte durch Nachfragen zu vertiefen und schließlich zu einem Beratungsergebnis zu gelangen. Besonders wichtig sind vorhandene Entscheidungsstrukturen (z. B. Leitfäden) zum Umgang mit Patientenverfügungen, zum Ablauf des Notarzteinsatzes, zur Entscheidungsfindung bei der Frage einer Krankenhauseinweisung usw. (vgl. dazu ausführlich Sauer u. a. 2012: 151-165).

1.6 Folgerungen für die Ethikberatung im Altenpflegebereich

Der vorliegende Beitrag befasst sich mit *speziellen Aspekten der stationären Altenpflege* und den daraus folgenden Forderungen für eine verantwortungsvolle und kompetente Ethikberatung. Daraus lassen sich jedoch für alle Formen der *Altenpflege* einige grundsätzliche Überlegungen ableiten. Allen Modellen ist gemeinsam, dass sie *vorrangig Wohn- und Lebensraum für alte Menschen* sein wollen oder den bisherigen Wohn- und Lebensraum eines alten Menschen erhalten wollen, zugleich aber auch komplexe medizinisch-pflegerische Aufgaben geleistet werden müssen. Arbeitsteiligkeit auf der einen Seite, Erfordernisse der Zusammenarbeit auf der anderen Seite, Konflikte zwischen Autonomiebestrebungen und Fürsorgepflichten u.v.m. rufen ethische Probleme hervor, die zu belastenden Herausforderungen werden können. Ambulante Pflegedienste fragen zunehmend nach Möglichkeiten der Ethikberatung, andere Formen der Altenpflege, wie etwa Wohngruppen, Wohnoasen, regionale kleinere Versorgungszentren unterschiedlicher Art werden Bedarf an Ethikberatung anmelden.

Für alle Formen der Betreuung alter Menschen gilt deshalb, dass Strukturen für Ethikberatung geschaffen werden müssen, dass Ethikberatung klaren Regeln folgen und strukturiert sein muss und sowohl unter fachlich-ethischen Aspekten als auch unter Moderationsaspekten der Kompetenz ausgebildeter Ethikberater bedarf. Darüber hinaus zeigt aber die Erfahrung in unterschiedlichen Entscheidungsfeldern, dass das Verfahren *kontextsensibel* und *kontextspezifisch* aufgebaut sein muss. Ethikexperten müssen die professionsspezifischen Belange der Teilnehmer auffangen können, um ernst zu nehmende Gesprächspartner zu werden, die strukturellen Vorgaben kennen, um Strukturen gegebenenfalls auch aufzubrechen, und letztlich alle am Gespräch Beteiligten durch ein recht aufwändiges Verfahren hindurchführen und mitnehmen, um schließlich zu einem gemeinsam getragenen Lösungsvorschlag zu kommen.

Literatur

Bockenheimer-Lucius Gisela (2007) Themenheft: Psychopharmakaverordnung im Altenpflegeheim. In: Ethik in der Medizin, Band 19, Heft 4.

Bockenheimer-Lucius Gisela, Dansou Renate, Sauer Timo (2012): Ethikkomitee im Altenpflegeheim. Theoretische Grundlagen und praktische Konzeption. Frankfurt am Main (Campus).

Caplan Arthur L. (1990): The Morality of the Mundane: Ethical Issues arising in the Daily Life of Nursing Home Residents. In: Cane Rosalie A., Caplan Arthur L. (Hg.) Everyday Ethics: Resolving Dilemmas in Nursing Home Life. New York (Springer Publishing Company), S. 37-50.

Frankfurter Neue Presse (2014): Suchtkranke Männer verändern Pflegeheime, 10.02.2014.

Goffman Erving (1971) Asyle. Über die soziale Situation psychiatrischer Patienten und anderer Insassen. Frankfurt am Main (Suhrkamp).

Hoffman Diane E., Boyle Philipp, Levenson Steve A. (Hg.) (1995): Handbook for Nursing Home Ethics Committees. Washington (American Association of Homes and Services for the Aging).

König Oliver (2007): Macht in Gruppen: Gruppendynamische Prozesse und Interventionen. Reihe: Leben Lernen, Band 106. Stuttgart (Klett Cotta).

Marckmann Georg (2013): Wann ist eine ethische Analyse eine *gute* ethische Analyse? Ein Plädoyer für die Methodenreflexion in der Medizinethik. In: Ethik in der Medizin 25, S. 87-88.

Malteser Trägergesellschaft gGmbH / Heinemann Wolfgang (Hg.) (2009) Verantwortung für ein Altern in Würde. Ethikberatung in der stationären Altenhilfe. Köln.

Meece Ken S (1990): Long Term Care Bioethics Committees. A cooperative model. In: HEC Forum 2, S. 127-132.

Sansone Paulette (1996): The Evolution of a Long-Term Care Ethics Committee. In: HEC Forum 8, S. 44-51.

Sauer Timo, May Arnd T., Bockenheimer-Lucius Gisela (2012): Ethikberatung in der Altenhilfe. In: Frewer Andreas, Bruns Florian, May Arnd T. (Hg.): Ethikberatung in der Medizin. Berlin (Springer), S. 151-165.

Zuckerman Connie (1994): Clinical Ethics in Geriatric Care Settings. In: Generations 18, S. 9-12.

2 Ethik in der Pflege: (Selbst-)Wahrnehmung und Rollen professionell Pflegender in Entscheidungsprozessen zur PEG-Sonde bei Menschen mit Demenz

Margit Haas

2.1 Einleitung

Die Ethik ist in der Pflege angekommen. Diesen Eindruck erwecken die in den letzten Jahren im deutschsprachigen Raum deutlich gestiegenen Zahlen der Publikationen, die ethische Fragen aus den pflegerischen Handlungsfeldern in den Blick nehmen (Bartholomeyczik/Dinand 2012; Köpke/Meyer 2005; Meussling-Sentpali 2014). Beherrschten in den vergangenen Jahrzehnten bioethische Aspekte um Gentechnologie, Allokation und Entscheidungen am Lebensbeginn und Lebensende (Brandenburg 2012; Samerski 2002; Schulz-Nieswandt 2012) – um nur einige große Themen zu nennen – den Diskurs, so finden in der jüngeren Zeit ethische Fragen aus den pflegerischen Handlungsfeldern und die Perspektiven der in die Pflege eingebundenen Menschen größere Beachtung (Adam-Paffrath 2014; Kohlen 2009; Haas 2014).

Deshalb sollen in diesem Kapitel des Buches auch insbesondere Pflegende zu Wort kommen, die sich in der Ausübung ihrer professionellen pflegerischen Tätigkeit mit ethischen Herausforderungen konfrontiert sehen. Ihre Sichtweisen auf ethische Dilemmata bei ihren täglichen pflegerischen Tätigkeiten sowie die von ihnen wahrgenommene Einbindung in ethische Entscheidungen sollen Schlaglichter setzen auf eine Ethik in der Pflege, die einmal nicht von anderen Professionen wie zum Beispiel der Medizin, der Psychologie, der Philosophie und der Theologie kontrovers diskutiert und verhandelt wird. Denn es sind die professionell Pflegenden, die häufig den intensivsten Kontakt zu pflegebedürftigen Menschen in stationären und ambulanten Einrichtungen haben. Sie haben „neben einem mitverantwortlichen Bereich auch einen eigenständigen Verantwortungsbereich", wie die Sozial- und Gesundheitswissenschaftlerin Helen Kohlen im Vorwort der Publikation (Haas, 2014: 8) meiner Untersuchung zum Handeln professionell Pflegender in Entscheidungsfindungsprozessen feststellt. Die Studie entstand vor dem Hintergrund des weltweit rapiden Anstiegs demenzieller Erkrankungen (Alzheimer's Disease International 2012) und den häufig damit einhergehenden Entscheidungen über eine künstliche Ernährung mittels einer perkutanen endoskopischen Gastrostomie (PEG), wenn Menschen im fortgeschrittenen Stadium der Erkrankung nicht mehr essen und trinken (de Ridder 2008; Synofzik 2007). Professionell Pflegende sind in diese Entscheidungsfindungsprozesse involviert. Welche Rollen sie darin einnehmen, danach fragte ich in Gesprächen mit 24 professionell Pflegenden in den Settings Krankenhaus, Altenheim und häuslicher Bereich. Die Analyse dieser Gespräche lässt das Rollenhandeln der professionell Pflegenden und ihre moralische Verantwortung erkennen, die sie für die ihnen anvertrauten vulnerablen Menschen übernehmen. Ihr Handeln offenbart sowohl ihre Macht in Entscheidungsprozessen, wenn sie zum Beispiel Angehörige für oder gegen eine PEG-Ernährung beraten, als auch ihre Ohnmacht und Resignation, wenn ihre Beobachtungen und Einschätzungen zur Situation von Patienten und Bewohnern ignoriert werden. Ihr Handeln zeigt, welche institutionellen Hilfen wie zum Beispiel Ethikkomitees in den verschiedenen Settings vorhanden sind und wie sie von den professionell Pflegenden in Anspruch genommen werden – oder auch nicht. Aber vor allem wird die Überzeugung der professionell Pflegenden deutlich: Sie sind sich sicher, dass sie durch ihre enge Beziehung zu den vulnerablen Menschen und auf der Grundlage ihres Erfahrungswissens individuelle Situationen einschätzen können und deshalb wertvolle Partner bei ethischen Entscheidungen sind. Sie begreifen ihr Handeln als zutiefst ethisch, wenn sie sich verpflichtet fühlen, sich für diese vulnerablen Menschen einzusetzen.

Im Folgenden werden der Leitgedanke der professionell Pflegenden in Entscheidungsfindungsprozessen zur PEG-Ernährung bei Menschen mit fortgeschrittener Demenz dargelegt und ihre Rollen darin umrissen. Danach zeigen die Studienergebnisse, wie unterschiedlich der Einbezug in die Entscheidungsfindung von den professionell Pflegenden in ihren direkten Arbeitsfeldern erlebt wird. Interviewpassagen verdeutlichen, welchen Unterstützungsbedarf an ethischer Beratung und Begleitung die professionell Pflegenden in den jeweiligen Institutionen haben. Abschließend werden ausgewählte Studienergebnisse im Fokus der Ethikberatung in den verschiedenen Settings diskutiert.

2.2 „Wir bahnen den Weg." Der pflegerische Leitgedanke und seine Umsetzung

„Wir bahnen den Weg." Dieses Zitat aus einem Interview mit einer professionellen Pflegeperson wird als Leitgedanke identifiziert, der in vielen anderen Fallschilderungen in ähnlicher Weise zum Ausdruck kommt. Er umfasst gleichsam alle Rollen, die die Pflegenden im Verlauf der Entscheidungsfindungsprozesse in den unterschiedlichen Settings einnehmen und beschreibt die pflegerische Zielsetzung: Die zu treffende Entscheidung – für oder gegen eine PEG-Ernährung – ist an dem mutmaßlichen Willen und dem Wohl der Menschen mit fortgeschrittener Demenz auszurichten. Dafür setzen sich die professionell Pflegenden im Rahmen ihrer Möglichkeiten ein.

Zu Beginn des Entscheidungsfindungsprozesses haben die professionell Pflegenden meist eine Expertenrolle inne und sehen es als ihr originäres pflegerisches Handlungsfeld, die Ernährung der dementen Menschen zu sichern. Ist die orale Nahrungsaufnahme mit fortschreitender Erkrankung immer weniger oder überhaupt nicht mehr möglich, dann bewerten die professionell Pflegenden die eingetretene Situation. Viele Pflegende schätzen das Nicht-Essen der Menschen mit fortgeschrittener Demenz als deren Willensbekundung ein und als *„nahendes Lebensende"*. Die professionell Pflegenden suchen dann nach individuellen Lösungen.

> *„Vielleicht ist das ein Zeichen und es ist jetzt an der Zeit, sich Gedanken zu machen. Das ist vielleicht psychisch gesehen für den Menschen anders, dass der Punkt da ist, wo der Mensch nicht mehr will." (Haas 2014: 85).*[1]

Häufig nehmen die professionell Pflegenden zu diesem Zeitpunkt des Entscheidungsfindungsprozesses die Rollen als Vermittler und Berater ein, indem sie die Entscheidungsfindung initiieren und die Ärzte und die Angehörigen über die eingetretene Situation informieren. Wie sie das tun und welchen Einfluss sie auf die zu treffende Entscheidung nehmen können, unterscheidet sich in den Settings Krankenhaus, Altenheim und häuslicher Bereich. Die professionell Pflegenden fühlen sich für den demenzerkrankten Menschen auch nach der Entscheidung für oder gegen eine PEG-Ernährung verantwortlich. Sie agieren als Begleiter und in

---

[1] Bei den kursiv gesetzten Zitaten handelt es sich um Auszüge aus Interviews mit professionellen Pflegenden.

manchen Fällen als Advokaten der dementen Menschen und ihrer Angehörigen, um diese zu stützen, zu ermutigen und, ihrem pflegerischen Leitgedanken folgend, dem Willen und den Wohl der Patienten oder Bewohner den Weg zu bahnen.

> *„Das ist so unsere Aufgabe, die Patienten zu pflegen, mit allem, was dazu gehört. Und dazu gehören auch die Angehörigen. Die sind manchmal mindestens genauso am Ende. Ja, ich denke, das ist auch unsere Aufgabe, für die da zu sein, dass die das aushalten können und nicht denken, sie hätten mit ihrer Entscheidung einen Fehler gemacht. Weil, ich hab ja schon mal gesagt, richtig und falsch, das trifft es eben nicht." (Haas 2014:11).*

2.3 Wer entscheidet im Krankenhaus, Altenheim und häuslichen Bereich?

Die Indikationsstellung für eine PEG-Ernährung liegt im Verantwortungsbereich des behandelnden Arztes. Evidenzbasiert und an der Situation des individuellen Patienten orientiert, soll dieser Nutzen und Schaden der PEG-Ernährung für den Patienten abwägen und diesen oder stellvertretend dessen Angehörigen zu einer informierten Entscheidung befähigen. Wie stellt sich diese Forderung in den Fallschilderungen der professionell Pflegenden in den verschiedenen Settings dar? Wie erleben sie die Entscheidungsfindung? Wie sind sie involviert?

2.3.1 In den Krankenhäusern entscheiden die Ärzte

In den verschiedenen Krankenhäusern und den dort befindlichen Fachdisziplinen sind die professionell Pflegenden auf unterschiedliche Weise in Entscheidungsfindungsprozesse eingebunden, abhängig von den jeweiligen hierarchischen Strukturen, von umgesetzten Behandlungskonzepten und von der interprofessionellen Kommunikation. So berichten einige Pflegende, dass sie von Entscheidungen über eine PEG-Ernährung bei *„ihren Patienten"* ausgeschlossen sind und ihre Beobachtungen zur Situation der Patienten kein Gehör finden. Sie verurteilen das besonders dann, wenn die getroffenen Entscheidungen nach ihren eigenen Einschätzungen falsch sind, weil die Ärzte den Patienten nicht als *„Gesamtperson"* wahrnehmen, seinen Willen missachten oder nicht erkennen, dass er bald sterben wird. Die professionell Pflegenden reagieren auf solche Entscheidungen unterschiedlich. Einige von ihnen resignieren. Sie sind frustriert und beugen sich der ärztlichen Entscheidung. *„Manchmal denke ich, man müsste mehr Mut haben und sagen ‚Ihr geht zu weit'. Aber man resigniert." (Haas 2014: 116.).* Andere Pflegende versuchen heimlich im Vorfeld der Entscheidung über die Angehörigen Einfluss auf die Entscheidung zu nehmen.

> *„Schwierig ist das immer. Man kann das vielleicht durch die Blume mit den Angehörigen besprechen, weil, ich glaub, man hat als Schwester ganz schlechte Karten, wenn man da irgendwas äußert. Man weiß ja auch nie, wie die Angehörigen reagieren. Und wie die das also hier mitteilen, den Ärzten. Ich glaube, da hätte man schlechte Karten, wenn der Oberarzt raus bekäme, dass man jetzt also versucht, die Angehörigen vielleicht von dieser Entscheidung also wegzubekommen, ja? ... Mit den Stationsärzten kann man schon viel eher mal darüber diskutieren, ja aber letztendlich hat das mehr oder weniger keine Konsequenz, weil die schon auch davon abhängig sind, wie der Oberarzt entscheidet." (Haas 2014: 100-101).*

Diese professionelle Pflegeperson sieht sonst keine Möglichkeit, sich für ihre Patienten stark zu machen, so entscheidungsmächtig und bestimmend erlebt sie den Oberarzt der Abteilung. So ist es für sie auch keine Option, sich an das Ethikkomitee der Klinik zu wenden und um Beratung und Unterstützung zu bitten. Sie fürchtet negative Konsequenzen, wenn sie über die Entscheidungspraktiken außerhalb der Station und mit Menschen, die nicht ihrem direkten Arbeitsumfeld angehören, sprechen würde.

In einer anderen Klinik berichtet eine professionelle Pflegeperson von einem Entscheidungsfall, bei dem sie gemeinsam mit anderen Pflegenden aktiv wurde und eine ethische Fallbesprechung initiierte. An dieser Klinik ist seit Jahren ein Ethikkomitee etabliert und die Unterstützungsangebote des Komitees werden von vielen Berufsgruppen als Beratungsinstanz angenommen. Auch Pflegende wenden sich bei schwierigen Entscheidungen hilfesuchend an das Komitee. So erscheint es der Pflegenden als selbstverständlich sich dort Rat zu holen.

> *„Ja, um ihn um Rat zu fragen. Dafür ist er da. Wenn da eine Konfliktsituation ist oder eine ethische Entscheidung, können wir ihn einschalten. Jeder kann ihn einschalten. Das ist dann eine wunderbare Gelegenheit. Ja. Dann trägt man die Entscheidung nicht alleine." (Haas 2014: 101).*

In einer gerontopsychiatrischen Klinik schildert eine professionelle Pflegeperson die konstruktive Zusammenarbeit mit dem Ethikforum der Klinik. Sie wendet sich zunächst an das Ethikforum, weil sie die Autonomie der Patienten in den klinikinternen Verfahrensanweisungen beschnitten sieht und bringt dort ihre Kritik zur Sprache.

> *„Und daraufhin ist das Ganze, also ich war dann quasi schon gezwungen in das Ethikforum zu gehen, die Probleme dort vorzustellen. Da wurde bei einem Patienten eine Patientenverfügung, die er aufgesetzt hat, im Krankenhaus, dass er nicht mehr, also er möchte auf seinen Tod warten aber er möchte nicht künstlich ernährt werden. Das war ihm ganz wichtig. Die Verfahrensanweisung wurde mit einer Eilbetreuung vom Richter außer Kraft gesetzt und der Mann sollte am nächsten Tag sofort eine PEG gelegt bekommen und er hatte das Glück gehabt, dass er in der Nacht bevor er, wo der Richter da war, der Eilbetreuer unterschrieben hat, und am Morgen um neun Uhr der Termin zur PEG-Anlage gewesen ist, in dieser Nacht ist er gestorben. Er hatte also Glück gehabt. Und diese Geschichte habe ich dann mit in das Ethikforum genommen und da sitzt ja dann auch der ärztliche Direktor drin und so, und da fanden das alle ganz schlimm und waren ganz betroffen, wie damit umgegangen wird. Das ist dann irgendwie da angekommen, im Ethikforum, und seitdem wurde es besser." (Haas 2014: 114).*

In der Schilderung dieser Pflegeperson wird deutlich, wie stolz sie ist, dass ihr Engagement einen Veränderungsprozess ausgelöst hat. In der Folge wurde unter ihrer Mitwirkung ein Entscheidungsalgorithmus konzipiert und fortan werden PEG-Entscheidungen im multiprofessionellen Team beraten.

Auf den geriatrischen und gerontopsychiatrischen Stationen der Krankenhäuser zeigen sich andere Kommunikationsstrukturen. Die dort implementierten Gesprächskulturen ermöglichen es den Pflegenden, sich aktiv in den Entscheidungsfindungsprozess einzubringen. Es existieren Konzepte und Assessments zur Erfassung des mutmaßlichen Patientenwillens und Leitfäden, zum Beispiel zur PEG-Entscheidung, die als Diskussionsgrundlage im multidisziplinären Team eingesetzt werden.

> *„Die Morgenrunde gehört zu unserem geriatrischen Konzept. Wir sprechen im Team über die Patienten. Team, das heißt dann alle. Wir, die Pflegenden, der Oberarzt, die Therapeuten. Da werden auch solche Beobachtungen besprochen, wenn jemand keine Fortschritte macht, im Ge-*

genteil vielleicht abbaut, nur noch teilnahmslos im Bett liegt ...und auch weniger isst. Wir schauen wie der Verlauf ist, was dokumentiert wurde, überlegen was noch gemacht werden kann" (Haas 2014: 87).

Die professionell Pflegenden nennen es *„Weitblick"*, wenn sie systemisch denken und Informationen über die familiäre Situation der Menschen mit fortgeschrittener Demenz erfassen und die Möglichkeiten der Weiterversorgung im häuslichen Umfeld nach einer eventuellen PEG-Anlage erfassen oder eine Heimunterbringung in ihre Empfehlung einschließen, die sie mit den Angehörigen diskutieren. So leisten sie ihren pflegerischen Beitrag zu einer informierten Entscheidung.

„Aber im Weitblick versuchen wir das natürlich auch immer für die Altenheime zu lösen. Wir gucken sehr akribisch um den Patienten drum herum: Wie geht es ihm? Ist er wirklich so abgemagert, dass man jetzt sagen muss, man muss jetzt einschreiten. Hat der noch einen Ernährungszustand, der es erlaubt das wenige Essen zu tolerieren und welche Hilfsmittel kann man nutzen, wie kann man ihn anregen?" (Haas 2014: 115).

Diese professionell Pflegenden fühlen sich wertgeschätzt im Team und engagieren sich in Entscheidungsfindungsprozessen. Sie sehen sich als wichtige Informanten für das Team und Mittler und Berater für die Angehörigen. Ihre Schilderungen lassen Fachkompetenz erkennen. Sie verfügen über aktuelles Wissen zum Umgang mit dementen Menschen und setzen dieses in ihrem Pflegealltag um.

2.3.2 In Altenheimen steuern die Pflegenden den Entscheidungsprozess

Im weitgehend arztfreien Raum Altenheim und durch ihre meist über lange Zeit gewachsene Vertrautheit mit den Heimbewohnern und deren Angehörigen nehmen die professionell Pflegenden eine steuernde Funktion in Entscheidungsprozessen ein. Sie entscheiden zu welchem Zeitpunkt und in welchem Umfang sie Beobachtungen, Einschätzungen und Informationen an die behandelnden Hausärzte und die Angehörigen weitergeben (Haas/Kohlen 2012: 180-181).

„Und dann kam die Tochter, ganz verzweifelt zu uns und sagte: „Was soll ich machen, die haben gesagt, wir müssen meiner Mutter eine PEG legen. Die isst und trinkt nicht mehr und die soll eine PEG kriegen." Die wog damals 47 Kilo und da haben wir gesagt: „Nein." ...Die Mutter, wie gesagt, war völlig dement, war eine Frau voller Ängste, dann weiß ich

> *nicht, welchen Gefallen ich jemanden tue, der dann vielleicht über diese Form der Nahrungsverweigerung, aus welchen Gründen auch immer, seinem Leben ein natürliches Ende setzen kann? ... Da haben wir damals der Tochter abgeraten. Die Tochter hat auch dem entsprochen ....“ (Haas/Kohlen 2012: 181).*

Diese Fallschilderung lässt erkennen, dass die professionelle Pflegeperson bei der Beratung der Angehörigen sowohl auf Erfahrungswissen im Umgang mit Menschen mit fortgeschrittener Demenz, als auch auf Intuition und persönlichen Vorstellungen von einem guten Lebensende basiert. Das *„wir“* steht für eine einvernehmliche Einschätzung des Pflegeteams zur Situation der Bewohnerin. Auch in weiteren Gesprächen mit professionell Pflegenden in Altenheimen zeigt sich, dass ethische Dilemmata ausschließlich innerhalb der Berufsgruppe der professionell Pflegenden thematisiert werden. In keinem der besuchten Altenheime gibt es ein Ethikkomitee oder institutionalisierte ethische Fallbesprechungen. Wohl aber organisieren sich die professionell Pflegenden in ihren Bereichen, um ihr Vorgehen im Umgang mit Ärzten und Angehörigen von Bewohnern mit fortgeschrittener Demenz und anstehender Entscheidung einer PEG-Ernährung abzustimmen. Dabei kommt Pflegepersonen mit Zusatzqualifikationen, wie zum Beispiel in der Palliativpflege, häufig eine besondere Rolle zu. Diese Pflegenden sind als Experten anerkannt. Deren Einschätzungen und Ratschläge schlagen sich oft in einer gemeinsamen Teamentscheidung nieder. Weitere Unterstützung erfahren einige professionell Pflegende durch die Pflegeleiterinnen der Heime, die bei schwierigen Gesprächen unterstützend hinzu gezogen werden.

2.3.3 Im häuslichen Bereich liegt die Entscheidung bei den Angehörigen

Die professionell Pflegenden der ambulanten Pflegdienste sehen ihre Aufgabe in der Begleitung der Familie und beschreiben die Entscheidungen über eine PEG-Ernährung als eine Familienangelegenheit. Zwischen den Patienten, deren Familien und den professionell Pflegenden besteht häufig ein sich über lange Zeit entwickelndes Vertrauensverhältnis, und oft gibt es eine gute Zusammenarbeit mit den betreuenden Hausärzten. In solchen Fällen wenden sich die Familien in Entscheidungssituationen ratsuchend an die professionell Pflegenden. Eine professionelle Pflegeperson berichtet, wie sie die Angehörigen „an einen Tisch bringen“ konnte und eine Familienkonferenz moderierte (Haas/Kohlen 2012).

„Jetzt gab es aber noch engagierte Kinder mit deren Partnern und noch drei Enkel, die auch schon erwachsen waren. Und die gesagt haben: Also so einfach entscheiden wir das nicht. Und die riefen dann bei mir an und haben gefragt: Was können wir denn jetzt machen? ... Das hätte er wohl nie gewollt. ... .Und wir haben dann eine Familienkonferenz einberufen, in der alle da waren, wo ich sozusagen die Moderation des Gespräches übernommen habe. ... Und das hat dann die Familie insofern gestärkt, dass sie den Vater nach Hause holen konnten und dass er dann dort noch eine Woche im Kreis seiner Lieben war, die sich wirklich rührend gekümmert haben, nur wenig Hilfe vom Pflegedienst brauchten und alles andere selbst übernommen haben. Und da gesund mit umgehen konnten.“ ....“ (Haas/Kohlen 2012: 181).

In der häuslichen Pflege liegt die ethische Beratung meist in den Händen von Einzelpersonen, die, wie im oben genannten Beispiel, über eine besondere Kompetenz verfügen und diese engagiert zu einer möglichen Lösung einsetzen. Ein weiteres Beispiel, wie ethische Dilemmasituationen bearbeitet werden können, schildert eine andere Gruppe professionell Pflegender, die gemeinsam in einem ambulanten Pflegedienst beschäftigt sind. Seit ihrem Abschluss der Weiterbildung Palliative Care treffen sich diese Pflegenden regelmäßig in einer Supervisionsrunde, die von einem Theologen geleitet wird, zu ethischen Fallbesprechungen. Die Pflegenden schätzen die Möglichkeit des Austausches als entlastend und wertvoll für ihre Zusammenarbeit mit ihren Patienten und deren Familien.

2.4 Diskussion und Ausblick

Zusammenfassend kann festgestellt werden, dass die Teilhabe der professionell Pflegenden an Entscheidungsprozessen zur PEG-Ernährung bei Menschen mit fortgeschrittener Demenz in den verschiedenen beschriebenen Settings von den dort vorherrschenden Rahmenbedingungen und hierarchischen Strukturen beeinflusst wird. Ihrem Leitgedanken folgend, dem Willen und Wohl der Patienten und Bewohner den Weg zu bahnen, kommt es für die professionell Pflegenden dort zu Dilemmasituationen, wo sie keine Möglichkeit sehen, sich für die vulnerablen Menschen einzusetzen und sie Entscheidungen akzeptieren müssen, die nach ihren Einschätzungen Willen und Wohl der Patienten und Bewohner nicht gerecht werden.

Die Möglichkeit der Inanspruchnahme institutioneller Unterstützungsangebote wie zum Beispiel einer ethischen Beratung ist nicht in allen Settings gegeben. Lediglich die besuchten Krankenhäuser verfügen über Ethikkomitees oder ein Ethikkonzil für Beratungen bei ethischen Konflikten. Die Studienergebnisse zeigen, dass die professionell Pflegenden in zwei Krankenhäusern davon Gebrauch machen und es als hilfreich erleben, Entscheidungsproblematiken zu reflektieren und praktische Hilfe in Entscheidungsprozessen zu erfahren. In einem anderen Krankenhaus nehmen die professionell Pflegenden mögliche Unterstützungsangebote des Ethikkomitees nicht in Anspruch. Auf die Nachfrage, warum sie das nicht tun, stellt sich heraus, dass dieses Ethikkomitee erst seit einiger Zeit im Krankenhaus existiert. Die interviewten Pflegenden kennen weder die Personen, die dem Ethikkomitee angehören, noch sind sie über die Aufgaben und die Arbeitsweise des Ethikkomitees informiert. Die weitere Recherche ergibt, dass das Ethikkomitee bisher ausschließlich mit der Entwicklung von ethischen Leitlinien im Rahmen des Qualitätsmanagements des Krankenhauses befasst war. Ethische Fallbesprechungen an realen Fällen in der Praxis finden genauso wenig statt wie Fortbildungen zu ethischen Themen. So ist es nicht verwunderlich, dass die Pflegeperson im oben genannten Beispiel, die ohnehin negative Konsequenzen fürchtet, wenn sie die Entscheidungshoheit des Oberarztes in Frage stellt, keine Hilfe in der Anrufung des Ethikkomitees sieht. Das Beispiel verdeutlicht die Notwendigkeit der Öffnung der Ethikkomitees zur und für die klinische Praxis. Wenn die Mitglieder des Ethikkomitees bekannt sind und ihre Arbeit transparent wird, indem sie regelmäßig und berufsgruppenübergreifend Fort- und Weiterbildungen anbieten und ethische Beratung in der Praxis stattfindet, dann wenden sich Ratsuchende in Dilemmasituationen an die Mitglieder des Ethikkomitees. Gemäß den Standards für Ethikberatung in Einrichtungen des Gesundheitswesens, wie sie vom Vorstand der Akademie für Ethik in der Medizin e. V. vorgelegt wurden, sind die Voraussetzungen für eine erfolgreiche Ethikberatung sowohl in der „Verankerung in der Mitarbeiterschaft“ als auch in der „Unterstützung durch die Leitungsebene“ zu sehen (Akademie Ethik in der Medizin 2010: 150).

Die professionell Pflegenden der Studie in den Settings Altenheim und häuslicher Pflege steuern häufig Entscheidungsprozesse zur PEG-Ernährung bei Menschen mit fortgeschrittener Demenz und beraten Angehörige bei deren Entscheidungsfindung. Sie tun das auf der Basis ihrer fachlichen Expertise, Intuition und teilweise auch geleitet von ihrer persönlichen Vorstellung über ein *„gutes Ende“*. Eine ethische Reflexion und Überprüfung ihres Handelns in ihrer Beraterrolle findet nur in wenigen Fällen statt. Das birgt die Gefahr, dass die Grundlage der pflegerischen Beratung gegebenenfalls der Evidenz entbehrt und die tatsächliche Situation des Patienten oder Bewohners verkannt wird. Eine bewusste Thematisierung durch eine regelgeleitete Fallbesprechung könnte dem entgegen wirken. Professionell Pflegenden wäre es möglich, ihre persönlichen Einstellungen zu überprüfen und ihre Handlungsentscheidungen und Empfehlungen in Beratungsgesprächen ethisch zu begründen. Auch hier wird deutlich, dass es in der Verantwortung der Organisationen und des Managements liegt, Strukturen zu schaffen, um sowohl die professionell Pflegenden als auch andere Beteiligte in schwierigen Entscheidungsfindungsprozessen zu entlasten. Die Maßnahmen dazu sind vielfältig. Sie reichen von Fortbildungen zu ethischen Themen und der Ausbildung von Ethikberatern bis hin zu einer curricularen Umsetzung der Ethikberatung in den jeweiligen Institutionen. Erste Erfahrungen der Implementierung von Modellen zur Ethikberatung in verschiedenen Einrichtungen der Altenhilfe, im Bereich der ambulanten Versorgung sowie in der Arbeit mit Behinderten werden in den folgenden Kapiteln beschrieben. Die dringende Notwendigkeit einer flächendeckenden Einführung solcher Modelle haben die Gespräche mit den professionell Pflegenden meiner Studie offengelegt.

Literatur

Adam-Paffrath, Renate (2014): Würde und Demütigung aus der Perspektive professioneller Pflege. Eine qualitative Untersuchung zur Ethik im ambulanten Pflegebereich. Frankfurt (Mabuse).

Akademie für Ethik in der Medizin e. V. (2010): Standards für Ethikberatung des Gesundheitswesens. In: Ethik in der Medizin 22, S. 149-153 (https://www.uni-ulm.de/fileadmin/website_uni_ulm/med.klineth/Standards_Ethikberatung_AEM.pdf, Zugriff am 28.09.2014).

Alzheimer's Disease International (ADI) (Hg.) (2012): World Alzheimer Report 2012. Overcomimg the stigma of dementia (http://www.aerzteblatt.de /nachrichten/51 741, Zugriff am 31.3.2013).

Bartholomeyczik Sabine, Dinand Claudia (Hg.) (2012): Entscheidungsfindung zur PEG-Sonde bei alten Menschen. Problemlagen und Entscheidungshilfe. Frankfurt (Mabuse).

Berbiglia Violeta, Hohmann Jürgen, Bekel Gerd (Hg.) (2012): Bulletin luxembourgeois des questions sociales. World Congress on future nursing systems. New approaches – new evidence for 2020. Luxembourg (Association luxembourgeoise des organismes de sécurité sociale).

Brandenburg Herrmann (2012): Knappe medizinische Güter gerecht verteilen – Allokation im Gesundheitswesen aus ethischer Sicht. In: Brandenburg Hermann, Kohlen

Helen (Hg.): Gerechtigkeit und Solidarität im Gesundheitswesen. Eine multiple Perspektive. Stuttgart (Kohlhammer).

Brandenburg Hermann, Kohlen Helen (Hg.) (2012): Gerechtigkeit und Solidarität im Gesundheitswesen. Eine multiple Perspektive. Stuttgart (Kohlhammer).

Haas Margit (2014): Pflegende in Entscheidungsprozessen zur PEG-Sonde bei Demenz: eine Analyse von Settings und Rollen. Frankfurt (Mabuse).

Haas Margit, Kohlen Helen (2012): Decision-making processes related to administration of artificial nutrition and hydration in patients with dementia at the end of life. Who decides? Entscheidungsfindungsprozesse über eine künstliche Ernährung am Lebensende bei Patienten mit Demenz. Wer entscheidet? In: Berbiglia Violeta, Hohmann Jürgen, Bekel Gerd (Hg.): Bulletin luxembourgeois des questions sociales. World Congress on future nursing systems. New approaches – new evidence for 2020. Luxembourg (Association luxembourgeoise des organismes de sécurité sociale), S. 169-185.

Köpke Sascha, Meyer Gabriele (2005): Ernährung am Lebensende bei Menschen mit Demenz. Pflegende können zentrale Rolle im Entscheidungsprozess einnehmen. In: Pflegezeitschrift 5, S. 314-317.

Kohlen Helen (2009): Klinische Ethikkomitees und die Themen der Pflege. IMEW Expertise 10. Berlin (Institut Mensch, Ethik und Wissenschaft).

Kolb Christian (2004): Künstliche Ernährung bei Demenzkranken. In: Ethik in der Medizin 16 (3), S. 265-274.

Meussling-Sentpali Annette (2014): „Ich rede darüber – anders geht es nicht.“ Arbeitsbelastung, Ressourcen und Bewältigungsstrategien von beruflich Pflegenden in Thüringer Pflegediensten. Norderstedt (hspmedia).

Ridder, Michael de (2008): Medizin am Lebensende: Sondenernährung steigert nur selten die Lebensqualität. In: Deutsches Ärzteblatt 105 (9), S. A449-51.

Samerski Silja (2002): Die verrechnete Hoffnung. Von der selbstbestimmten Entscheidung durch genetische Beratung. Münster (Westfälisches Dampfboot).

Schulz-Nieswandt Frank (2012): (Bio)Ethik und soziale Verantwortung – Diskurs und Praxis in Medizin und Pflege. In: Brandenburg Hermann, Kohlen Helen (Hg.): Gerechtigkeit und Solidarität im Gesundheitswesen. Eine multiple Perspektive. Stuttgart (Kohlhammer).

3 Ethikberatung in der Altenpflege – Forderungen und Gegenstand

Annette Riedel

Ethikberatung in der Altenpflege hat aufgrund der vielfältigen ethischen Herausforderungen im professionellen Pflegehandeln, den handlungsfeldbezogenen Entwicklungen wie auch hinsichtlich der extern formulierten Forderungen an das Handlungsfeld ihre unbestrittene Berechtigung. Ethische Herausforderungen prägen den Pflegealltag in der Altenhilfe sowohl im (teil-)stationären wie auch im ambulanten Setting. Zugleich zeichnen sich aufgrund bereits absehbarer Entwicklungen neue ethische Fragestellungen ab. Den Gegenstand der Ethikberatung bilden die Akteure in den jeweiligen Handlungsfeldern, die Betroffenen und Beteiligten sowie die mannigfaltigen Pflegesituationen und -konstellationen, in ihrer jeweiligen Komplexität und Einzigartigkeit. Die ethischen Fragestellungen entstehen zum einen in der Pflegesituation selbst (z. B. Soll eine bestimmte Pflegeintervention (noch) durchgeführt werden? Wie kann eine notwendige Pflegeintervention würdevoll und respektvoll erfolgen? Wie gehe ich mit der veränderten Willensbekundung um?), werden durch externe Forderungen bewirkt (z. B. durch Stellungnahmen oder durch Expertenstandards zu bestimmten Pflegesituationen und -phänomenen), sowie durch gesellschaftliche Wirkfaktoren beeinflusst (z. B. durch neue Gesetze oder gesellschaftliche Entwicklungen und Veränderungen) (Riedel 2013a: 82-86, 95-104; Riedel/Lehmeyer 2013: 43-54). Nachfolgend wird das Augenmerk auf zentrale Einflussgrößen im Kontext Altenpflege gelegt, die sich in der Situation selbst möglicherweise wechselseitig bedingen und diese entsprechend prägen.

Zwischenzeitlich liegen verschiedenste Apelle vor, die den Altenhilfeeinrichtungen und den Pflegenden die Umsetzung von Ethikberatung mit unterschiedlicher Verbindlichkeit nahelegen. Diese Aufforderungen verweisen auf die Bedeutsamkeit ethischer Reflexion und ethisch begründeter Entscheidungsfindung. Wie diese jedoch erfolgen kann, bleibt zumeist vage. Aus diesem Grund ist der Teil zwei dieses Buches wichtig und stellt für die Einrichtungen der Altenhilfe eine essentielle Orientierungshilfe dar. Wenngleich externe Aufforderungen nicht das eigentliche Motiv dafür sein sollten, Ethikberatung in der Altenpflege zu implementieren und zu realisieren, so kann eine Darlegung der formulierten Forderungen – auch wenn sie (noch) nicht verpflichtend sind – einen wichtigen und unterstützenden Anschub leisten. Der eigentliche Impuls, Ethikberatung in der Altenpflege als systematisierte Form ethischer Reflexion und ethischer Entscheidungsfindung handlungsleitend und praxisbezogen im Pflegealltag nachhaltig einzuführen, sollte indes aus der Erkenntnis heraus entstehen, dass Ethikberatung und ethische Reflexion genuiner Gegenstand professionellen Pflegehandelns in der Altenpflege sind und deren Initiation als Unterstützung und Erfordernis für qualitätsvolles, individuums- und werteorientiertes Handeln (an)erkannt wird (Riedel 2014; Riedel 2013b: 1-4; Riedel 2012: 197-206; Rabe 2009). Bezogen auf die Einrichtungen selbst, ist die institutionelle und professionelle Verantwortung ein wesentlicher Initiator, Pflegenden einen Rahmen zu eröffnen, situative Werteorientierungen und -konflikte aufzuzeigen, den zunehmenden moralischen Disstress (Tanner u.a. 2014: 354; NANDA International 2013: 404) anzusprechen, einzubringen und durch die systematische ethische Reflexion reduzieren zu können (Arries 2014: 3-5).

Dieser Beitrag verfolgt darum *drei Perspektiven*:

4. Die Erläuterung übergreifender existierender Aufforderungen an die Altenpflege, Ethikberatung als genuinen Auftrag anzunehmen und in den Pflegealltag zu integrieren. Dies stellt eine Facette der argumentativen Grundlegung für die Implementierung der Ethikberatung dar.
5. Die Darlegung gesellschaftlicher Wirkfaktoren, die den professionellen Pflegealltag explizit und implizit prägen und ethische Herausforderungen suggerieren.
6. Die Betrachtung zentraler, aktueller und zukünftiger ethischer Herausforderungen, die unter anderem auf die in Punkt zwei benannten Einflussfaktoren zurückzuführen sind. Sie stellen die zweite Facette der argumentativen Bekräftigung für die Verwirklichung von Ethikberatung in der Altenpflege dar.

Ziel des Beitrags ist es, den Bedarf ethischer Reflexion in der professionellen Altenpflege zu konkretisieren ohne hierbei den Anspruch zu erfüllen, alle ethisch reflexionswürdigen Themen klarzulegen. Ethikberatung als wesentlich anzuerkennen, ist vor dem Hintergrund der Verdichtung ethischer Fragestellungen – den damit verbundenen moralischen Unsicherheiten und professionellen Verunsicherungen – in der Altenpflege zeitnah geboten. Dass dieser Bedarf – trotz vorbildlicher Initiativen, wie diese in Teil II des Buches aufgezeigt werden – noch nicht vollumfänglich registriert wird, erklärt die aktuelle „Unterversorgung mit Ethikberatung" in der Altenpflege (Jox 2014: 88).

3.1 Postulate – Ethikberatung in der Altenhilfe

Bereits aktuell wird Ethikberatung – wenngleich in variierender Deutlichkeit und wenig verbindlich – seitens der professionellen (Alten-)Pflege eingefordert. Die nachfolgenden Darlegungen können einer argumentativen Grundlegung der Implementierung (z. B. gegenüber dem Management und den Kostenträgern) dienen. Zur Argumentation aus pflegefachlicher und professioneller Perspektive dienen insbesondere die Ausführungen in den Expertenstandards sowie die praxisbezogenen ethischen Herausforderungen, die in den nachfolgenden Gliederungspunkten expliziert werden. Zunächst werden die übergreifenden Forderungen aus zwei *Chartas* klargelegt (BMFSFJ 2010; DGP u.a. 2010). In einem zweiten Schritt erfolgt die Darlegung der Erwartungen an professionelles Pflegehandeln in den *Expertenstandards*[1], abschließend die Konkretion aktueller Forderungen des *MDS* (Medizinischer Dienst des Spitzenverbandes Bund der Krankenkassen e.V. (2014).

In der „Charta der Rechte hilfe- und pflegebedürftiger Menschen" (BMFSFJ 2010) werden vielfältige wertebezogene Postulate formuliert, wie die Respektierung von „Würde und Einzigartigkeit", die „Verantwortung für den Schutz der Menschenwürde", die „Verantwortung in der Pflege", sowie der Appell an die Pflegenden sich „für das Wohl pflege- und hilfebedürftiger Menschen einzusetzen". Die Artikel der Charta sind u. a. überschrieben mit: „Selbstbestimmung und Hilfe zur Selbsthilfe", „Körperliche und seelische Unversehrtheit, Freiheit und Sicherheit" wie auch „Privatheit" (BMFSFJ 2010: 6-7). Bereits aus den zitierten Ansprüchen an die Pflege und Versorgung lassen sich ethische Herausforderungen und moralische Unsicherheiten ableiten. So wird in Artikel 1 der Charta ein exemplarischer Konflikt – zwischen der Forderung, die Selbstbestimmung des hilfe- und pflegebedürftigen Menschen zu respektieren und den pflegeprofessionellen „Fürsorgepflichten" gerecht zu werden, dies exemplarisch in Bezug auf die „Nahrungsverweigerung oder Sturzgefährdung" – ausgeführt (BMFSFJ 2010:

---

[1] Zwischenzeitlich liegen in Deutschland 8 Expertenstandards vor (Stand November 2014), weitere sind in Erarbeitung. Diese können eingesehen werden beim Deutschen Netzwerk für Qualitätsentwicklung in der Pflege (DNQP), unter: *http://www.dnqp.de/dnqp.html*.

9). Zugleich wird diesbezüglich gefordert: „Sollte eine solche Situation auftreten, können Sie erwarten, dass mit allen Beteiligten abwägende Gespräche geführt werden" (BMFSFJ 2010: 9). An dieser Stelle werden Ethikberatung/ethische Fallbesprechungen zwar nicht explizit als Verfahren benannt bzw. empfohlen, dennoch können sie als unterstützende und systematisierende Verfahren für die geforderten abwägenden Gespräche assoziiert werden.

Wesentlich konkreter ist die „Charta zur Betreuung schwerstkranker und sterbender Menschen in Deutschland" (DGP 2010). Darin wird formuliert: „In Entscheidungssituationen am Lebensende, in denen Wertekonflikte bestehen oder der mutmaßliche Wille erforscht werden muss, sind ethisch und rechtlich reflektierte, dialogische Verfahren der Entscheidungsfindung zu verankern" (DGP 2010: 9). Ethische Fallbesprechungen stellen explizit derartige Verfahren dar, die den Rahmen für eine strukturierte Wertereflexion und eine ethisch begründete Entscheidungsfindung eröffnen (Vorstand der Akademie für Ethik in der Medizin 2010: 151-152).

Weitere Forderungen an die professionelle Altenpflege bezüglich ethischer Reflexion und Entscheidungsfindung formulieren die Expertenstandards (Riedel 2013a: 82-94; Riedel 2013b). Professionell Pflegende sind (gesetzlich) angehalten, die Forderungen der Expertenstandards in den Pflegealltag zu integrieren und ihr Handeln daran zu orientieren. Expertenstandards beschreiben und fordern ein definiertes Leistungsniveau (DNQP 2011: 3). Explizite ethische Handlungsbezüge finden sich gegenwärtig insbesondere im Expertenstandard *Ernährungsmanagement zur Sicherstellung und Förderung der oralen Ernährung in der Pflege* (Stand 2010).[2] Die ethische Perspektive im Expertenstandard Ernährungsmanagement ist vor dem Hintergrund des professionsübergreifenden Diskurses zum Thema Ernährungs- und Flüssigkeitsangebote – vornehmlich in der letzten Lebensphase eines Menschen – zu begründen und nachvollziehbar.[3] In der Kommentierung und Literaturanalyse zum Expertenstandard finden sich Bezüge zu Studien, die ebenfalls ethische Implikationen darlegen. Im Folgenden

---

[2] Die Analyse der Expertenstandards bezieht sich an dieser Stelle ausschließlich auf den jeweils entwickelten und für die Praxis konstitutiven einseitigen Standard (DNQP 2010: 31), nicht auf die Literaturanalysen und/oder Kommentierungen. Diese werden wiederum nur in Bezug auf explizite Standardaussagen ergänzend bzw. erläuternd hinzugezogen.

[3] Zu Zahlen und Hintergründen zur Mangelernährung – insbesondere bei Menschen mit Demenz – in der stationären Altenpflege vgl. Reuther u.a. 2013: 260-267.

wird ausschließlich auf die Inhalte aus dem Expertenstandard verwiesen, die einen Bezug zur Ethik enthalten.

Die nachfolgenden Kriterien entsprechen der jeweils dreigliedrigen Struktur der Expertenstandards: Struktur (S), Prozess (P) und Ergebnis (E). So wird im Standardkriterium S2a – auf der Ebene der Strukturen im Expertenstandard – als Anforderung an die Pflegefachkraft formuliert: „verfügt über […] Kompetenz zur Entscheidungsfindung bei ethisch komplexen Fragestellungen" (DNQP 2010: 31). In der entsprechenden Kommentierung des Standardkriteriums ist zu lesen: „Ethische Fragestellungen sind mit allen Beteiligten, also dem Betroffenen selbst, seinen Angehörigen bzw. den gesetzlichen Betreuern, Patientenvertretern sowie allen an der Versorgung beteiligten Berufsgruppen in einer Fallbesprechung zu klären. In besonders schwierigen Situationen wird eine Ethikkommission[4], ein Ethikexperte oder eine andere Person hinzugezogen, die eine ethische Fallbesprechung leiten und entsprechende Hilfestellung geben kann" (DNQP 2010: 40). Würde man die Forderung des Strukturkriteriums praxisorientiert aufgreifen so hieße das: Die professionell Pflegenden in der Altenhilfe verfügen über die Kompetenzen, ethische Fragestellungen als solche zu erkennen und Fallbesprechungen im Praxisalltag zu realisieren. Im Standardkriterium P2 ist in der Kommentierung auf der Prozessebene zu lesen: „Ethische Probleme […] werden von der Pflegefachkraft erkannt und eine Entscheidungsfindung im Sinne der Wünsche und Vorstellungen oder auch der Bedürfnisse des Pflegebedürftigen […] z. B. in Form einer ethischen Fallbesprechung, herbeigeführt." Als Ziel wird in der Kommentierung des Standardkriteriums formuliert, eine „für den Patienten/Bewohner ethisch vertretbare Lösung des Problems zu finden" (DNQP 2010: 41). Zum konkreten Prozess der ethischen Reflexion – hin zur „Lösung des Problems" – erfolgen im Standard selbst keine Ausführungen. Im Standardkriterium E2 – auf der Ebene der Ergebnisse – ist im Expertenstandard sodann zu lesen: „Die […] Maßnahmen sind […] gegebenenfalls ethisch begründet" (DNQP 2010: 31). Deutlich wird: Es erfolgt ein eindeutiger Auftrag an die professionell Pflegenden, ethische Herausforderungen als solche zu erkennen und die situative ethische Fragestellung in der komplexen Situation (hier der Ernährung) zu erfassen. Zugleich wird die Verantwortlichkeit für die ethische Entscheidungsfindung eingefordert. Gänzlich offen bleibt im Expertenstandard hingegen, wie deren

[4] Ich gehe davon aus, dass es sich hier um eine begriffliche Unschärfe handelt und es um den Einbezug eines Ethikkomitees gehen soll.

Verwirklichung im Praxisalltag erfolgen kann, da der Expertenstandard seinen Schwerpunkt – bezüglich unterstützender Instrumente und Verfahren – auf die pflegefachliche Praxis lenkt und die angedeutete – und erforderliche! – ethische Reflexion im Praxisvollzug bedauerlicherweise nicht konkretisiert (Riedel 2013a; Riedel 2013b).

Konkreter ist hier die aktuelle Grundsatzstellungnahme des MDS, ebenfalls zum Thema Ernährung. So benennt die Stellungnahme häufig auftretende „Konflikte“ wie auch „Konfliktkonstellationen“ und verweist explizit auf Ethikberatung und Ethikkonsil (MDS 2014: 163). Zwar bleibt auch die Stellungnahme des MDS auf einer abstrakten, beschreibenden Ebene, zugleich zeigt diese ein unterstützendes Verfahren auf.[5] Offenkundig ist die Erwartung, dass ethische Herausforderungen als solche erkannt und systematisiert reflektiert werden.

Abschließend zu den explizit und implizit formulierten Aufforderungen, Ethik-beratung in der Altenpflege zu realisieren, gilt das Augenmerk dem ICN-Ethik-Kodex, der die Pflegenden dazu auffordert, to „develop workplace systems that support common professional ethical values and behaviour“ (ICN 2012: 9). Auch bezüglich der hier geforderten Ethikkultur kann Ethikberatung einen Beitrag leisten.

Nach diesen Ausführungen aktuell formulierter Forderungen zur Implementierung und Realisierung von Ethikberatung in der Altenpflege, erfolgt die Argumentation aus der Perspektive der ethischen Herausforderungen im Handlungsfeld selbst. Dies zunächst aus einer übergreifenden Perspektive angesichts gesellschaftlicher Wirk- und Einflussfaktoren (Kapitel 3.2), sodann aus der Perspektive der ethischen Herausforderungen im konkreten Handlungsfeld Altenpflege (Kapitel 3.3).

3.2 Gesellschaftliche und gesundheitspolitische Wirkfaktoren – Einflussfaktoren auf das Handeln und Entscheiden

Nachfolgend werden die externen Wirkfaktoren dargelegt. Dies sind zunächst die jeweils implizit oder explizit leitenden *Altersbilder*, die ethische Reflexion wie auch ethische Herausforderungen und deren Explikation beziehungsweise Zurückstellung in der Altenpflege beeinflussen. Altersbilder haben ferner Einfluss

---

[5] In den Ausführungen (S. 163) nimmt die Grundsatzstellungnahme Bezug auf die „Standards für Ethikberatung im Gesundheitswesen“ der Akademie für Ethik in der Medizin (2010).

auf die Verteilung von Ressourcen im Gesundheitswesen. Im Kontext der Ressourcenknappheit werden des Weiteren exemplarisch ethische Herausforderungen aus der *Technikentwicklung* ausgeführt, u. a. als eine aktuelle Maßnahme, auf die Situation knapper werdender Ressourcen in der Pflege und Betreuung alter Menschen zu reagieren. Parallel wirken gesellschaftliche Veränderungen der Altersstrukturen auf die in der Altenpflege geforderte Wertereflexion und die Werteorientierung. Vor diesem Hintergrund werden die Effekte der *Zunahme älterer Menschen mit Migrationshintergrund* ebenfalls unter der Überschrift gesellschaftlicher Wirkfaktoren umrissen.

3.2.1 Altersbilder

Im Folgenden geht es um die Sensibilisierung dahingehend, welchen Einfluss die aktuell diskutierten *Altersbilder* sowie die Vielfalt der Altersbilder auf die Altenpflege bergen. Der sechste Altenbericht definiert Altersbilder als „Wissenssysteme, die sich auf den Verlauf von Alternsprozessen beziehen und damit für die Verwirklichung von Potenzialen ebenso wie für die Sensibilisierung für Grenzen und den Umgang mit diesen bedeutsam sind" (Deutscher Bundestag 2010: 261). Die Frage, inwiefern überlieferte Altersbilder der Realität jemals entsprachen oder nahe kommen, kann auch an dieser Stelle nicht geklärt werden. Allerdings transportieren die zu unterschiedlichen Zeiten vorherrschenden Altersbilder von je her Normen und Werte, sie beeinflussen Wertehaltungen und Lebensstile. Sie beeinflussen soziale Beziehungen, sozialpolitische und gesellschaftliche Initiativen, sie nehmen Einfluss auf die Bewertung der Bedarfe und Bedürfnisse der älteren Menschen, aber auch auf die Wirklichkeitskonstruktionen der Pflegenden und der Akteure in der und für die Altenpflege (Schaeffer/Ewers 2013: 164; Berner 2011: 927-932; Remmers/Walter 2012: 205-230). Kritisch zu reflektieren sind Altersbilder insbesondere dann, wenn sie der Vielfalt von Alter und Altern nicht gerecht werden (Kümpers/Zander 2012: 28-30; Schmitt 2012, 3-32; Wurm/Huxhold 2010: 258-260; Ehni 2014: 234-240), da darin die Gefahr besteht, dass ein einseitiges, unvollständiges Bild nur einer kleinen Gruppe älterer Menschen gerecht wird (Kruse 2012a: 31-33 und Schweda 2013: 279-286).

Die Pflegenden sind in den Einrichtungen, in ihren Wirklichkeitskonstruktionen von den gesellschaftlichen Wertevorstellungen und den jeweils vorherrschenden Altersbildern beeinflusst. Dem Entscheiden und Handeln der Pflegenden liegen stets explizite, vielfach auch implizite Altersbilder zugrunde (Lux u. a. 2012: 159-250; Remmers/Walter 2012: 205, 208, 222-225; Kümper/Zander

2012: 28-30). Diese haben – zumeist implizit – Wirkung auf die gelebten und argumentativ vertretenen Werte und Wertesysteme, sie prägen pflegerische und ethische Entscheidungsprozesse und verhindern nicht selten die geforderte „differenzielle Betrachtung der letzten Lebensphase“ (Schaeffer/Ewers 2013: 153). In der Konsequenz haben sie Einfluss auf die Leitbilder des Pflegehandelns und auf Aushandlungsprozesse in der Pflege. Insbesondere die Verletzlichkeit und Schutzbedürftigkeit pflegebedürftiger älterer Menschen fordern die Sensibilität für handlungsleitende Altersbilder sowie die ethische Reflexion deren Wirkmechanismen auf Entscheidungen und Argumentation. Denn: Altersbilder schaffen „Realität“ (Deutscher Bundestag 2010: 19). Sie können je nach Überzeugung, je nach Einstellung im Pflegehandeln förderlich wirksam werden oder dazu führen, dass Interventionen vorenthalten werden (Remmers/Walter 2012: 222-225; Wiese u.a. 2012: 354-362; Zins 2012; Schubert 2012: 169-181). Das heißt, Altersbilder können sich auf den Ressourceneinsatz und/oder die altersabhängige Begrenzung medizinischer und pflegerischer Versorgung auswirken (Klie 2013; Kruse 2013: 35; Deutscher Bundestag 2010: 171-174) und im Extremen zu einer ethisch inakzeptablen Ungleichbehandlung führen (Simon 2013: 147; Zimmermann-Acklin 2012: 215-230). Die sensible und konsequente ethische Reflexion wirksamer Altersbilder ist demzufolge in der Pflegesituation wie auch in der Pflegeorganisation gefordert.

3.2.2 Technik in der Pflege

Ethische Herausforderungen und (zukünftige) ethische Entscheidungen in der Altenpflege provozieren ferner die *aktuellen Technikentwicklungen* (Nass 2014, Manzeschke u. a. 2013: 8-12; Graf u. a. 2013; Hülsken-Giesler 2011: 317, 318; Fangerau/Badura-Lotter 2014, 177-179; Claßen u.a. 2014: 84-89). Diese werden vor dem Hintergrund des demografischen Wandels sowie aufgrund der Veränderungen formeller/professioneller und informeller Unterstützungssysteme zur Sicherstellung zukunftsfähiger Pflege und Versorgungbedarfe – insbesondere im ambulanten Setting aber sukzessive auch in der stationären Langzeitpflege – mit Hochdruck entwickelt und finanzkräftig gefördert. Ausgangspunkt der Entwicklung ist demnach primär ein erwartetes (personelles und finanzielles) Defizit in den Versorgungsstrukturen und nicht die Erwartung und der Wunsch seitens der älteren Menschen an unterstützende Technik. Um die Attraktivität der Technikentwicklungen und den zukünftigen Markt der Produkte für die potenzielle Ziel- und Nutzergruppe zu erhöhen, werden diesen Attribute und Versprechen wie

„Steigerung der Lebensqualität“, „Erhöhung der Sicherheit“, „Erhalt der Selbstständigkeit“ und „Verbleib in der eigenen Häuslichkeit“ zugeschrieben.

Offen bleibt bei den Entwicklungen bislang vielfach die Klarlegung, mit welchen Konsequenzen und auf wessen Kosten die Ziele und Versprechen erreicht werden. Welche Werte und moralischen Argumente bei der Entwicklung leitend sind und welche demgegenüber nachteilig tangiert werden (z. B. Sicherheit auf Kosten der Privatheit, Sicherheit auf Kosten der Überwachung und Disziplinierung, Unabhängigkeit auf Kosten der Teilhabe, der Partizipation und Isolation oder auch Kompensation auf Kosten der Befähigung). Ferner ist zu reflektieren, welches Altersbild die Entwicklung und Konzeption dieser altersspezifischen Technik leitet (Manzeschke u.a. 2013: 24, 25) und wie sich dieses Altersbild wiederum auf die von personaler Pflege abhängigen Menschen auswirkt: z. B. weil die Technik den situativen individuellen Pflegebedarf nicht (mehr) kompensiert, der ältere Mensch mit der Technik nicht (mehr) zurechtkommt, sich die kostspielige Technik nicht (mehr) leisten kann. Und insbesondere: Welche Konsequenzen haben diese Entwicklungen für vulnerable Zielgruppen, wie zum Beispiel Menschen mit Demenz (Niemeijer u. a. 2014; Claßen u. a. 2014: 105-107) oder von Altersarmut betroffene Menschen?

Zu hinterfragen ist des Weiteren, ob und inwiefern die technischen Innovationen der Heterogenität und Multidimensionalität des Alter(n)s in der Praxis gerecht werden, den kontext- und lebensweltbezogenen, den individuellen und situativen Bedürfnissen und Bedarfen dieser Zielgruppe Rechnung tragen (Claßen u. a. 2014: 15-25, 84). Fraglich ist zudem, ob und inwiefern die Technik hinsichtlich der „Komplexität des alltäglichen Lebens älterer Menschen“ (Hülsken-Giesler 2011: 317, 321) adäquate Unterstützung garantiert, zugleich Lebensqualität sichert (Manzeschke 2014: 103-110) und Privatsphäre erhält (Hülsken-Giesler 2011: 317, 321; Haas u. a. 2013: 28-30).

Auch die Auswirkungen auf die professionelle Altenpflege und deren Berufsbild müssen reflektiert werden. Das heißt konkret: Welche ethischen Herausforderungen ergeben sich aus der technikgestützten Pflegearbeit für die zukünftige Altenpflege als Dienstleistung und als Profession? Welchen Einfluss haben die Entwicklungen auf das berufliche und pflegeethische Selbstverständnis und Handeln in der Altenpflege? Für die Akteure in der Altenpflege stellt sich möglicherweise zukünftig die ganz praktische jedoch ethisch reflexionswürdige Frage nach der Verteilungsgerechtigkeit von persönlichem Kontakt, Interaktion und Zuwendung. Das heißt: menschliche Assistenz *versus* technische Assistenz, die technisch gestützte Unabhängigkeit und die Reduktion persönlicher Kontakte. Es gilt zukünftig abzuwägen zwischen der Verbesserung individueller Sicherheit für den älteren Menschen und der persönlichen Privatheit. Es stellt sich die Frage der Gewichtung zwischen individuumsorientierter förderlicher Unterstützung und Zuwendung *versus* technisch defizitorientierter Kompensation. Es wird auch um die Verteilungsgerechtigkeit und den Zugang zu altersgerechten Assistenzsystemen gehen (Manzeschke u. a. 2013: 23). Fraglich ist hierbei die zukünftige pflegefachliche Orientierung: richtet diese sich an den situativen individuellen Bedürfnissen und ausgehandelten Bedarfen oder dem verfügbaren Einsatz standardisierter Technik aus?

Die geforderten ethischen Entscheidungen und die bestehenden moralischen Unsicherheiten sind im Kontext dieser Entwicklungen für die Altenpflege fraglos. Fragwürdig ist indes, wie die Altenpflege darauf reagiert, wie sie für die individuums- und werteorientierte, würdevolle Pflege und Versorgung der vulnerablen (verletzlichen) Gruppe älterer Menschen sowie für die Werte der Profession einsteht und argumentiert. Diese zeitnah sich stellenden ethischen Fragen bereits heute vor- und anzudenken ermöglicht zukünftig verantwortungsvoll ethisch abzuwägen, zu agieren und den Einsatz von technischen Unterstützungssystemen ethisch reflektiert und begründet zu koordinieren.

3.2.3 Migration und Interkulturalität

Auch die Veränderungen in der Altersstruktur sowie die zunehmende kulturelle, religiöse Heterogenität innerhalb der Gruppe älterer Menschen – hier exemplarisch die Zunahme *älterer Migrantinnen und Migranten* als wachsende Zielgruppe der Altenpflege[6] – fordern ethische Reflexion und ethische Entscheidungen ein. Dies einerseits aufgrund der kulturellen und religiösen Pluralität der Menschen, denen professionell Pflegende in ihrem beruflichen Alltag begegnen, die sie professionell beraten, pflegen und betreuen (zu Pflegende, Angehörige und Zugehörige) und andererseits aufgrund der Varianz der jeweils religiös und kulturell geprägten Wertesysteme, Vorstellungen und Einstellungen zu Alter(n), Ge-

[6] Die Gruppe der älteren Menschen mit Migrationshintergrund ist die am stärksten wachsende Bevölkerungsgruppe und repräsentiert demzufolge einen nicht zu unterschätzenden Anteil der hochbetagten älteren Menschen in unserer Gesellschaft. Vgl. hierzu Heinecker u.a. 2012: 98, 100; vgl. Mogar/von Kutzleben 2014; Schimany/Baykara-Krumme 2012. Zur quantitativen Zunahme älterer Migrantinnen und Migranten, zur Gesundheitssituation und Pflegebedürftigkeit vgl. Shimany u. a. 2012: 79-108, 208-262.

sundheit und Krankheit (Peters u. a. 2014; Grützmann u. a. 2012; Ilkiliç 2008, Ilkiliç 2014b; Riedel/Lehmeyer 2014). Das heißt, die Grundlegungen des kultursensiblen pflegebezogenen Entscheidens und Handelns sind vor dem Hintergrund der Berücksichtigung der spezifischen Bedürfnisse älterer Migrantinnen und Migranten sowohl professionell, evidenzbasiert, ethisch als auch interreligiös auszuhandeln und zu konsentieren (Riedel/Lehmeyer 2014: 107-108, 114-115; Käppeli 2000: 195).

Unterschiedliche religiöse Sichtweisen und Wertehaltungen, die damit verbundenen Forderungen, Einstellungen, Deutungsmuster und (ethischen) Fragestellungen im Kontext der Pflegesituation (z. B. in der letzten Lebensphase eines Menschen), dem Pflegehandeln (z. B. Ernährungs- und Flüssigkeitszufuhr), den pflegebezogenen Begegnungssituationen (möglicherweise unter Einbezug der Angehörigen und Zugehörigen, der Umgang zwischen Jung und Alt, Mann und Frau, Fragen zur Wahrheit am Krankenbett etc.) und den kulturell geprägten Vorstellungen von einem guten Alter(n) können demnach im professionellen Pflegealltag nicht ignoriert werden (Hock 2014: 38-44; Riedel/Lehmeyer 2014). Denn nicht selten stehen religiös und kulturell begründete Erwartungen konträr zu den professionellen Pflegestandards und Pflegekonzepten. Derartige Differenzen führen zu ethischen Herausforderungen und zu Kommunikationsdefiziten, die die Pflegequalität beeinflussen und die Orientierung an der Individualität und Identität des pflegebedürftigen älteren Menschen beeinträchtigen. Multireligiöse Gesellschaften und damit auch die Profession Pflege sind angehalten, für sich zu klären, was für sie gilt. Sie sind aufgefordert darzulegen, wie eine Verständigung über zugrunde gelegte Normen und Werte zu erreichen ist (Grützmann u. a. 2012: 326-328; Ilkiliç 2008: 860-862; Ilkiliç 2014a: 109-111; Ilkiliç 2014b: 130-131; Riedel/Lehmeyer 2014: 118-121). Hierbei ist zu betonen, dass es sich bei den älteren Migrantinnen und Migranten in Deutschland um eine höchst heterogene Gruppe handelt, mit einer Vielfalt an kulturellen und sozialen Wertvorstellungen, Lebensstilen, Lebenslagen, Lebenswelten und pflegebezogenen Lebenssituationen wie auch variierenden Bedarfen, Bedürfnisse (gesundheitlich, sozial und emotional) und (Werte-)Vorstellungen an die Lebens- und Versorgungsqualität im Alter (Baykara-Krumme u. a. 2012: 11-42, 29-35; Zemann 2012: 449-465; Heinecker u. a. 2012: 93-120). Aufgrund der Migrationserfahrungen und vielfältigen psychischen Belastungssituationen handelt es sich bei älteren Migrantinnen und Migranten indes um eine besonders vulnerable Zielgruppe. In der Altenpflege ist die Sensibilität für die Themen Migration, Integration und Inklusion weiter zu steigern. Der Aspekt der „Altersdiversität im Migrationskontext" (Baykara-Krumme u. a. 2012: 18) und deren Effekte auf die Pflege- und Betreuungssituationen verlangen eine beständige, verantwortungsvolle ethische Reflexion.

3.3 Exemplarische situative und ethische Herausforderungen – Gegenstand der ethischen Reflexion

Abschließend werden ausgewählte, ethisch reflexionswürdige Themen der Altenpflege (setting- und versorgungssektorenübergreifend) dargelegt. Hierbei besteht nicht der Anspruch auf Vollständigkeit, vielmehr sollen die Beispiele exemplarisch für die Komplexität ethischer Herausforderungen in der ambulanten und stationären Altenpflege stehen.[7]

Die Bedeutsamkeit ethischer Reflexion in der Pflege und Betreuung älterer Menschen mit Demenz ergibt sich insbesondere aus der Verletzlichkeit der Zielgruppe selbst (Wetzstein 2010: 62, 67; Wetzstein 2012: 187-188; Kruse 2012b: 650, 664). Ethisch reflexionswürdig sind im Kontext der aktuellen und zukünftigen Pflege von Menschen mit Demenz konzeptionelle Entwicklungen, wie die Realisierung von Pflegeoasen (Wetzstein 2013: 130-133). Aus den erheblichen Asymmetrien in der Pflegesituation (ungleiche Positionen, differente Optionen und Spielräume zu (re)agieren, institutionelle Bedingungen etc.) sowie aufgrund der reduzierten oder fehlenden Entscheidungs- und Einwilligungsfähigkeit und den damit einhergehenden komplexen Kooperations- und Abstimmungsbedarfen mit den Angehörigen und/oder gesetzlichen Vertretern, zumeist stellvertretend für den Menschen mit Demenz (z. B. der Einsatz eines Antibiotikums oder zur Ernährung). Angesichts der Individualität der Person und der Einzigartigkeit der Situation fordern mögliche Diskrepanzen in der Wahrnehmung und Interpretation des nonverbalen, des affektiven und emotionalen Ausdruckverhaltens, der Erlebenshorizonte angesichts des „natürlichen Willens" (Jox 2013: 335-337) des Menschen mit Demenz – neben der pflegefachlichen Perspektive – ergänzende Informationen (z. B. seitens der langjährigen Bezugspersonen). Notwendig ist eine diskursive ethische Abwägung – u. a. zwischen Wohltun/Nutzen und Nicht-

[7] Weitere ethische Herausforderungen in der Altenpflege vgl. Riedel/Lehmeyer 2013 wie auch in Bockenheimer-Lucius u. a. 2012: 149-200.

schaden, zwischen Autonomie und Fürsorge und auch bezüglich dem sensiblen Konstrukt Lebensqualität (Coors 2014: 12-18; Bobbert 2012: 1111-1112).

Ältere Menschen in der letzten Phase ihres Lebens qualitätsvoll und würdevoll zu pflegen und zu begleiten ist Auftrag professioneller Altenpflege. Die sensiblen, zugleich komplexen und vielfach weitreichenden (pflegebezogenen und medizinischen) Entscheidungen in der letzten Lebensphase eines älteren Menschen provozieren ethische Herausforderungen und fordern eine verantwortungsvolle, strukturierte ethische Reflexion (z. B. die Frage nach einer Krankenhauseinweisung) ein. Die geforderten ethischen Entscheidungen werden begleitet von moralischen Unsicherheiten wie auch von rechtlichen Verunsicherungen, sie sind geprägt von der Vielfalt beeinflussender und wirkender Werteorientierungen, von individuellen Bedürfnissen und Wünschen am Lebensende sowie der Diversität am Lebensende (Schnell/Dunger 2014: 18-21; Schnell/Schulz 2014: 27-28). Die ethische Reflexionswürdigkeit ergibt sich insbesondere vor dem Hintergrund der wiederkehrenden Debatten um die Sterbehilfe.[8]

Ethische Herausforderungen ergeben sich ferner aufgrund der Besonderheit der zumeist sehr vertrauensvollen und intensiven Beziehungen in der ambulanten und stationären Langzeitpflege, zwischen Pflegenden und den älteren Menschen wie auch deren Angehörigen bzw. Zugehörigen. Bei alleinstehenden älteren Menschen können regelmäßige Kontakte zu den Pflegenden möglicherweise die zentralen sozialen Beziehungen darstellen, Pflegende können den Status einer persönlichen Bezugsperson erreichen. Hierbei ist hervorzuheben, dass die durch Pflegebedürftigkeit entstehende Angewiesenheit der älteren Menschen kein selbst gewählter Zustand ist und der Wunsch nach Selbstständigkeit und Unabhängigkeit ethische und pflegebezogene Konfliktpotenziale innerhalb der Pflegebeziehung und der damit verbundenen Aushandlungsprozesse birgt. Die Umstellung von Autonomie zu Abhängigkeit (oft aufgrund einschränkender und/oder existenziell bedrohlicher Erfahrungen) bedeutet Verluste, Abschiede, Umstellungen, Neuorientierung und vielfach auch eine neue bzw. veränderte Rolle. Dieser Prozess und die damit verbundenen – je nach Perspektive, Selbstverständnis und vorherrschendem Selbstwertwertgefühl variierenden – Wertesysteme werden möglicherweise immer wieder in Frage gestellt beziehungsweise zum Gegenstand pflegebezogener Aushandlungen (zwischen objektivierbarem Pflegebedarf und subjektivem Pflegebedürfnis) und ethischer Abwägungen (zwischen profes-

[8] Zu den Auswirkungen der Debatte für die Pflegenden vgl. Koch 2010: 210-211, 212-217.

sionellen Werten und individuellen Wertvorstellungen wie z. B. zwischen Fürsorge und Autonomie, zwischen Freiheit/Privatheit und Sicherheit bzw. Verantwortung). Ethische Herausforderungen in der Altenpflege ergeben sich demzufolge aufgrund einer geforderten Ausgewogenheit zwischen persönlicher Nähe und professioneller Distanz, aber auch vor dem Hintergrund bestehender Asymmetrien und Diversitäten im Kontext oftmals intimer und körpernaher Begegnung und Interaktion. Im stark strukturierten und straff organisierten Pflegealltag bedarf es einer besonderen Sensibilität für die damit einhergehenden ethischen Konfliktpotenziale. Werden diese zu spät realisiert, kann es bereits zu Grenzüberschreitungen und Verletzungen (der Würde, der Privatheit, der Selbstbestimmung etc.) gekommen sein, die langfristig in der Pflegebeziehung eine große Belastung für alle Beteiligte darstellen.

Exemplarisch und Bezug nehmend auf das ambulante Setting der Altenpflege werden ethische Herausforderungen am Beispiel der Selbstvernachlässigung und Verwahrlosung ausgeführt. An diesem Beispiel wird einerseits die Komplexität ethischer Fragestellungen in der Altenpflege offenkundig, andererseits wird deutlich, dass es nicht immer die viel publizierten ethischen und rechtlich brisanten Fragestellungen sind (PEG, Fixierungen), die moralische Unsicherheit und Unbehagen provozieren, sondern die alltäglichen Begebenheiten, Situationen und Phänomene des Alltags, in ihrer unterschiedlichen Ausprägung. Das Beispiel ist exemplarisch hinsichtlich der Bedeutsamkeit ethischer Reflexion im Kontext normativer Bewertungssituationen, bei fehlenden gesellschaftlichen und/oder professionell verbindlichen Bewertungskriterien und bei multidimensionalen, komplexen Phänomenen. Nachfolgend sollen nicht die pflegefachlichen Versorgungsbedarfe in den Vordergrund rücken, sondern die ethische Reflexion als genuiner Gegenstand professionellen Entscheidens und Handelns (Riedel 2013b: 4; Riedel 2012: 197-206). Es geht nicht um normative Grundlegungen sondern um die Darlegung des normativen, ethisch reflexionswürdigen Rahmens. Zugleich knüpft die Reflexion über Selbstvernachlässigung und Verwahrlosung an bereits ausgeführte Gegenstände ethischer Reflexion an. Hier insbesondere am Thema Altersbilder. Zugleich fordert die exemplarische Thematik die Auseinandersetzung mit den professionellen Werten und Werteorientierungen aber auch mit den gesellschaftlichen Werten und Vorstellungen ein und verlangt das Nachdenken über ein gutes und würdevolles Alter(n).[9]

Vielfach sind es körperliche Einschränkungen, schwere psychische und/oder physische Erkrankungen, psychisches Leiden oder ein Kräfteverlust in der letzten Lebensphase, die zu einer verstärkten Selbstvernachlässigung führen. Wird die Bewältigung des Alltags zu einer persönlichen Überforderung, kann es zu einer Verwahrlosung, einer Selbstvernachlässigung kommen (Steiner 2014: 127; NANDA 2013: 270). Situationen der Selbstvernachlässigung und der Verwahrlosung sind sowohl im ambulanten wie auch im stationären Setting der Altenpflege bekannte Phänomene und Auslöser wiederkehrender Diskussionen und moralischer Unsicherheit. Da es sich bei der Selbstvernachlässigung wie auch bei der Verwahrlosung um normative Begriffe handelt, die die individuellen Lebensvorstellungen und Lebenssituationen von Menschen betreffen, besteht die Schwierigkeit, diese multidimensionalen Phänomene zu klassifizieren, verbindliche Kriterien zu formulieren beziehungsweise diese zu konzeptualisieren (Baumann-Hölzle 2014: 218; Gogl 2014: 143-149). Aufgrund dessen wird es innerhalb eines Pflegeteams zunächst zu unterschiedlichen Einschätzungen und Interpretationen dahingehend kommen, welche Lebenssituation/welche Lebensform zum Ausgangspunkt fürsorglicher Interventionen (z. B. die Hygiene betreffend) wird. Neben pflegeprofessionellen Abwägungen werden subjektive Normen und Werte wirksam (z. B. die ethische Abwägung zwischen persönlichem Autonomieanspruch und professioneller Fürsorgepflicht, zwischen Selbst- und Fremdgefährdung, zwischen Freiheit und Schutz, die Achtung der Menschenwürde, die Verwirklichung pflegeberuflicher Verantwortlichkeit).

Diese Wertediskurse innerhalb des Teams sollten nicht unstrukturiert, situativ und spontan erfolgen, sondern systematisiert unter Einbezug der relevanten Perspektiven (Sittner 2014: 218). Denn die jeweils handlungsleitenden Werte und wertebezogene Argumentation führt zu unterschiedlichen Handlungsbedarfen, zu Interventionen mit jeweils variierenden Konsequenzen für den älteren Menschen (z. B. der Abschied von Haustieren, von vertrauten umgebenden Gegenständen). Da es sich bei der betroffenen Zielgruppe um eine höchst vulnerable (verletzliche) Personengruppe in einer sensiblen Lebensphase und einem zumeist instabi-

[9] Ausführungen zur Würde im Alter sowie zu Indikatoren potenzieller Würdeverletzungen im Alter finden sich bei Monteverde 2013: 137-140, 143-145. Die Pflegediagnose „Gefahr einer beeinträchtigten Menschenwürde" legt pflegebezogene Risikofaktoren dar (NANDA 2013: 297).

len System handelt, ist ein Höchstmaß an Achtsamkeit, Feingefühl und eine verantwortungsvolle systematisierte ethische Reflexion, Priorisierung und Argumentation gefordert, um das notwendige Vertrauen der älteren Menschen in der und in die Pflegebeziehung aufrecht zu erhalten.

3.4 Fazit

Es konnte klargelegt werden: die Dichte ethischer Herausforderungen und Anforderungen, die ethischen Dilemmata in der Praxis und den Handlungsfeldern der Altenpflege führen zu wiederkehrenden moralischen Unsicherheiten, möglicherweise zu Schuldgefühlen und Gewissensbissen, zu moralischem Disstress.[10] Die im Rahmen der Ethikberatung zur Verfügung stehenden Verfahren systematischer ethischer Reflexion und Entscheidungsfindung unterstützen die Konsistenz, Transparenz und Klarheit der Entscheidung (hier geht es nicht um eindeutige Lösungen!) und geben Sicherheit. Gemeinsam getroffene, ethisch reflektierte, ethisch verantwortbare und begründete Entscheidungen können gemeinsam getragen und vertreten werden.

Wünschenswert wäre, die Altenpflege würde Ethikberatung nicht als eine weitere, zusätzliche externe Forderung registrieren, sondern als professionelle (Selbst-)Verpflichtung – mit Blick auf die zu Pflegenden und die Pflegenden, die ethischen Dimensionen und komplexen Herausforderungen im Alltag der Pflege, Begleitung und Betreuung älterer Menschen. Grundlegend hierfür ist das Verständnis, dass Ethikberatung ein bedeutungsvoller Gegenstand professionellen Pflegehandelns ist (Riedel 2014; Riedel 2013a; Riedel 2013b). Dieses Grundverständnis sollte sich verankern, bevor externe Verpflichtungen wirksam werden und Prüfinstanzen die Umsetzung kontrollieren (Riedel: 2013b: 4). Denn: Ethikberatung als externe Auflage realisiert, blockiert möglicherweise die geforderte Offenheit für differente Wertevorstellungen, für beteiligte (professionelle und individuelle) Perspektiven, für ethische Dilemmata und hemmt möglicherweise die Sensibilität für ethische Entscheidungskonflikte. Ethikberatung als Verpflichtung der Prüfinstanzen provoziert möglichweise (schnelle) „Lösungen“ in (All-

[10] Die NANDA Pflegediagnosen benennen explizit „bestimmende Merkmale“ und „beeinflussende Faktoren“ eines Entscheidungskonflikts („decisional conflict“) und expliziert Facetten des moralischen Konflikts („moral distress“). Auch diese Ausführen verweisen auf die Bedeutsamkeit ethischer Reflexion in der professionellen (Alten)Pflege (NANDA International 2013: 403, 404).

tags-) Konflikten und fordert womöglich unangreifbar dokumentierte Ergebnisse *versus* systematisierter, diskursiver, reflektierter und wertebasierter Beratungs-, Entscheidungs- und Konsensfindungsprozesse. Das heißt: Die Altenpflege sollte jetzt aus eigenen Qualitätsbestrebungen *und* der ethischen und professionellen Verantwortung heraus agieren statt auf externe Erfordernisse zu reagieren!

Literatur

Arries Ebin J. (2014): Patient safety and quality in healthcare: Nursing ethics for ethics quality. In: Nursing Ethics 21, S. 3-5.

Baltes Paul B., Baltes Margret M. (1989): Erfolgreiches Altern: Mehr Jahre und mehr Leben. In: Zeitschrift für Gerontopsychologie und -psychiatrie 2, S. 5-10.

Baumann-Hölzle Ruth, Hofmann Elisabeth, Abraham Andrea (2014): Verwahrlosung im Alter, ethisch reflektiert: Gratwanderung zwischen Fürsorge und Abwehrrecht. In: Gogl Anna (Hg.): Selbstvernachlässigung bei alten Menschen. Von den Phänomenen zum Pflegehandeln. Bern (Hans Huber), S. 207-216.

Baykara-Krumme Helen, Motel-Klingebiel Andreas, Schimany Peter (2012): Wie viele Welten des Alterns? Ältere Migrantinnen und Migranten in der Alter(n)s- und Migrationsforschung. Eine Einführung. In: Baykara-Krumme Helen, Motel-Klingebiel Andreas, Schimany Peter (Hg.): Viele Welten des Alterns. Ältere Migranten im alternden Deutschland. Wiesbaden (Springer VS), S. 11-42.

Berner Frank (2011): Altersbilder im Bereich der gesundheitlichen Versorgung älterer Menschen. Erkenntnisse und Empfehlungen aus dem Sechsten Altenbericht. In: Bundesgesundheitsblatt – Gesundheitsforschung – Gesundheitsschutz 54, S. 927-932.

BMFSFJ (Bundesministerium für Familie, Senioren, Frauen und Jugend) (Hg.) (2010): Charta der Rechte hilfe- und pflegebedürftiger Menschen. Berlin.

Bobbert Monika (2012): Ethische Fragen medizinischer Behandlung am Lebensende. In: Anderheiden Michael, Eckart Wolfgang U. (Hg.): Handbuch Sterben und Menschenwürde, Band 2. Berlin (De Gruyter), S. 1099-1114.

Bockenheimer-Lucius Gisela, Dansou Renate, Sauer Timo (2012): Ethikkomitee im Altenpflegeheim. Theoretische Grundlagen und praktische Konzeption. Frankfurt am Main (Campus).

Claßen Katrin, Oswald Frank, Doh Michael, Kleinemas Uwe, Wahl Hans-Werner (2014): Umwelten des Alterns. Wohnen, Mobilität, Technik und Medien. Stuttgart (W. Kohlhammer).

Coors Michael (2014): Alter und Lebensqualität: Einleitende Beobachtungen zu Spannungsfeldern der ethischen Bewertung. In: Coors Michael, Kumlehn Martina (Hg.): Lebensqualität im Alter. Gerontologische und ethische Perspektiven auf Alter und Demenz. Stuttgart (W. Kohlhammer), S. 9-23.

Deutscher Bundestag (2010): Sechster Bericht zur Lage der älteren Generation in der Bundesrepublik Deutschland. Drucksache 17/38155, Stand Juni 2010.

DGP (Deutsche Gesellschaft für Palliativmedizin e.V.), DHPV (Deutscher Hospiz- und Palliativverband e.V.), BÄK (Bundesärztekammer) (Hg.) (2010): Charta zur Betreuung schwerstkranker und sterbender Menschen in Deutschland. Berlin.

DNQP (Deutsches Netzwerk für Qualitätsentwicklung in der Pflege) (Hg.) (2011): Methodisches Vorgehen zur Entwicklung, Einführung und Aktualisierung von Expertenstandards in der Pflege. Osnabrück.

DNQP (Deutsches Netzwerk für Qualitätsentwicklung in der Pflege) (Hg.) (2010): Expertenstandard Ernährungsmanagement zur Sicherstellung und Förderung der oralen Ernährung in der Pflege. Entwicklung – Konsentierung – Implementierung. Osnabrück.

Ehni Hans-Jörg (2014): Ethik in der Biogerontologie. Wiesbaden (Springer VS).

Fangerau Heiner, Badura-Lotter Gisela (2014): Einsatz von Medizintechnik und Technisierung der Medizin – Reflexionen im Vorfeld der Jahrestagung der AEM 2014. In: Ethik in der Medizin 26, S. 177-179.

Gogl Anna (2014): Von Verwahrlosung zur Selbstvernachlässigung – Versuch einer Begriffsklärung. In: Gogl Anna (Hg): Selbstvernachlässigung bei alten Menschen. Von den Phänomenen zum Pflegehandeln. Bern (Hans Huber), S. 143-149.

Graf B., Heyer T., Klein B., Wallhoff F. (2013): Servicerobotik für den demografischen Wandel. Mögliche Einsatzfelder und aktueller Entwicklungsstand. In: Bundesgesundheitsblatt – Gesundheitsforschung – Gesundheitsschutz 56, S. 1145-1152.

Grützmann Tatjana, Rose Christina, Peters Tim (2012): Interkulturelle Kompetenz in der medizinischen Praxis. In: Ethik in der Medizin 24, S. 323-334.

Haas Peter, Hartinger-Klein Beate, Klein Andreas (2013): Gesundheitstelematik. Medizinische, ökonomische und ethische Gesichtspunkte. In: Zeitschrift für medizinische Ethik 59, S. 19-31.

Heinecker Paula, Pohlmann Stefan, Leopold Christian (2012): Ältere Migranten als Klienten. In: Pohlmann Stefan (Hg.): Altern mit Zukunft. Wiesbaden (Springer VS), S. 93-120.

Hock Klaus (2014): Grenzenlos altern? Transkulturelle Altersbilder zwischen religiöser Rückbindung und säkularem Imperativ. In: Coors Michael, Kumlehn Martina (Hg.): Lebensqualität im Alter. Gerontologische und ethische Perspektiven auf Alter und Demenz, Stuttgart (W. Kohlhammer), S. 37-56.

Hülsken-Giesler Manfred (2011): Neue Technologien in der häuslichen Umgebung älterer Menschen – Anforderungen aus pflegewissenschaftlicher Perspektive. In: Remmers Hartmut (Hg.): Pflegewissenschaft im interdisziplinären Dialog. Eine Forschungsbilanz. Osnabrück (Universitätsverlag), S. 315-342.

ICN (International Council of Nurses) (2012): The ICN Code of Ethics for Nurses. (http://www.icn.ch/images/stories/documents/about/icncode_english.pdf, Zugriff am 15.08.2014)

Ilkiliç Ilhan (2014a): Interkulturalität in der Ethikberatung. In: Coors Michael, Grützmann Tatjana, Peters Tim (Hg.): Interkulturalität und Ethik. Der Umgang mit Fremdheit in Medizin und Pflege. Edition Ethik Band 13. Göttingen (Edition Ruprecht), S. 101-111.

Ilkiliç Ilhan (2014b): Interkulturelle Kompetenz in der Pflege muslimischer Patienten. In: Merkt Heinrich, Schweitzer Friedrich, Biesinger Albert (Hg.): Interreligiöse

Kompetenz in der Pflege. Pädagogische Ansätze, theoretische Perspektiven und empirische Befunde. Münster, New York (Waxmann), S. 129-142.

Ilkiliç Ilhan (2008): Kulturelle Aspekte bei ethischen Entscheidungen am Lebensende und interkulturelle Kompetenz. In: Bundesgesundheitsblatt – Gesundheitsforschung – Gesundheitsschutz 51, S. 857-864.

Jox Ralf J. (2014): Ethikberatung im Gesundheitswesen: Wo stehen wir? Ethik in der Medizin 26 , S. 87-90.

Jox Ralf J. (2013): Der „natürliche Wille" bei Kindern und Demenzkranken. Kritik an einer Aufdehnung des Autonomiebegriffs. In: Wiesemann Claudia, Simon Alfred (Hg.): Patientenautonomie. Theoretische Grundlagen – Praktische Anwendungen. Münster (Mentis), S. 329-339.

Käppeli Silvia (2000): „Wer fürchtet sich vorm schwarzen Mann?" Fremde Gefühle bei der Pflege kulturfremder Patienten. In: Zeitschrift für medizinische Ethik 46, S. 187-197.

Klie Thomas (2013): Altersdiskriminierung und Altersgrenzen im Recht. In: Jahrbuch Sozialer Protestantismus (Band 6), Alternde Gesellschaft – Soziale Herausforderungen des längeren Lebens. Gütersloh (Gütersloher Verlagshaus), S. 207-245.

Koch Christian (2010): Pflege am Lebensende – Ein Beitrag zur Ethik im Rahmen der aktuellen Sterbehilfedebatte. In: Remmers Hartmut, Kohlen Helen (Hg.): Bioethics, Care and Gender. Herausforderungen für Medizin, Pflege und Politik. Osnabrück (Universitätsverlag), S. 205-220.

Kruse Andreas (2013): Der gesellschaftlich und individuell verantwortliche Umgang mit Potenzialen und Verletzlichkeit im Alter – Wege zu einer Anthropologie des Alters. In: Rentsch Thomas, Zimmermann Harm-Peer, Kruse Andreas (Hg.): Altern in unserer Zeit. Späte Lebensphasen zwischen Vitalität und Endlichkeit. Frankfurt am Main (Campus), S. 29-64.

Kruse Andreas (2012a): Der Respekt vor der Würde des Menschen am Ende seines Lebens. In: Fuchs Thomas, Kruse Andreas, Schwarzkopf Grit (Hg.): Menschenbild und Menschenwürde am Ende des Lebens. Heidelberg (Universitätsverlag Winter), S. 27-55.

Kruse Andreas (2012b): Sterben in Demenz. In: Anderheiden Michael, Eckart Wolfgang U. (Hg.): Handbuch Sterben und Menschenwürde, Band 1. Berlin (De Gruyter), S. 649-670.

Kümpers Susanne, Zander Michael (2012): Der Autonomiebegriff im Kontext von Hilfe- und Pflegebedürftigkeit und sozialer Benachteiligung. In: Kümpers Susanne, Heusinger Josefine (Hg.): Autonomie trotz Armut und Pflegebedarf? Altern unter Bedingungen von Marginalisierung. Bern (Hans Huber), S. 21-38.

Lux Richard, Patzelt Christiane, Schneider Nils (2012): Altersbilder im Gesundheitswesen und in der pflegerischen Versorgung. In: Berner Frank, Rossow Judith, Schwitzer Klaus-Peter (Hg.): Altersbilder in der Wirtschaft, im Gesundheitswesen und in der pflegerischen Versorgung. Expertisen zum Sechsten Altenbericht der Bundesregierung, Band 2. Wiesbaden (VS Verlag für Sozialwissenschaften), S. 159-250.

Manzeschke Arne (2014): Lebensqualität und Technik. Ethische Perspektiven auf einen biopolitischen Diskurs. In: Coors Michael, Kumlehn Martina (Hg.): Lebensqualität im Alter. Gerontologische und ethische Perspektiven auf Alter und Demenz. Stuttgart (W. Kohlhammer), S. 97-111.

Manzeschke Arne, Weber Karsten, Rother Elisabeth, Fangerau Heiner (2013): Ethische Fragen im Bereich altersgerechter Assistenzsysteme. Ergebnisse der Studie. Stand Januar 2013. München (VDI/VDE Innovation + Technik).

Marckmann Georg (2014): Ethische Bewertung medizinischer Technologien: philosophische Grundlagen und praktische Methodologie. In: Aurenque Diana, Friedrich Orsolya (Hg.): Medizinphilosophie oder philosophische Medizin? Philosophisch-ethische Beiträge zu Herausforderungen technisierter Medizin. Stuttgart (frommann-holzboog), S. 163-195.

MDS (Medizinischer Dienst des Spitzenverbandes Bund der Krankenkassen e.V.) (Hg.) (2014): Grundsatzstellungnahme. Essen und Trinken im Alter, Ernährung und Flüssigkeitsversorgung älterer Menschen. Essen (MDS).

Mogar Medlin, von Kutzleben Milena (2014): Demenz in Familien mit türkischem Migrationshintergrund. Organisation und Merkmale häuslicher Versorgungsarrangements. In: Zeitschrift für Gerontologie und Geriatrie (online first, DOI 10.1007/s00391-014-0802-y).

Monteverde Settimio (2013): Die Versprachlichung verletzter Würde. Perspektiven für den Ethikunterricht in der Pflegeausbildung. In: Meireis Torsten (Hg.): Altern in Würde. Das Konzept der Würde im vierten Lebensalter. Zürich (Theologischer Verlag), S. 137-150.

Müller Klaus (2014): Alternde Bevölkerung und gesundheitliche Versorgung. Zehn Herausforderungen und ihre Konsequenzen für Prävention, Rehabilitation und das Versorgungsmanagement in Deutschland und der Schweiz. Bern (Hans Huber).

Nass Elmar (2014): Ethik technischer Assistenz. Der Weg zu einer systematischen Positionierung und die Frage nach dem christlichen Beitrag. In: Zeitschrift für medizinische Ethik 60, S. 123-134.

NANDA International (2013): Pflegediagnosen. Definitionen und Klassifikation 2012-2014. Kassel (Recom).

Niemeijer A. R., Depla M., Frederiks B., Hertogh C. (2014): The experience of people with dementia and intellectual disablilitieswith surveillance technologies in residential care. In: Nursing Ethics, online first DOI: 10.1177096973301353323 7.

Peters Tim, Grützmann Tatjana, Bruchhausen Walter, Coors Michael, Jacobs Fabian, Kaelin Lukas, Knipper Michael, Kressing Frank, Neitzke Gerald (2014): Grundsätze zum Umgang mit Interkulturalität in Einrichtungen des Gesundheitswesens. Positionspapier der Arbeitsgruppe Interkulturalität in der medizinischen Praxis in der Akademie für Ethik in der Medizin. In: Ethik in der Medizin 26, S. 65-75.

Rabe Marianne (2009): Ethik in der Pflegeausbildung. Beiträge zur Theorie und Didaktik. Bern (Hans Huber).

Remmers Hartmut, Walter Ulla (2012): Der Einfluss von Altersbildern auf Behandlung und Pflege. In: Kruse Andreas, Rentsch Thomas, Zimmermann Harm-Peer (Hg.): Gutes Leben im hohen Alter. Das Alter in seinen Entwicklungsmöglichkeiten und Entwicklungsgrenzen verstehen. Heidelberg (Akademische Verlagsgesellschaft AKA), S. 205-230.

Reuther S., van Nie N., Meljers J., Halfens R., Bartholomeyczik S. (2013): Mangelernährung und Demenz bei Bewohnern in Einrichtungen der stationären Altenpflege in Deutschland. In: Zeitschrift für Gerontologie und Geriatrie 46, S. 260-267.

Riedel Annette (2014): Pflegerische Ethik. In: Bundeszentrale für politische Bildung (https://www.bpb.de/gesellschaft/umwelt/bioethik/182461/pflegerische-ethik, Zugriff am 29. November 2014).

Riedel Annette (2013a): Vom moralischen Unbehagen zur ethischen Fragestellung – extern definierte Anforderungen und praxisorientierte unterstützende Instrumente für die professionell Pflegenden. In: Steger Florian (Hg.): Klinische Ethikberatung. Grundlagen, Herausforderungen und Erfahrungen. Münster (Mentis), S. 81-109.

Riedel Annette (2013b): Ethische Reflexion und Entscheidungsfindung im professionellen Pflegehandeln realisieren. In: Ethik in der Medizin 25, S. 1-4.

Riedel Annette (2012): Werteorientierung – Relevanz der Akzentuierung in der professionellen Pflege. In: Zeitschrift für Evangelische Ethik 56, S. 197-206.

Riedel Annette, Lehmeyer Sonja (2014): Interreligiöse Kompetenz in der Pflegeausbildung. Konkretionen und Implikationen aus pflegeberuflicher und pflegeethischer Sicht. In: Merkt Heinrich, Schweitzer Friedrich, Biesinger Albert (Hg.): Interreligiöse Kompetenz in der Pflege. Pädagogische Ansätze, theoretische Perspektiven und empirische Befunde. Münster, New York (Waxmann), S. 107-127.

Riedel Annette, Lehmeyer Sonja (2013): Theoretische Fundierung und Prämissen zur Konzeptualisierung ethischer Fragestellungen. In: Riedel Annette, Lehmeyer Sonja, Elsbernd Astrid: Einführung von ethischen Fallbesprechungen: Ein Konzept für die Pflegepraxis. Lage (Jacobs), S. 39-157.

Schaeffer Doris, Ewers Michael (2013): Versorgung am Lebensende in Gesellschaften des langen Lebens. In: Pflege & Gesellschaft 18, S. 153-168.

Schimany Peter, Baykara-Krumme Helen (2012): Zur Geschichte und demografischen Bedeutung älterer Migrantinnen und Migranten in Deutschland. In: Baykara-Krumme Helen, Motel-Klingebiel Andreas, Schimany Peter (Hg.): Viele Welten des Alterns. Ältere Migranten im alternden Deutschland. Wiesbaden (Springer VS), S. 43-73.

Schmitt Eric (2012): Altersbilder, Altern und Verletzlichkeit. Theoretische Perspektiven und empirische Befunde. In: Kruse Andreas, Rentsch Thomas, Zimmermann Harm-Peer (Hg.): Gutes Leben im hohen Alter. Das Alter in seinen Entwicklungsmöglichkeiten und Entwicklungsgrenzen verstehen. Heidelberg (Akademische Verlagsgesellschaft AKA), S. 3-32.

Schnell Martin W., Dunger Christine (2014): Diversität am Lebensende. Eine Herausforderung für Palliative Care. In: pflegen: palliativ 22, S. 18-21.

Schnell Martin W., Schulz Christian (2014): Der Mensch als sterbliches Wesen und die Diversität am Lebensende. In: Schnell Martin W., Schulz Christian (Hg.): Basiswissen Palliativmedizin. Heidelberg (Springer), 2. Auflage, S. 23-31.

Schubert Maria (2012): Rationierungseffekte in der Pflege. Ergebnisse einer empirischen Studie: RICH Nursing Studie. In: Brandenburg Hermann, Kohlen Helen (Hg.): Gerechtigkeit und Solidarität im Gesundheitswesen. Eine multidisziplinäre Perspektive. Stuttgart (W. Kohlhammer), S. 169-181.

Schweda Mark (2013): Ethik für eine alternde Gesellschaft? Die Diskussion um die Würde des alten Menschen zwischen Autonomie und Fürsorge. In: Baranzke Heike, Duttge Gunnar (Hg.): Autonomie und Würde. Leitprinzipien in Bioethik und Medizinrecht. Würzburg (Königshausen & Neumann), S. 271-289.

Schweda Mark, Schicktanz Silke (2012): Das Unbehagen an der Medikalisierung: Theoretische und ethische Aspekte der biomedizinischen Altersplanung. In: Schicktanz Silke, Schweda Mark (Hg): Pro-Age oder Anti-Aging? Altern im Fokus der modernen Medizin. Frankfurt, New York (Campus), S. 23-40.

Shimany Peter, Rühl Stefan, Kohls Martin (2012): Ältere Migrantinnen und Migranten. Entwicklungen, Lebenslagen, Perspektiven. Forschungsbericht 18. Bundesamt für Migration und Flüchtlinge. Nürnberg.

Simon Alfred (2013): Alter als Kriterium für Therapiebegrenzung in der Intensivmedizin? In: Duttge Gunnar, Zimmermann-Acklin Markus (Hg.): Gerecht sorgen. Verständigungsprozesse über den Einsatz knapper Ressourcen bei Patienten am Lebensende. Göttinger Schriften zum Medizinrecht – Band 15. Göttingen (Universitätsverlag), S. 139-147.

Sittner Elisabeth (2014): Patientenautonomie und pflegerischer Auftrag – (k)ein Widerspruch? In: Gogl Anna (Hg.): Selbstvernachlässigung bei alten Menschen. Von den Phänomenen zum Pflegehandeln. Bern (Hans Huber), S. 211-214.

Spindler Mone (2014): „Altern ja – aber gesundes Altern“. Die Neubegründung der Anti-Aging-Medizin in Deutschland. Wiesbaden (Springer VS).

Steiner Barbara (2014): Selbstvernachlässigung am Lebensende. In: Gogl Anna (Hg.): Selbstvernachlässigung bei alten Menschen. Von den Phänomenen zum Pflegehandeln. Bern (Hans Huber), S. 127-140.

Tanner S., Albisser Schleger H., Meyer Zehnder B., Schnurrer V., Reiter-Theil S., Pargger H. (2014): Klinische Alltagsethik – Unterstützung im Umgang mit moralischem Disstress? In: Medizinische Klinik – Intensivmedizin und Notfallmedizin 109, S. 354-363.

Vorstand der Akademie für Ethik in der Medizin e.V. (2010): Standards für Ethikberatung in Einrichtungen des Gesundheitswesens. In: Ethik in der Medizin 22, S. 149-153.

Wetzstein Verena (2013): Stichwort. Pflegeoasen. Begleitung und Pflege von Menschen mit weit fortgeschrittener Demenz. In: Zeitschrift für medizinische Ethik 59, S. 129-139.

Wetzstein Verena (2010): Kognition und Personalität: Perspektiven einer Ethik der Demenz. In: Kruse Andreas (Hg.): Lebensqualität bei Demenz? Zum gesellschaftlichen und individuellen Umgang mit einer Grenzsituation im Alter. Heidelberg (Akademische Verlagsgesellschaft AKA), S. 51-70.

Wetzstein Verena (2012): Demenz als Ende der Personalität? Plädoyer für eine Ethik der Rationalität. In: Schicktanz Silke, Schweda Mark (Hg.): Pro-Age oder Anti-Aging? Altern im Fokus der modernen Medizin. Frankfurt am Main (Campus), S. 179-195.

Wiese C.H.R., Schepp C.P., Bergmann I., Hinz J.M., Graf B.M., Lassen C.L. (2012): Altersrationierung. Mittel zur Ressourcenverteilung im Gesundheitswesen. In: Der Anaesthesist 61, S. 354-362.

Wurm Susanne, Huxhold Oliver (2010): Individuelle Altersbilder. In: Motel-Klingebiel Andreas, Wurm Susanne, Tesch-Römer Clemens (Hg.): Altern im Wandel, Befunde des Deutschen Alterssurveys (DEAS). Stuttgart (W. Kohlhammer), S. 246-262.

Zemann Peter (2012): Ältere Migrantinnen und Migranten in der Altenhilfe und kommunalen Alternspolitik. In: Baykara-Krumme Helen, Motel-Klingebiel Andreas,

Schimany Peter (Hg.): Viele Welten des Alterns. Ältere Migranten im alternden Deutschland. Wiesbaden (Springer VS), S. 449-465.

Zimmermann-Acklin Markus (2012): Grenzen setzen? Altersrationierung und Gerechtigkeit im Gesundheitswesen. In: Schicktanz Silke, Schweda Mark (Hg.): Pro-Age oder Anti-Aging? Altern im Fokus der modernen Medizin. Frankfurt am Main (Campus), S. 215-230.

Zins Johannes (2012): Altersabhängige Rationierung im öffentlichen Gesundheitswesen. Interdisziplinäres Zentrum für Medizin-Ethik-Recht (MER), Martin-Luther-Universität Halle-Wittenberg. Schriftenreihe Medizin-Ethik-Recht, Band 38.

4 Ethikberatung in Pflege und ambulanter Versorgung: Eine Landkarte der unterschiedlichen Modelle

Alfred Simon

Seit der Veröffentlichung der Broschüre „Ethikkomitee im Krankenhaus" durch die beiden christlichen Krankenhausverbände im Jahre 1997 (DEKV/KKVD 1997) hat Ethikberatung in Deutschland zunehmend an Bedeutung gewonnen. Bundesweit hat heute etwa jedes zweite bis vierte Krankenhaus ein Klinisches Ethikkomitee oder eine vergleichbare Struktur der klinischen Ethikberatung (Schochow u.a. 2014). Bundesärztekammer und medizinische Fachgesellschaften empfehlen die Durchführung einer Ethikberatung bei schwierigen oder konflikthaften Entscheidungssituationen (exemplarisch: BÄK 2011, Janssens u.a. 2012) und das Hessische Krankenhausgesetz schreibt seit 2011 vor, dass jedes Krankenhaus eine(n) Ethikbeauftragte/n zu bestellen hat.

Ethische Fragen und Konflikte treten aber nicht nur in Krankenhäusern, sondern auch in anderen Bereichen des Gesundheitswesens, in denen alte, kranke oder behinderte Menschen betreut und versorgt werden, auf. In diesen Bereichen ist das Angebot von Ethikberatung nach wie vor die Ausnahme, wenngleich auch hier in den letzten Jahren einzelne (Modell-)Projekte entwickelt wurden. Einige dieser Projekte werden im zweiten Teil dieses Buches vorgestellt. Konkret handelt es sich um Projekte aus folgenden Bereichen:

- Altenhilfe- und Pflegeeinrichtungen
  - Malteser Ethikkonzept für Altenhilfe- und Pflegeeinrichtungen
  - Ethikberatung in der Bremer Heimstiftung
  - Frankfurter Netzwerk „Ethik in der Altenpflege"
  - Ethikkomitee im AMEOS Unternehmensbereich Pflege Holstein
- Ambulante bzw. sektorenübergreifende (Palliativ-)Versorgung
  - Ethiknetz Peine
  - Ambulantes Ethikkomitee Ammerland/Uplengen
  - Ethikberatung am Palliativstützpunkt Nienburg
- Einrichtungen der Behindertenhilfe
  - Ethikkomitee der Stiftung Liebenau

Dieser Beitrag gibt einen kurzen Überblick über die verschiedenen Konzepte und Erfahrungen und zeichnet so eine Landkarte der unterschiedlichen Modelle außerklinischer Ethikberatung in Deutschland.

4.1 Aufgaben von Ethikberatung

Die Aufgaben der außerklinischen Ethikberatung unterscheiden sich nicht von denen der klinischen Ethikberatung. Im Wesentlichen handelt es sich um die folgenden drei Kernaufgaben, die auch in den „Standards für Ethikberatung in Einrichtungen des Gesundheitswesen" der Akademie für Ethik in der Medizin (AEM) beschrieben wurden (AEM 2010), nämlich

- die Durchführung individueller ethischer Fallbesprechungen (Ethik-Fallberatung)
- die Erstellung von internen Leitlinien bzw. Empfehlungen (Ethik-Leitlinien) sowie
- die Organisation von internen und öffentlichen Veranstaltungen zu medizin- und pflegeethischen Themen (Ethik-Fortbildung).

Hinzu kann – insbesondere bei für Ethik-Gremien in Einrichtungen in konfessioneller Trägerschaft – die Erarbeitung von Stellungnahmen zu grundlegenden medizin- und pflegeethischen Themen für die Einrichtungsleitung bzw. den Träger kommen (z.B. Ethikbeirat der Malteser Deutschland, Ethikkomitee der Stiftung Liebenau).

Bei der konkreten Umsetzung der genannten Aufgaben, insbesondere der Durchführung individueller ethischer Fallbesprechungen, gibt es jedoch zum Teil erhebliche Unterschiede zwischen den verschiedenen Bereichen. Das hat sowohl mit den unterschiedlichen ethischen Themenstellungen, die sich in den verschiedenen Bereichen stellen und die an die Ethikberatung herangetragen werden, als auch mit den unterschiedlichen strukturellen Rahmenbedingungen in den verschiedenen Bereichen, die auch bei der Organisation und Durchführung von Ethikberatung zu berücksichtigen sind, zu tun.

4.2 Ethikberatung in Altenhilfe- und Pflegeeinrichtungen sowie in Einrichtungen der Behindertenhilfe

Altenhilfe- und Pflegeeinrichtungen sowie Einrichtungen der Behindertenhilfe sind nicht nur Orte, in denen Menschen für einen bestimmten Zeitraum medizinisch und pflegerisch versorgt werden, sondern zumeist auch Wohn- und Lebensraum der dort betreuten Menschen, d.h. deren Zuhause. Vor diesem Hintergrund ergeben sich andere Akzentuierungen ethischer Fragestellungen, die sich von denen in Krankenhäusern unterscheiden können (vgl. Bockenheimer-Lucius u.a. 2012). Während ethische Konflikte sich im Krankenhaus in der Regel an medizinischen Grenzsituationen wie Lebensanfang oder Lebensende entzünden und therapeutische Konsequenzen haben, sind es in der Alten- und Behindertenhilfe oft auch typische Alltagskonflikte, wie der Umgang mit herausfordernden Bewohner/innen oder die Frage nach einer – nicht nur fachlich, sondern auch menschlich – guten Pflege und Versorgung, die moralische Fragen aufwerfen (vgl. Simon u.a. 2010). Ein wesentlicher Unterschied ist darin zu sehen, dass es in der alltäglichen Pflege und Betreuung im Handlungsfeld der stationären Alten- und Behindertenhilfe weniger um die ethischen Fragen dahingehend geht, ob eine Intervention (noch) durchgeführt werden sollte beziehungsweise indiziert ist. Vielmehr geht es häufig um die Frage, wie eine Intervention würdevoll und unter Berücksichtigung der Selbstbestimmung und dem Erhalt der Lebensqualität durchgeführt werden kann, wann dafür der beste Zeitpunkt ist und wie die „Autonomie des Augenblicks“ (Schwerdt 2005) größtmögliche Berücksichtigung erfahren kann.

Für die Ethikberatung im Bereich der Alten- und Behindertenhilfe hat dies zur Konsequenz, dass neben prospektiven Fallbesprechungen, bei denen es häufig um konkrete Therapieentscheidungen wie z.B. der Frage: „Legen der PEG-Sonde ja oder nein?“ geht, verstärkt auch retrospektive und präventive Fallbesprechungen stattfinden. Bei diesen geht es darum, zurückliegende, konflikthafte Situationen aufzuarbeiten oder deren Entstehung bzw. Eskalation zu verhindern (vgl. Bockenheimer-Lucius u.a. 2012: 149-152). Während prospektive und präventive Fallbesprechungen vorzugsweise als moderierte Fallbesprechungen vor Ort mit den für die zu treffende Entscheidung relevanten bzw. den an einem (entstehenden) Konflikt beteiligten Personen durchgeführt werden, können zurückliegende Fälle z.B. auch im Rahmen offener Gesprächskreise diskutiert werden. Solche Gesprächskreise können einrichtungsintern oder auch einrichtungsübergreifend angeboten werden. Ein Beispiel für ein einrichtungsübergreifendes Modell stellt der Gesprächskreis „NAEHE“ dar, der sich als niedrigschwelliges Angebot an alle Mitarbeitenden von Altenhilfeeinrichtungen in Frankfurt richtet (vgl. den Beitrag von Timo Sauer).

Die Tatsache, dass bei ethischen Fallbesprechungen in Einrichtungen der Alten- und Behindertenhilfe häufig alltagsethische Fragestellungen im Zentrum stehen, bedeutet, dass es oft weniger um konkrete Entscheidungen, als um die Einschätzung bestimmter Situationen oder die Reflexion des eigenen Handelns geht. Darum sind die für die klinische Ethikberatung entwickelten und in der Regel entscheidungsorientierten Leitfäden zur Strukturierung ethischer Fallbesprechungen, wie z.B. die Nimwegener Methode (Steinkamp/Gordijn 2000), nicht bzw. nur in modifizierter Form verwendbar. Ein Beispiel für einen solchen modifizierten Leitfaden stellt der Malteser Frage- und Protokollbogen für Altenhilfe- und Pflegeeinrichtungen dar (vgl. den Beitrag von Karin Gollan). Dieser baut auf der Nimwegener Methode auf, lässt im Unterschied zu dieser aber mehrere Fragestellungen nebeneinander zu. Nach Sammlung der für die Beantwortung der Fragen relevanten pflegerischen, medizinischen sowie psychosozialen und biografischen Fakten, werden verschiedene alternative Maßnahmen zusammengetragen und anschließend mit Hilfe einer Matrix nach ethischen Kriterien bewertet, wobei die vier klassischen medizinethischen Kriterien Autonomie, Nutzen, Nichtschaden und Gerechtigkeit ergänzt werden durch die Kriterien biografische Integrität, Fürsorglichkeit und Nachhaltigkeit.

Ein Problem bei ethischen Fallbesprechungen in Einrichtungen der Alten- und Behindertenhilfe stellt die Tatsache dar, dass die betreuenden Ärztinnen und Ärzte aufgrund fehlender Zeit bzw. unzureichender Vergütung für Hausbesuche nur selten an solchen Fallbesprechungen teilnehmen. Eine Möglichkeit, die ärztliche Sicht dennoch einzubringen, stellt die vorherige (z.B. telefonische) Erfragung der medizinisch relevanten Aspekte dar. Auch kann man versuchen, den Termin der Fallbesprechung mit dem nächsten Hausbesuch des Arztes zu verknüpfen, sofern dies für die anderen Beteiligten möglich ist. In Fallbesprechungen, in denen die Anwesenheit des betreuenden Arztes nicht zwingend erforderlich ist, eine ärztliche Expertise aber grundsätzlich wünschenswert wäre, könnte diese z.B. auch durch einen ehrenamtlich für die Ethikberatung tätigen Arzt im Ruhestand eingebracht werden (vgl. Bremer Heimstiftung). Auch wird es spezifische (pflege-)ethische Fragestellungen geben, bei denen die Anwesenheit eines Arztes bei der Fallbesprechung nicht erforderlich ist.

Unsicherheit besteht häufig auch, was die Teilnahme von Angehörigen betrifft. Gegen die Teilnahme von Angehörigen wird mitunter eingewandt, dass deren Anwesenheit dazu führen könnte, dass nötige und wichtige kontroverse Diskussionen unter den Mitarbeitern vermieden werden. Auch wird befürchtet, dass ihre emotionale Betroffenheit einem sachlich-argumentativen Gespräch entgegenlaufen könnte, oder dass familiäre Spannungen durch die Anwesenheit verschiedener Angehöriger in die Fallbesprechung hineingetragen werden. Für die Teilnahme der Angehörigen hingegen spricht das höhere Maß an Partizipation und Transparenz sowie die Tatsache, dass Informationen zum (mutmaßlichen) Willen des Bewohners direkt ermittelt werden können. Interessant ist, dass in den vorgestellten Projekten – nach anfänglichen Bedenken – in der Regel von positiven Erfahrungen im Zusammenhang mit der Teilnahme von Angehörigen bei ethischen Fallbesprechungen berichtet wird.

Eine zentrale Frage ist ferner, wie Ethikberatung mit seinen verschiedenen Aufgaben in Einrichtungen der Alten- und Behindertenhilfe organisiert werden kann. Da aufgrund begrenzter personaler Ressourcen nicht jede Einrichtung ein eigenes Ethikkomitee aufbauen kann, scheint es sinnvoll, wenn mehrere Einrichtungen ein gemeinsames Ethikkomitee gründen. Dies ist in allen fünf vorgestellten Projekten geschehen:

- Die Altenhilfeeinrichtungen der Maltester Deutschland haben sich – unterstützt durch den Ethikbeirat des Trägers – in den letzten Jahren zu verschiedenen regionalen Ethikkomitees zusammengeschlossen. Diese bestehen aus Vertretern der einrichtungsinternen Ethik-Teams und externen Personen (Hausärzte, Betreuungsrichter, Koordinatoren ambulanter Hospizdienste, Mitglieder von Ethikkomitees benachbarter Krankenhäuser etc.). Die Fallbesprechungen werden von den einrichtungsinternen Ethik-Teams moderiert.
- An der Bremer Heimstiftung, dem Träger der einst kommunalen Altenheime der Stadt Bremen, gibt es seit 2004 ein Moderatorenteam, das aus zwei hauptamtlichen Koordinatorinnen und drei Ehrenamtlichen eines kooperierenden ambulanten Hospizes sowie einer pädagogischen Mitarbeiterin der Stiftung besteht. Das Moderatorenteam wurde vom Vorstand der Stiftung und dem Gremium der Hausleitungen autorisiert, ethische Fallbesprechungen in den 26 Einrichtungen der Bremer Heimstiftung zu moderieren.

- Für die acht vollstationären Pflegeeinrichtungen des AMEOS Unternehmensbereichs Pflege Holstein wurde 2009 ein Ethikkomitee („Ethikausschuss") eingerichtet, deren Mitglieder (sechs Pflegekräfte, eine Mitarbeiterin aus dem Unternehmensbereich Pflege, ein Bewohnervertreter sowie ein Mitglied des regionalen Hospizvereins) auch ethische Fallbesprechungen vor Ort durchführen.
- In Frankfurt am Main hat sich aus einem von Medizinethikerinnen und -ethikern initiierten Pilot-Projekt heraus das Frankfurter Netzwerk Ethik in der Altenhilfe gebildet. Nachdem 2006 im Rahmen des Pilot-Projektes an einem kommunalen Altenpflegeheim ein Ethikkomitee eingerichtet worden war, wurde 2008 ein zweites Komitee gegründet, das aus Mitgliedern verschiedener Einrichtungen besteht und Ethikberatung für alle 40 Altenhilfeeinrichtungen der Stadt Frankfurt anbietet (vgl. Bockenheimer-Lucius u. a. 2012).
- In der Stiftung Liebenau, einem Sozial-, Gesundheits- und Bildungsunternehmen auf kirchlich-katholischer Grundlage, wurde 1995 eine Ethikkommission eingerichtet, deren Aufgabe zunächst in der Erarbeitung von Orientierungshilfen „nach innen" (z.B. zur Sterbebegleitung) sowie von Stellungnahmen „nach außen" zu aktuellen medizin- und bioethischen Themen (z.B. „Bioethikkonvention" des Europarates) bestand. 2012 wurde diese in ein Ethikkomitee umgewandelt. Dieses besteht aus sechs Mitgliedern aus den Bereichen Theologie, Medizin, Recht, Pädagogik und Pflege, die u.a. auch bei ethischen Fallbesprechungen beratend hinzugezogen werden können.

4.3 Ethikberatung in der ambulanten bzw. sektorenübergreifenden (Palliativ-)Versorgung

Bereits 2008 hat der Deutsche Ärztetag in einem Beschlussantrag die Bundesärztekammer und die Landesärztekammern aufgefordert, Maßnahmen für eine ambulante Ethikberatung in Deutschland zu entwickeln, um Hausärzten bei ethischen Grenzfällen eine Unterstützung anbieten zu können (Deutscher Ärztetag 2008: 76). Dieser Beschluss blieb jedoch zunächst ohne konkrete Folgen. Erst in den letzten Jahren sind an verschiedenen Orten, zumeist ausgehend von den lokalen Palliativnetzen, Initiativen für eine ambulante bzw. sektorenübergreifende Ethikberatung entstanden.

Dass häufig Palliativnetzwerke die Initiatoren für ambulante bzw. sektorenübergreifende Ethikberatung sind, hat mehrere Gründe: Zum einen stellen sich bei der Versorgung von Palliativpatienten immer wieder ethische Fragen, die nicht nur einen Sektor, sondern häufig mehrere Sektoren des Gesundheitswesens (Krankenhaus, niedergelassene Ärzte, ambulante und stationäre Pflege, Hospizdienste etc.) betreffen, etwa im Zusammenhang mit der Frage, ob der ambulant oder im Pflegeheim betreute Patient im Falle eines Notfalls nochmals reanimiert oder ins Krankenhaus eingewiesen werden soll (Stichwort: gesundheitliche Vorausplanung, engl. Advance Care Planning). Zum anderen bieten solche Netzwerke eine organisatorische Struktur, an der die Ethikberatung angesiedelt werden kann.

Eine erste wichtige Frage, die im Zusammenhang mit der Implementierung einer ambulanten bzw. sektorenübergreifenden Ethikberatung geklärt werden muss, ist, an wen sich das Angebot der Ethikberatung richten soll: An die niedergelassenen Ärztinnen und Ärzte? An die ambulanten Pflege- und Hospizdienste? An die stationären Pflegeeinrichtungen? An die betreuten Patientinnen und Patienten bzw. deren Angehörige? Wenn der Initiator bzw. Träger der Ethikberatung ein Palliativnetz ist, ist ferner zu klären, ob nur eigene Fälle von im Palliativnetz betreuten Patienten beraten werden, oder ob sich das Angebot darüber hinaus auf die gesamte Region erstrecken soll.

Von der Antwort auf diese Fragen hängt ab, wer in den Aufbau und die Durchführung der Ethikberatung eingebunden bzw. über diese informiert werden soll. Insbesondere dann, wenn die Ethikberatung ein Angebot für die gesamte Region darstellen soll, empfiehlt es sich, von Anfang an breit – z.B. in Form von öffentlichen Informationsveranstaltungen oder Berichten in der lokalen Presse – über das (geplante) Angebot der Ethikberatung zu informieren.

Eine weitere zu klärende Frage stellt die organisatorische Struktur der Ethikberatung dar: Entscheidet man sich für eine feste Struktur, wie z.B. ein ambulantes Ethikkomitee, so ist zu klären, wie dieses zusammengesetzt sein und wer die einzelnen Mitglieder berufen soll. Wählt man eine offenere Struktur, wie z.B. ein Ethiknetzwerk, so ist zu klären, wer die Koordination bzw. Geschäftsführung des Netzwerkes übernehmen soll. Zu klären ist in diesem Zusammenhang auch der Ablauf einer ethischen Fallbesprechung von der Anfrage bis zur Dokumentation: Wer nimmt die Anfrage von Ratsuchenden entgegen? Wer entscheidet über die Durchführung einer ethischen Fallbesprechung? Wer organisiert diese? Wer moderiert und dokumentiert? Wo werden die Kopien der Protokolle archiviert?

Ein letzter und entscheidender Punkt ist ferner die Frage der Finanzierung: Wer übernimmt die Kosten für die Schulung der Moderatoren, für die Geschäftsführung des ambulanten Ethikkomitees bzw. die Koordination des Ethiknetzes, für die Durchführung der ethischen Fallbesprechungen (Reisekosten und ggf. Aufwandsentschädigungen für Moderatoren) und die Fortbildungen (Reisekosten und Honorare der Referenten)?

In den vorgestellten Praxisbeispielen werden diese Fragen wie folgt beantwortet:

- In Peine wurde ausgehend vom dortigen Palliativnetz ein Ethiknetz gegründet, das eine sektorenübergreifende Ethikberatung für alle versorgenden Einrichtungen des Landkreises sowie die Patienten/Bewohner und deren Angehörige anbietet. 2012 und 2013 fanden Moderatorenschulungen statt. Aus den Teilnehmern dieser Schulungen bildete sich eine Steuerungsgruppe, die aus ca. 15 Personen aus den verschiedenen Sektoren besteht. Vier Mitglieder der Steuerungsgruppe bilden den Vorstand des Ethiknetzes. Dieser wird in seiner Arbeit durch eine der beiden Koordinatorinnen des Palliativnetzes unterstützt. Anfragen können direkt oder über die Ethikmultiplikatoren (geschulte Mitglieder des Ethiknetzes in den Einrichtungen) an die Koordinatorin des Ethiknetzes gerichtet werden. Diese leitet die Anfrage an den Vorstand des Ethiknetzes weiter, der über die Durchführung einer ethischen Fallbesprechung entscheidet. Die Organisation der Fallbesprechung erfolgt durch die Koordinatorin des Netzwerkes, die Moderation erfolgt durch zwei geschulte Moderatoren vor Ort (d.h. im Pflegeheim, im Krankenhaus oder Zuhause beim Patienten). Die erste Moderatorenausbildung wurde mit Spendengeldern finanziert, die laufenden Kosten (z.B. für die Koordination) werden vom Palliativnetz getragen.
- In der Region Ammerland/Uplengen wurde ausgehend vom dortigen Palliativnetz ein ambulantes Ethikkomitee gegründet. Dieses besteht aus 20 Personen aus unterschiedlichen Berufen. Die Mitglieder wurden in einer vom Förderverein des Palliativstützpunktes finanzierten Schulung auf ihre Tätigkeit im Ethikkomitee vorbereitet. Den Antrag auf eine Fallberatung kann jeder Einwohner der Region beim Büro des Palliativstützpunktes stellen. Der Vorstand des ambulanten Ethikkomitees entscheidet über die Annahme des

Antrags und beauftragt drei Mitglieder mit der Durchführung der Fallberatung.

- In Nienburg wurde vom dortigen Palliativstützpunkt und den beiden örtlichen Krankenhäuser ein klinisch-ambulantes Ethikkomitee eingerichtet, das eine sektorenübergreifende Ethikberatung für den gesamten Landkreis anbietet. Das Ethikkomitee besteht aus bis zu 20 Personen aus unterschiedlichen Berufen. Ihre Ausbildung wurde vom Palliativstützpunkt und vom Krankenhaus zu gleichen Teilen finanziert. Die Koordination des Ethikkomitees erfolgt durch das Büro des Palliativstützpunktes, das auch Anfragen von Ratsuchenden entgegennimmt und dann an einen Moderator weiterleitet. Der Moderator klärt mit dem Ratsuchenden telefonisch das weitere Vorgehen. An der Fallberatung vor Ort nehmen zwei Mitglieder des Ethikkomitees teil, von denen eines moderiert und das andere protokolliert. Die Aktivitäten des Ethikkomitees sind durch den Palliativstützpunkt finanziell abgesichert.

Neben der Ethik-Fallberatung gehören auch die Durchführung von Ethik-Fortbildungen und die Erstellung von Ethik-Leitlinien zu den Aufgaben der Ethikberatung in Peine, Ammerland/Uplengen und Nienburg.

4.4 Schlussbemerkung

Ethikberatung gewinnt auch außerhalb von Krankenhäusern zunehmend an Bedeutung. Auch wenn sich die zentralen Aufgaben nicht von denen der klinischen Ethikberatung unterscheiden, so stellen sich im Zusammenhang mit der Ethikberatung in der Pflege und in der ambulanten Versorgung spezifische Fragen, sowohl was die inhaltlichen Themen, als auch die organisatorischen Strukturen der Beratung betreffen. Die in diesem Band vorgestellten Praxisbeispiele sollen Anregung geben, wie diese beantwortet werden können.

Literatur

Akademie für Ethik in der Medizin (AEM) (2010): Standards für Ethikberatung in Einrichtungen des Gesundheitswesens. In: Ethik in der Medizin 22, S. 149-153.

Bockenheimer-Lucius Gisela, Dansou Renate, Sauer Timo (2012): Ethikkomitee im Altenpflegeheim. Theoretische Grundlagen und praktische Konzeption. Frankfurt am Main (Campus).

Bundesärztekammer (BÄK) (2011): Grundsätze der Bundesärztekammer zur ärztlichen Sterbebegleitung. In: Deutsches Ärzteblatt 108, S. A346-A348.

Deutscher Ärztetag (2008): Beschlussprotokoll des 111. Deutschen Ärztetages vom 20.-23. Mai 2008 in Ulm (http://www.bundesaerztekammer.de/downloads/111DAET Beschlussprotokoll20080825l.pdf, Zugriff am 9.1.2015).

Deutscher Evangelischer Krankenhausverband e.V. (DEKV) und Katholischer Krankenhausverband Deutschlands e.V. (KKVD) (1997): Ethik-Komitee im Krankenhaus. Stuttgart (Eigenverlag).

Janssens Uwe, Burchardi Hilmar, Duttge Gunnar, Erchinger Renate, Gretenkort Peter, Mohr Michael, Nauck Friedemann, Rothärmel Sonja, Salomon Fred, Schmucker Peter, Simon Alfred , Stopfkuchen Herwig, Valentin Aandreas, Weiler Norbert, Neitzke Gerald (2012) Therapiezieländerung und Therapiebegrenzung in der Intensivmedizin. Positionspapier der Sektion Ethik der DIVI. Medizinrecht 30: 647-650

Schochow Maximilian, May Arnd T., Schnell Dajana , Steger Florian (2014): Wird Klinische Ethikberatung in Krankenhäusern in Deutschland implementiert? In: Deutsche medizinische Wochenschrift 139, S. 2178-2183

Schwerdt Ruth (2005): Lernen der Pflege von Menschen mit Demenz der Alzheimer-Krankheit. In: Zeitschrift der für medizinische Ethik 51(1), S. 59-76

Simon Alfred, Burger Leopold, Goldenstein Sigrid (2010): Ethikberatung in der Altenhilfe. In: Dörries Andrea, Neitzke Gerald, Simon Alfred, Vollmann Jochen (Hg.): Klinische Ethikberatung. Ein Praxisbuch für Krankenhäuser und Einrichtungen der Altenhilfe. 2., überarbeitete und erweiterte Auflage. Stuttgart (Kohlhammer), S. 186-195.

Steinkamp Norbert, Gordijn Bert (2000): Implementierung klinischer Ethik. Ein Zweistufenmodell zur Implementierung klinischer Ethik. In: Krankenhausdienst 73, S. 235-244.

Teil II

Modelle und Erfahrungen

1 Das Malteser Ethikkonzept für Altenhilfe- und Pflegeeinrichtungen

Karin Gollan

1.1 Malteser Projekt Ethikberatung in stationären Altenhilfe- und Pflegeeinrichtungen

Seit Ende der 1990er Jahre wurde Ethikberatung in Form von Ethischen Fallbesprechungen, Klinischen Ethikkomitees und Ethik-Fortbildungen in die Malteser Krankenhäuser eingeführt. Knapp zehn Jahre später startete im Frühjahr 2006 ein Pilotprojekt zur Implementierung von Ethikberatung in den fünf Altenhilfe- und Pflegeeinrichtungen der Malteser Betriebsgesellschaft Sachsen-Brandenburg. Dabei unterscheiden sich die Rahmenbedingungen für die Einführung von Ethikberatung in stationären Altenhilfe- und Pflegeeinrichtungen deutlich vom Krankenhausbereich. Die Einrichtungen haben dabei eine „Zwitterstellung zwischen einem Ort der Geborgenheit und des Zuhauses und einem Ort zur Versorgung in Vollzeitpflege“ (Bockenheimer-Lucius 2007: 321). Die meisten Bewohnerinnen und Bewohner bleiben nach nicht immer freiwilligem Einzug dauerhaft in der Einrichtung, Struktur und Tagesablauf der Einrichtungen vermindern ihre Selbstbestimmung und Privatsphäre, viele Bewohnerinnen und Bewohner sind kognitiv so weit eingeschränkt, dass eine Willensbildung und -mitteilung nur noch bedingt möglich ist. Eine weitere einrichtungsspezifische Herausforderung stellt das komplexe Umfeld aus Angehörigen, Pflegenden, Ärzten und weiteren Mitarbeitenden in den Einrichtungen, sowie Vorsorgebevollmächtigten und gesetzlichen Betreuern dar, die über eine von Situation zu Situation unterschiedliche Entscheidungskompetenz verfügen (vgl. Bockenheimer-Lucius/May 2007: 331).

In den Altenhilfe- und Pflegeeinrichtungen treten bei der Pflege und Versorgung der Bewohnerinnen die aus der klinischen Ethikberatung bekannten medizinethischen Fragestellungen auf, wie z.B. Fragen rund um Indikationsstellung, Patientenwillen und Therapiezielwechsel, Verhalten in Notfallsituationen, freiheitsentziehende Maßnahmen, künstliche Ernährung, Suizidalität oder Therapie von Bewohnerinnen und Bewohnern mit Demenz oder Wachkoma (vgl. Bockenheimer-Lucius 2012: 188ff.). Bedingt durch das enge und dauerhafte Zusammenleben von unterschiedlich pflegebedürftigen Menschen mit unterschiedlicher Herkunft und Sozialisierung, unterschiedlichen Bedürfnissen und Interessen entstehen zusätzlich zu den medizinethischen Konflikten sozialethische Fragestellungen: Hier sind z. B. der Umgang mit herausforderndem Verhalten, Suchtverhalten von Bewohnern, physischer und psychischer Gewalt, Konflikten unter Bewohnern oder mit Angehörigen, Verhalten von Vorsorgebevollmächtigten und Betreuern oder der Umgang mit sterbenden oder verstorbenen Bewohnern zu nennen.

Bis zur Implementierung von Ethikberatung wurden ethische Fragestellungen von den Mitarbeitenden der Altenhilfe- und Pflegeeinrichtungen z.B. im Rahmen von Pflegevisiten, moderierten Angehörigen-Treffen, bei der Biografiearbeit mit Bewohnern, in Überleitungsbögen bei Verlegung in ein Krankenhaus oder Arbeitskreisen mit Hausärzten eingebracht. Strukturierte Instrumente zur systematischen Erfassung und Bearbeitung ethischer Konflikte sowohl auf der Einzelfallebene als auch zur Bearbeitung übergreifender einrichtungsbezogener Fragestellungen fehlten jedoch.

Ziel des Projekts war die Entwicklung eines Ethikkonzepts, das sich aus den drei klassischen Basisinstrumenten Ethische Fallbesprechung, Ethikkomitee und Ethik-Fortbildungen zusammensetzen sollte – unter der Berücksichtigung der spezifischen Bedürfnisse von Altenhilfe- und Pflegeeinrichtungen. Neben der Konzeption eines eigenen Modells der ethischen Fallbesprechung für Altenhilfe- und Pflegeeinrichtungen und eines dazugehörigen Frage- und Protokollbogens sollten demnach auch eine Geschäftsordnung für ein Ethikkomitee sowie ein Konzept für Ethik-Fortbildungen erarbeitet werden. Ethik in der Altenhilfe heißt „tägliches Ringen um Achtung bzw. um die Ermöglichung von Achtung für das gelebte Leben" (Schuchter/Heller 2012: 154). Übergreifende Ziele waren deshalb die Verbesserung der Begleitung und Versorgung von Bewohnerinnen und Bewohnern unter Berücksichtigung ihrer individuellen Bedürfnisse, die partizipative Beteiligung von Betroffenen bei der Lösung ethischer Konflikte, die Etablierung von transparenten Entscheidungsprozessen im Umgang mit ethischen Fragestellungen, Orientierungshilfe und Handlungssicherheit für Mitarbeitende, die Stärkung und Förderung einer authentischen Wertekultur und damit eine Konkretisierung des katholischen Trägerprofils.

Projektauftraggeber waren die Geschäftsführung des Bereichs Medizin und Pflege der Malteser Deutschland in Abstimmung mit der Geschäftsleitung der Betriebsgesellschaft Sachsen-Brandenburg. Mitglieder der Projektgruppe waren die fünf Heimleitungen der Einrichtungen in Kamenz, Bautzen, Wittichenau, Cottbus und Leipzig, die jeweils zwischen 60 und 100 vollstationäre Pflegeplätze anbieten. Geleitet wurde das Projekt durch den Fachbereich Ethik, der zentralen Ethik-Stabsstelle für den Bereich Medizin und Pflege der Malteser Deutschland. So konnte einerseits die langjährige Erfahrung des Trägers mit Klinischer Ethikberatung in das Projekt einfließen, andererseits war gewährleistet, dass die spezifischen Strukturen, Abläufe und Bedarfe der betroffenen Altenhilfe- und Pflegeeinrichtungen abgebildet und berücksichtigt wurden. Die Heimleitungen fungierten dabei als Schnittstelle zu den Mitarbeitenden und Bewohnern der Einrichtungen, der Fachbereich Ethik als Verbindung zur Geschäftsführung, so dass hier sowohl von einem Top-Down-, als auch Bottom-Up-Vorgehen bei der Einführung von Ethik-Beratung gesprochen werden kann.

Die Planungsphase eingeschlossen, betrug die Laufzeit des Projekts etwa ein Jahr. Die Projektgruppe traf sich innerhalb dieses Zeitraums zu fünf Klausurtagen. Das erste Treffen war einer ausführlichen Analyse der ethischen Konfliktfelder und Fragestellungen und deren bisherigen Reflexionsforen gewidmet. Außerdem wurden Projektauftrag und Projektstrukturplan erarbeitet. In den vier weiteren Arbeitssitzungen wurden die Geschäftsordnung des Ethikkomitees, eine Verfahrensanweisung zur Einrichtung eines Ethikkomitees, ein Frage- und Protokollbogen zur ethischen Fallbesprechung sowie eine Verfahrensanweisung zur Durchführung Ethischer Fallbesprechungen entwickelt. Noch während der Projektphase wurden diese Dokumente der Geschäftsführung zur Freigabe vorgelegt.

Gegen Ende des Projekts wurde eine zweitägige Fortbildungsveranstaltung durchgeführt, an der neben den Projektgruppenmitgliedern die nun benannten weiteren Mitglieder der Ethikteams der fünf Einrichtungen teilnahmen. Sie diente dazu, das im Projekt entwickelte Ethik-Konzept vorzustellen, das Instrument ethische Fallbesprechung einzuführen, Moderationstechniken zu erlernen und den eigens für den Bereich der Altenhilfe- und Pflegeeinrichtungen entwickelten Fragebogen gemeinsam zu erproben, zu reflektieren und wo nötig noch zu überarbeiten. Im Nachgang erfolgte eine Kurzschulung des Instruments „Ethische Fallbesprechung" in allen fünf Häusern durch die jeweilige Heimleitung. Zusätzlich wurden die Mitarbeitenden durch Artikel in der regionalen und überregionalen Mitarbeiterzeitschrift über die Einführung des Ethikkonzepts informiert.

Innerhalb der Projektgruppe wurden Vorschläge für potentielle Mitglieder des Ethikkomitees gesammelt und ausgewählt. Die Kandidaten wurden durch einzelne Projektgruppenmitglieder für die Mitarbeit im Gremium angefragt. Ihre Berufung erfolgte durch die Geschäftsführung der Betriebsgesellschaft Sachsen-Brandenburg. Abgeschlossen wurde das Projekt schließlich mit der konstituierenden Sitzung des Malteser Ethikkomitees Altenhilfe Sachsen-Brandenburg im Februar 2007.

Eine Begleitung des Ethikkomitees bei seinen vier Sitzungen durch den Fachbereich Ethik, z.B. zur Anleitung bei der Entwicklung von Ethischen Leitlinien oder der Organisation von Ethik-Fortbildungen, wurde für das erste Jahr nach Projektabschluss vereinbart. Anders als ursprünglich vorgesehen, erfolgt die Unterstützung des Ethikkomitees bei seiner Arbeit durch die Teilnahme der Stabsstelle Ethik an den regelmäßigen Sitzungen auf Wunsch der Mitglieder bis heute. Insbesondere die Vorbereitung von Diskussionsvorlagen und die schriftliche Ausformulierung von Sitzungsergebnissen zu ersten Entwürfen von Voten, Leitlinien oder Verfahrensanweisungen zur Weiterbearbeitung im EKA erleichtern dessen Arbeitsprozess.

1.2 Die ethische Fallbesprechung zur Beratung von ethischen Konflikten in Einzelfällen

Basisinstrument im Malteser Ethikkonzept für Altenhilfe- und Pflegeeinrichtungen ist die ethische Fallbesprechung zur Beratung von konkreten ethischen Konflikten in Einzelfällen. Ziel ist es, unter Mitwirkung interner und externer Beteiligter in einem moderierten und strukturierten Gespräch eine ethisch begründete Handlungsempfehlung für Entscheidungsträger/innen zu finden. Ausgehend von der ethischen Intuition einzelner Personen, sollen im gemeinsamen Diskurs unterschiedliche Wahrnehmungen und Bewertungen eines ethischen Problems ausgetauscht und in Dialog gebracht werden. Gemeinsam wird der (mutmaßliche) Wille der betroffenen Bewohner/innen ermittelt, Möglichkeiten zur Lösung des Konflikts gesammelt und mit Hilfe von ethischen Kriterien bewertet. Schließlich wird eine ethisch begründete Empfehlung zum weiteren Vorgehen für den Entscheidungsträger ausgesprochen und Maßnahmen zum weiteren Umgang mit dem Problem geplant (vgl. Heinemann 2009: 10ff).

Auslöser für eine ethische Fallbesprechung können medizin- oder sozialethische Konflikte und die mit ihnen verbundene Frage nach dem moralisch vertretbaren bzw. gebotenen Vorgehen sein. Dabei kann die Initiative zur Einberufung einer Ethischen Fallbesprechung gemäß der prozessbeschreibenden Verfahrensanweisung durch alle Personen innerhalb und außerhalb der Einrichtung erfolgen, die in die Versorgung des Bewohners/der Bewohnerin eingebunden sind und das ethische Problem wahrnehmen: z.B. Mitarbeitende, andere Bewohner/innen, Angehörige, gesetzliche Vertreter, behandelnde Ärzte oder der/die Bewohner/in selbst.

Ansprechpartner für die Einberufung einer ethischen Fallbesprechung sind im Malteser Modell die drei Mitglieder des Ethikteams, das in jeder Altenhilfe- und Pflegeeinrichtung des Trägers besteht. Meist setzt es sich aus Hausleitung, Pflegedienstleitung und Seelsorge bzw. Sozialdienst zusammen. Kommt das Ethikteam zur Auffassung, dass es sich bei dem geschilderten Problem um einen ethischen Konflikt handelt, wird die ethische Fallbesprechung verbindlich einberufen. Ein möglichst neutrales, nicht in den Fall eingebundenes Mitglied des Ethikteams wird zum Moderator benannt.

Aufgabe der Moderation ist die Organisation und Durchführung der ethischen Fallbesprechung. Ein erster Schritt ist die Festlegung und Einladung des Teilnehmerkreises für die Ethische Fallbesprechung in Absprache mit dem/der Fallbringer/in. Hierzu können alle Personen innerhalb (z.B. Pflege, Alltagsbegleiter, Sozialdienst, Seelsorge, therapeutische Dienste) und außerhalb (z.B. Angehörige, gesetzliche Vertreter, Hausarzt) der Einrichtung gehören, die die Situation kennen und wichtige Informationen zur Analyse und Bewertung der ethischen Fragestellungen aus ihrer berufsspezifischen und persönlichen Perspektive beisteuern können (vgl. Heinemann 2010: 174ff).

Die persönliche Teilnahme des Hausarztes an der ethischen Fallbesprechung lässt sich aus terminlichen Gründen leider nicht immer realisieren. Eine Möglichkeit, die ärztliche Sicht dennoch mit in das Gespräch zu integrieren, ist die vorherige Erfragung relevanter medizinischer Aspekte, die dann in die Fallbesprechung eingebracht werden können.

Eine Möglichkeit Angehörige zu beteiligen ist, sie über das Stattfinden der ethischen Fallbesprechung zu informieren, wichtige Informationen für die Fallbesprechung aus Angehörigenperspektive zu ermitteln und nach Abschluss der Beratung über die Empfehlung zu informieren. Die Alternative ist die direkte Beteiligung der Angehörigen an der gesamten Fallbesprechung oder zumindest an der Ermittlung der ethischen Fragestellung und Faktensammlung. Bei der Beteiligung von Angehörigen sind verschiedene Aspekte zu bedenken: Mit den Angehörigen werden auch ihre Emotionen in die Fallbesprechung integriert. Diese können eine offene Diskussion in der Fallbesprechung hemmen, insbesondere wenn es unterschiedliche Wertvorstellungen und Einschätzungen der Situation unter den Mitarbeitenden oder Konflikte zwischen den Angehörigen und dem Team gibt. Andererseits gehören die Angehörigen zum Kreis der durch den ethischen Konflikt betroffenen Personen, die mit Hilfe der Ethischen Fallbesprechung partizipativ an dessen Lösung beteiligt werden sollen. Ihre Emotionen sind Bestandteil dieses Konflikts; diese wahrzunehmen bietet auch die Chance, einen Perspektivwechsel auf die Situation und den gemeinsamen Diskurs zu erleichtern.

Nach Klärung des Teilnehmerkreises werden Zeitpunkt und Ort der ethischen Fallbesprechung vereinbart und durch den Moderator bekanntgegeben. Die Malteser Verfahrensanweisung sieht hier für den Altenhilfe- und Pflegebereich eine Frist von vier Werktagen zwischen Einberufung und Durchführung der ethischen Fallbesprechung vor.

Grundlage und Leitfaden für die ethische Fallbesprechung ist der Malteser Frage- und Protokollbogen für Altenhilfe- und Pflegeeinrichtungen. Auf der Struktur des Nijmwegener Modells basierend, ist der Malteser Fragebogen auf die Bedürfnisse der Alten- und Behindertenhilfe zugeschnitten und gliedert sich in vier Teile (s. Anlage).

Im ersten Teil wird der Anlass für die Ethische Fallbesprechung und die damit verbundenen Fragestellungen geklärt. Hier spricht der Moderator zunächst den Initiator der Fallbesprechung bzw. Fallbringer an und lädt anschließend die übrigen Anwesenden auch dazu ein, weitere sich aus dem Problem ergebende Fragestellungen zu formulieren. Für einen möglichst niederschwelligen Einstieg in die ethische Fallbesprechung werden hier bewusst mehrere Fragestellungen nebeneinander zugelassen.

Der zweite Teil ist einer ausführlichen Bestandsaufnahme gewidmet, in dem Informationen zu pflegerischen und medizinischen Gesichtspunkten des Bewohners/der Bewohnerin, zu Kommunikationsfähigkeit sowie zu psychischen, sozialen, biografischen und spirituellen Gesichtspunkten zusammengetragen werden. Ziel ist es, mit Hilfe des Wissens der anwesenden Personen ein möglichst vielschichtiges und differenziertes Bild des Bewohners/der Bewohnerin und der problematischen Situation zu erhalten.

Herzstück des Fragebogens ist der dritte Teil, in dem Maßnahmen gesammelt und von den Teilnehmenden gemeinsam mit Hilfe einer Matrix nach ethischen Kriterien bewertet werden. Die Maßnahmensammlung soll den Charakter eines Brainstormings haben, bei dem durch die Anwesenden Vorschläge für mögliche

Maßnahmen zunächst wertfrei zusammengetragen werden. In einem zweiten Schritt erfolgt dann die Prüfung dieser Maßnahmen nach den folgenden sieben ethischen Kriterien: 1. Autonomie, 2. Biografische Integrität, 3. Fürsorglichkeit, 4. Nutzen, 5. Nichtschaden, 6. Nachhaltigkeit und 7. Gerechtigkeit. Mit der Ergänzung der vier klassischen Prinzipien der Bioethik nach Beauchamp und Childress um die Aspekte Biografische Integrität, Nutzen und Nachhaltigkeit will der Fragebogen den Bedingungen und Bedürfnissen von Altenhilfe- und Pflegeeinrichtungen stärker gerecht werden. Angesichts der kognitiven Einschränkung vieler Bewohnerinnen und Bewohner wird die Frage nach dem ausdrücklichen oder mutmaßlichen Willen oft nur schwer oder kaum zu beantworten sein, daher soll mit Hilfe des Kriteriums Biografische Integrität geprüft werden, ob sich eine Maßnahme in die Kontinuität des bisherigen Lebensverlaufs des Bewohners/der Bewohnerin stellen lässt. Das Prinzip der Fürsorglichkeit wird ergänzt durch die Frage, inwiefern eine Maßnahme einen Nutzen für den Bewohner/die Bewohnerin darstellt und er/sie von dieser profitiert. Mit dem Kriterium Nachhaltigkeit wird geprüft, ob eine Maßnahme eine möglichst langfristige und effiziente Lösung darstellt, die angesichts der stetigen Verknappung von Ressourcen im Gesundheits- und Sozialwesen die Investition von Zeit, Energie und Kosten rechtfertigt.

Mit einem Plus, Minus oder Fragezeichen wird in der Matrix festgehalten, ob aus Sicht der Gruppe eine Maßnahme das jeweilige Kriterium erfüllt, nicht erfüllt oder keine Aussage dazu getroffen werden kann, weil Informationen fehlen oder die Anwesenden uneinig sind. Am Ende der Bewertung ergibt der Blick auf die Matrix ein Bild, welche der vorgeschlagenen Maßnahmen unter ethischen Kriterien von den Teilnehmenden der ethischen Fallbesprechung priorisiert wird.

Häufig ergeben sich auch sinnvolle Maßnahmenkombinationen, die dann im vierten Schritt als Empfehlung festgehalten werden. Sind die Entscheidungsträger in der Fallbesprechung anwesend, können sofort auch Vereinbarungen zur Umsetzung der Maßnahmen erfolgen und Verantwortliche benannt werden. Es wird ein Zeitpunkt festgelegt, zu dem der Erfolg der Maßnahmen überprüft und entschieden wird, ob das Problem gelöst werden konnte oder fortbesteht und ob eine Nachbesprechung notwendig ist (vgl. Heinemann 2010: 177ff).

1.3 Das Ethikkomitee Altenhilfe (EKA)

Auch die strukturellen Bedingungen der Organisation im Bereich der Altenhilfe- und Pflegeeinrichtungen unterscheiden sich deutlich von denen des klinischen Bereichs. Während es in jedem der acht Malteser Krankenhäuser ein eigenes Klinisches Ethikkomitee mit bis zu 15 Mitgliedern gibt, war ein ähnlicher personeller Aufwand für jede einzelne Altenhilfe- und Pflegeeinrichtungen im Verbund, nicht zu leisten. Da es einige regionale Schwerpunkte von Malteser Altenhilfe- und Pflegeeinrichtungen gibt, lag die Idee nahe, hier ein einrichtungsübergreifendes Modell der Ethikberatung zu entwickeln, in dem die Häuser einer Region gebündelt werden. Durch den Synergieeffekt verfügen so auch kleinere Einrichtungen mit überschaubarem Personalaufwand über Ethikstrukturen von der Ethischen Fallbesprechung bis zum Ethikkomitee. Zusätzlich profitieren alle von den Möglichkeiten zu gegenseitigem Austausch und Unterstützung, die solch ein Netzwerk bietet (vgl. Heinemann 2010: 185).

Die Implementierung von Ethikberatung in den Malteser Altenhilfeeinrichtungen der Betriebsgesellschaft Sachsen-Brandenburg hatte Pilotcharakter. Nach erfolgreichem Abschluss wurde das Ethikkonzept sukzessive auch in Malteser Altenhilfe- und Pflegeeinrichtungen anderer Regionen eingeführt. Derzeit gibt es im Trägerverbund zwei Ethikkomitees Altenhilfe.

Die Aufgaben des Ethikkomitees im Malteser Ethikkonzept für stationäre Altenhilfe- und Pflegeeinrichtungen ähneln denen der Klinischen Ethikkomitees im Verbund. Die Geschäftsordnung der EKAs führt auch hier die Sorge für die strukturelle Verankerung der Ethischen Fallbesprechung in den Einrichtungen auf. Das EKA beobachtet die Anwendung des Instruments und leistet, wo nötig, Unterstützung. Die anonymisierten Protokollbögen der Fallbesprechungen werden im Ethikkomitee gesammelt und ausgewertet.

Zu wiederkehrenden, den Einzelfall übergreifenden ethischen Fragestellungen entwickelt das EKA Ethische Leitlinien. Diese dienen den Mitarbeitenden als Leitfaden und Orientierungshilfe und nennen ethische Werte und Prozessschritte, die bei der Bearbeitung bestimmter ethischer Problemsituationen berücksichtigt werden sollten. Außerdem wird durch Ethische Leitlinien die werteorientierte Profilierung des Trägers nach innen und außen unterstützt.

Daneben ist das Ethikkomitee für die Organisation von ethischen Fortbildungen zuständig, die ethische Fragestellungen aus der Praxis aufnehmen und in die Einrichtung rückkoppeln sollen.

Die EKAs setzen sich aus internen und externen Mitgliedern zusammen: In jeder Malteser Altenhilfe- und Pflegeeinrichtung gibt es ein Ethik-Team, das verantwortlich ist für die Organisation und Moderation von Ethischen Fallbesprechungen. Ein Mitglied dieses Ethik-Teams vertritt die Einrichtung im zuständigen EKA. Externe Mitglieder im EKA Sachsen-Brandenburg sind z.B. ein Seelsorger, eine Amtsrichterin, ein Arzt mit Bezug zur Altersmedizin, ein Koordinator eines ambulanten Hospizdienstes. Zusätzlich ist im EKA ein Mitglied des Kuratoriums, dem Bindeglied zwischen den Malteser Einrichtungen und dem Malteser Orden, vertreten.

Die Mitglieder des EKA werden von der Regionalgeschäftsführung für drei Jahre berufen. Es tagt mindestens viermal pro Jahr. Der Vorsitzende wird von den Mitgliedern gewählt und der Geschäftsführung zur Berufung vorgeschlagen. Er ist Sprecher und Ansprechpartner des EKAs nach außen und innen.

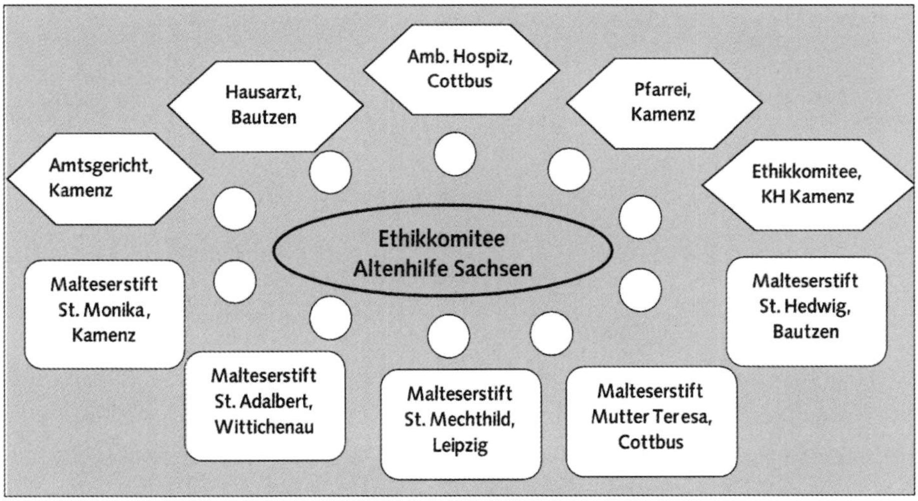

Abb.: Zusammensetzung des Malteser Ethikkomitees Altenhilfe Sachsen-Brandenburg

1.4 Ethik-Fortbildung

Für die fünf Einrichtungen im Bereich EKA Sachsen-Brandenburg werden für neue Mitarbeitende regional Inhouse-Schulungen zur ethischen Fallbesprechung durchgeführt. Seit einer zentralen Verfahrensanweisung zur Einführung neuer Mitarbeitender 2008 ist solch eine Fortbildung für alle Kolleginnen und Kollegen im Bereich Medizin und Pflege der Malteser Deutschland mit Patienten- und

Bewohnerkontakt im ersten Jahr ihrer Betriebszugehörigkeit vorgesehen. Ziel ist die nachhaltige Verankerung von Ethikberatung in den Betriebsabläufen durch Sensibilisierung für ethische Fragestellungen, die Ermutigung, diese in der Einrichtung zu thematisieren, und das Kennenlernen des Ethikkonzepts und des Instruments Ethische Fallbesprechung. Die Ausbildung zum/zur Moderator/in für Ethische Fallbesprechung wird regelmäßig sowohl in der Region als auch als zentrale Veranstaltung angeboten.

Begleitend zur Implementierung der entwickelten ethischen Leitlinien organisiert das Ethikkomitee Fortbildungsveranstaltungen, z.B. zur künstlichen Ernährung oder zum Umgang mit Gewalt in den Einrichtungen.

Mit dem vielfältigen Seminarangebot des trägerübergreifenden Fortbildungsprogramms für angewandte Ethik, das die Malteser in Kooperation mit anderen katholischen Trägern aus dem Gesundheits- und Sozialwesen seit 2011 anbieten, stehen den Mitarbeitenden zusätzliche Fortbildungsmöglichkeiten zu Verfügung, u. a. ein Qualifizierungskurs für Mitglieder in Ethikkomitees, der auf dem „Curriculum zur Qualifizierung von Mitgliedern von Ethik-Komitees in kirchlichen Einrichtungen des Gesundheitswesens“ (May u. a. 2010) basiert.

1.5 Der Ethik-Beirat: Beratungsgremium auf Trägerebene

Je ein Mitglied aus dem Ethikkomitee Altenhilfe Sachsen-Brandenburg und Rhein-Ruhr sind auch Mitglieder im Malteser Ethik-Beirat, einem Beratungsgremium der Bundesgeschäftsführung des Bereichs Medizin & Pflege der Malteser Deutschland. Neben Leitungskräften aus allen Berufsgruppen sind hier auch zwei Vorsitzende von Klinischen Ethikkomitees, der Bereich Ambulante Pflege, ein Lehrstuhlinhaber für Medizinethik, ein Mitglied des Malteser Kooperationsrats, ein Mitglied des Malteser Ordens, ein Mitglied des Malteser Hospitalausschusses, ein Jurist und der Fachbereich Ethik vertreten. Im Ethik-Beirat werden mit Relevanz für den Gesamtträger ethische Grundpositionen zu ethischen Fragen entwickelt. Auf diese Weise ist gewährleistet, dass die Anliegen und die Perspektive der Altenhilfe- und Pflegeeinrichtungen des Trägers auch in diesem zentralen Ethikgremium repräsentiert sind.

1.6 Der Ethik-Jahresbericht: Evaluation der Ethikberatung

Ein weiteres Instrument im Ethikkonzept ist der Malteser Ethik-Jahresbericht, der die ethische Situation in den Malteser Krankenhäusern sowie den Altenhilfe- und Pflegeeinrichtungen evaluiert. Ziel ist die Qualitätssicherung und Qualitätsverbesserung der Ethikberatung des Trägers. Für den Bereich Altenhilfe- und Pflegeeinrichtungen werden die Mitglieder der Ethikkomitees Altenhilfe befragt. Es werden sowohl quantitative Daten zu den Themenblöcken Ethikkomitee (Mitglieder, Sitzungen, bearbeitete Themen und Produkte), Ethische Fallbesprechung (Anzahl) und Ethische Fortbildungen (Themen und Zahl der durchgeführten Veranstaltungen, Anzahl der geschulten Mitarbeitenden) wie auch qualitative Daten zur Zufriedenheit mit diesen Instrumenten erhoben. Auf diese Weise wird zum einen das ethische Engagement im Träger abgebildet, zum anderen wird aufgezeigt, wo es noch Entwicklungsspielräume und Handlungsbedarf gibt.

1.7 Informationsservice Patientenverfügung

Als einen besonderen Service für Bewohner, Angehörige, Mitarbeitende und die interessierte Bevölkerung wird in zahlreichen Malteser Altenhilfe- und Pflegeeinrichtungen ein kostenloser Service rund um das Thema Patientenverfügung, Vorsorgevollmacht und Betreuungsverfügung angeboten. In Form von Einzelgesprächen oder Vortragsveranstaltungen für ein größeres Publikum können Interessenten hier Informationen zu diesem Themenkomplex und Unterstützung bei der Erstellung entsprechender Dokumente erhalten.

1.8 Erfahrungen mit dem Ethikkonzept

In einer ersten Befragung der Projektgruppenmitglieder nach Einführung des Ethikkonzepts wurde die ethische Fallbesprechung den bisher praktizierten Formen der ethischen Reflexion (s. o.) als eindeutig überlegen bewertet. „Die strukturierte Diskussion über ethische Argumente und Handlungsalternativen, d. h. das moderierte Gespräch, ist die entscheidende Neuerung gegenüber der üblichen Entscheidungsfindung auf der Station." (Dörries 2010: 21) Insbesondere die transparente Diskussion und ethisch begründete Entscheidungsfindung sowie die Beteiligung aller Betroffenen wurden von den Befragten sehr wertgeschätzt. Den in den ethischen Fallbesprechungen besprochenen Fragestellungen wurde eine hohe Praxis-Relevanz beigemessen. Dennoch treten bei der Einberufung einer Ethischen Fallbesprechung immer wieder Hemmschwellen auf, wie z. B. die Frage, ob es sich tatsächlich um einen ethischen Konflikt handelt, bei dem es berechtigt ist, das Beratungsinstrument einzuberufen. Andere hemmende Faktoren sind die für die Fallbesprechung erforderliche Zeit oder der Organisationsaufwand – insbesondere wenn externe Teilnehmer wie Angehörige und Hausarzt eingebunden werden. Vor dem Hintergrund dieser Überlegungen wird immer wieder auch auf die niederschwelligeren und vertrauten Beratungsformen zurückgegriffen. Die Vorbildfunktion von Leitungskräften bei der Einberufung Ethischer Fallbesprechungen sowie die kontinuierliche Schulung der Mitarbeitenden zur Anwendung des Instruments erscheinen hier als geeignete Maßnahmen, um eine Kultur zu fördern, die der Ethikberatung gegenüber aufgeschlossen ist. Erfreulich ist, dass die Zahl der durchgeführten Ethischen Fallbesprechungen kontinuierlich steigt.

Eine Herausforderung im dargestellten Malteser Ethikkonzept stellt die Zusammenarbeit von Vertretern unterschiedlicher Altenhilfe- und Pflegeeinrichtungen dar, die zwar zu einem Trägerverbund gehören, aber jeweils einen eigenen Mikrokosmos mit einer eigenen Geschichte und Einrichtungskultur darstellen und sich zudem punktuell auch als Konkurrenten empfinden. Hier kommt dem Vorsitz bzw. der Moderation die wichtige Aufgabe zu, bei den Sitzungen des Ethikkomitees für einen geschützten Rahmen zu sorgen, der einen offenen, vertrauensvollen Diskurs ermöglicht.

Arbeitsverdichtung und Ressourcenverknappung zeigen ihre Auswirkungen auch in Bezug auf die Mitarbeit im Ethikkomitee: Im Malteser Ethik-Jahresbericht 2011/2012, einer internen Evaluation der Ethikberatung des Trägers, gaben die befragten Mitglieder der Ethikkomitees Altenhilfe an, dass es genügend geeignete Themen und Aufgaben für das Ethikkomitee gäbe, allerdings der zeitliche Rahmen für die Bearbeitung nicht ausreichend sei. So konnten z. B. nicht alle Mitglieder regelmäßig an den Sitzungen des Gremiums teilnehmen. Die Rückmeldung vieler Mitglieder der Ethikkomitees, dass sie die Teilnahme als sehr hilfreich und bereichernd für ihre Arbeit in den Einrichtungen empfinden, drückt eine große Wertschätzung für das Gremium aus.

Ebenso wie für die Klinischen Ethikkomitees ist es auch für die Ethikkomitees Altenhilfe eine wichtige Aufgabe, für alle Mitarbeitenden präsent und ansprechbar zu sein und nicht als isolierter „Debattierklub“ wahrgenommen zu werden.

Für eine gute Anbindung des Ethikkomitees und seiner Arbeit in der Mitarbeiterschaft kommt den Mitgliedern des Ethikkomitees und den Leitungskräften der Einrichtungen eine wichtige Rolle zu: Die Mitarbeitenden sollten regelmäßig, z.B. in Teambesprechungen oder durch Veröffentlichung der Sitzungsprotokolle, über die aktuelle Arbeit des Ethikkomitees informiert und nach Themenvorschlägen und Fragestellungen zur Beratung im Ethikkomitee gefragt werden. Eine weitere Möglichkeit, die Arbeit des Ethikkomitees in den Einrichtungen zu verankern und wichtige Impulse für diese zu erhalten, ist die Mitwirkung von Mitarbeitenden in Arbeitsgruppen des EKA, etwa bei der Entwicklung von Ethischen Leitlinien.

1.9 Perspektiven des Ethikkonzepts

Bereits im September 2007 konstituierte sich – entsprechend dem in Sachsen-Brandenburg entwickelten Konzept – das Ethikkomitee Altenhilfe Eifel für die beiden Malteser Altenhilfe- und Pflegeeinrichtungen in Simmerath und Rheinbach. Auch hier wurden zuvor durch eine Projektgruppe, die sich aus Leitungskräften und Mitarbeitenden der beiden Einrichtungen unter Leitung des Fachbereichs Ethik zusammensetzte, die in Sachsen-Brandenburg entwickelten Dokumente und Instrumente des Ethikkonzepts adaptiert und in geringem Umfang für die örtlichen Gegebenheiten modifiziert. 2010 wurde das Malteser Ethikkomitee Altenhilfe Rhein-Ruhr für die elf Altenhilfe- und Pflegeeinrichtungen zwischen Dormagen und Münsterland gegründet. Die Implementierung des Malteser Ethikkonzepts für die Trägereinrichtungen der stationären Altenhilfe und Pflege in Norddeutschland soll 2015 mit der Gründung eines gemeinsamen Ethikkomitees zum Abschluss kommen. In den beiden Malteser Altenhilfe- und Pflegeeinrichtungen in Bayern, Starnberg und Passau ist zwar die Ethische Fallbesprechung als Instrument der Ethik-Beratung eingeführt, jedoch gibt es bislang kein gemeinsames Ethikkomitee, da die beiden Häuser zu weit auseinanderliegen. Hier bleibt abzuwarten, ob durch das Hinzukommen weiterer Einrichtungen in den Verbund neue Optionen entstehen.

Für die nahe Zukunft ist in Anlehnung an den klinischen Bereich die Konstituierung eines Netzwerks Ethik Altenhilfe geplant. In diesem Netzwerk werden sich zweimal jährlich die Vorsitzenden der Malteser Ethikkomitees Altenhilfe unter Leitung des Fachbereichs Ethik treffen, um Erfahrungen auszutauschen, neue Impulse für die Arbeit zu erhalten und sich gegenseitig bei der weiteren Entwicklung zu unterstützen.

Literatur

Bockenheimer-Lucius Gisela (2007): Ethikberatung und Ethik-Komitee im Altenpflegeheim. In: Ethik in der Medizin 4, S. 320-339.

Bockenheimer-Lucius Gisela, Dansou Renate, Sauer Timo (2012): Ethikkomitee im Altenpflegeheim. Frankfurt/New York (Campus).

Bockenheimer-Lucius Gisela, May Arnd T. (2007): Ethikberatung – Ethikkomitee in Einrichtungen der stationären Altenpflege (EKA). Eckpunkte für ein Curriculum. In: Ethik in der Medizin 19, S. 331-339.

Dörries Andrea (2010): Ethik im Krankenhaus. In: Dörries Andrea, Neitzke Gerald, Simon Alfred, Vollmann Jochen (Hg.): Klinische Ethikberatung. Ein Praxisbuch für Krankenhäuser und Einrichtungen der Altenpflege. 2., überarbeitete und erweiterte Auflage. Stuttgart (Kohlhammer).

Heinemann Wolfgang (2009): Organisierte Verantwortung für ein Altern in Würde. Ethikberatung in der stationären Altenhilfe. Köln (Malteser-Trägergesellschaft).

Heinemann Wolfgang (2010): Ethikberatung in der stationären Altenhilfe. Organisierte Verantwortung für ein Altern in Würde. In: Heinemann Wolfgang, Maio Giovanni (Hg.): Ethik in Strukturen bringen. Denkanstöße zur Ethikberatung im Gesundheitswesen. Freiburg/Basel/Wien (Herder), S. 159-199.

May Arnd T., Beule Georg, Gollan Karin (2010): Curriculum zur Qualifikation für Mitglieder von Ethik-Komitees in kirchlichen Einrichtungen des Gesundheitswesens. In: Heinemann Wolfgang, Maio Giovanni (Hg.): Ethik in Strukturen bringen. Denkanstöße zur Ethikberatung im Gesundheitswesen. Freiburg/Basel/Wien (Herder), S. 247-264.

Schuchter Patrick, Heller Andreas (2012): Ethik in der Altenhilfe – eine alltagsnahe Besprechungs- und Entscheidungskultur in der Sorge um ältere Menschen. In: Hospiz Österreich: Hospizkultur und Palliative Care im Pflegeheim. Ludwigsburg (Hospiz Verlag).

Anhang: Malteser Frage- und Protokollbogen Ethische Fallbesprechung Altenhilfe

ETHISCHE FALLBESPRECHUNG – FRAGE- UND PROTOKOLLBOGEN

Datum:
Fallbringer:
Protokoll:
Teilnehmer/innen:

Bewohner/in
Moderation:

1. Ausgangssituation

	Was ist der Anlass des Gespräches? Was sind die Probleme? Wie lauten die Fragestellungen?	

2. Bestandsaufnahme

Pflegerische Gesichtspunkte		
	Über welche körperlichen Ressourcen verfügt der Bewohner?	
	In welche Pflegestufe ist der Bewohner eingestuft?	
	Was ist der tägliche Pflegebedarf?	
	Gibt es besondere / aktuelle Pflegeprobleme?	
	Wie sieht die pflegerische Prognose für den Bewohner aus?	

Medizinische Gesichtspunkte		
	Welche Diagnosen sind bekannt?	
	Welche Diagnose steht zurzeit im Vordergrund?	
	Kann etwas über die voraus-sichtliche medizinische Entwicklung gesagt werden?	

Kommunikationsfähigkeit		
	Wie teilt sich der Bewohner mit?	
	Ist die Kommunikations-fähigkeit beeinträchtigt - und wenn ja, wodurch?	
	Kann der Bewohner adäquat reagieren?	
	Gibt es verbale oder non-verbale, aktuelle oder früherer Äußerungen des Bewohners, die seinen Willen erkennen lassen?	
	Liegt eine Patienten-verfügung des Bewohners vor?	

Psychische Gesichtspunkte		
	Wie ist die psychische Befindlichkeit des Bewohners?	
	Wie geht der Bewohner mit Alter, Krankheit und Pflegebedürftigkeit um?	

Soziale Gesichtspunkte		
	Gibt es Vertrauenspersonen des Bewohners innerhalb oder außerhalb der Pflegeeinrichtung?	
	Gibt es Personen innerhalb oder außerhalb der Pflegeeinrichtung, die der Bewohner ablehnt?	
	Wie ist die Beziehung des Bewohners zur Einrichtung und zum Personal?	
	In welchem Verhältnis stehen Bewohner und Hausarzt zueinander?	
	Besteht eine Vorsorge-vollmacht / ein Betreuungsverhältnis?	
	In welchem Verhältnis steht der Bewohner zu seinen Mitbewohnern?	
	Wie ist der Kontakt des Bewohners zu seiner Familie?	

Biografische Gesichtspunkte		
	Geburtsdatum / Alter des Bewohners	
	Bildungsstand / ehemaliger Beruf des Bewohners	
	Was ist über die familiäre Herkunft des Bewohners bekannt?	
	Sind besondere einschnei-dende Lebensereignisse des Bewohners bekannt?	
	Wie lange wohnt der Bewoh-ner in der Einrichtung?	
	Wie hat der Bewohner den Einzug in die Einrichtung verarbeitet?	
	Gibt es aktuelle (positive oder negative) Erlebnisse, die den Bewohner stark bewegt haben?	

Spirituelle Gesichtspunkte		
	Wie geht der Bewohner mit Sterben und Tod um?	
	Religionszugehörigkeit?	
	Welche Bedeutung hat Religion für den Bewohner?	
	Wie lebt der Bewohner seinen Glauben?	

Abschluss der Bestandsaufnahme:		
	Sind alle zur Planung not-wendigen Fakten bekannt? Welche Fakten fehlen?	

3. Maßnahmensammlung und -beurteilung

Mögliche Maßnahmen Notieren Sie spontan alle Maßnahmen, die zur Lösung des Problems beitragen könnten, auch solche, die Ihnen zunächst abwegig und kaum umsetzbar erscheinen. Denken Sie auch an die Möglichkeit, externe Dienste oder Personen hinzu zu ziehen.	
1	
2	
3	
4	
5	
6	

Beurteilung der Maßnahme
Prüfen Sie die einzelnen Maßnahmen nach den folgenden Kriterien, und notieren Sie die dazugehörenden Bewertungssymbole:
+ Maßnahme erfüllt das Kriterium.
- Maßnahme verstößt gegen das Kriterium.
? Es ist unbekannt / unklar / umstritten ist, ob die Maßnahme das Kriterium erfüllt.

Maßnahme-Nr.	Autonomie Entspricht die Maßnahme dem (mutmaßlichen) Willen des Bewohners?	Biografische Integrität Entspricht die Maßnahme dem bisherigen Lebensentwurf des Bewohners?	Fürsorglichkeit Kommt die Einrichtung mit der Maßnahme ihrer Fürsorge-pflicht für den Bewohner nach?	Nutzen Profitiert der Bewohner von der Maßnahme?	Schadensvermeidung Welche Risiken birgt die Maßnahme? Ist das Risiko angesichts des Nutzens vertretbar?	Nachhaltigkeit Stellt die Maßnahme eine langfristige oder dauerhafte Lösung dar?	Gerechtigkeit Werden der Bewohner / Angehörige Mitbewohner durch die Maßnahme bevorzugt oder benachteiligt?
1							
2							
3							
4							
5							
6							

4. Ergebnis und Empfehlung

	Welche Maßnahme hat nach der Beurteilung die meisten Vorzüge?	
	Ist die Maßnahme mit juristischen Vorgaben vereinbar?	
	Ist die Maßnahme mit den Zielen des Trägers / der Einrichtung vereinbar?	
	Macht es Sinn, Maßnahmen miteinander zu kombinieren?	
	Was sind die nächsten Schritte? Wie lautet die Empfehlung?	
	Wer überprüft wann und wie den Erfolg der Maßnahme?	

Protokoll wurde vorgelesen und genehmigt. Für die Richtigkeit:

Moderator:.................................... Protokollant: ....

2 Ethikberatung in der Bremer Heimstiftung*

Petra Scholz

2.1 Ausgangslage

Im Jahr 1953 wurden die fünf kommunalen Altenheime der Stadtgemeinde Bremen in die Bremer Heimstiftung überführt. Sie erhielt die Rechtsform einer Stiftung des privaten Rechts und ist seitdem als freigemeinnütziger Träger tätig. Die Unternehmensphilosophie der Bremer Heimstiftung entspringt der Vorstellung von einer demokratischen Bürgergesellschaft, die auf Solidarität und Partizipation aufbaut. Die Einrichtungen werden als „Bürgerhäuser" begriffen, in denen die aktive Gestaltung lebendiger Nachbarschaften gepflegt und die partnerschaftliche Zusammenarbeit mit Angehörigen, Freiwilligen und Ehrenamtlichen zum Wohle der Bewohner gefördert werden soll. Kooperationen mit sozialen Institutionen und kulturellen Einrichtungen des jeweiligen Stadtteils sollen zu mehr Lebendigkeit und einer Vielfalt vernetzter Angebote für die alten Menschen führen. Möglichst flache Hierarchien und die aktive Mitwirkung der Mitarbeiter an den „Beziehungskulturen" innerhalb der Einrichtungen und nach außen sind weitere wesentliche Bestandteile des Unternehmensleitbildes.

In den 26 Einrichtungen der Bremer Heimstiftung leben derzeit annähernd 3000 alte Menschen. Sie sind Mieter in den Wohnungen mit Service, leben in Wohnheimappartements, in betreuten Wohneinheiten und in Pflegewohngemeinschaften. Einsamkeit und das Angewiesensein auf Hilfe führen die alten Menschen in einem meist weit fortgeschrittenen Stadium des Hilfebedarfes in die teilstationären Einrichtungen der Tages- oder Kurzzeitpflege, etwa 800 Menschen leben in den 16 Langzeitpflegeeinrichtungen der Heimstiftung (Stand 2014). Das durchschnittliche Einzugsalter in der Langzeitpflege liegt bei ca. 87 Jahren. Fast alle Bewohner leiden an mehreren, meist degenerativen Erkrankungen, ca. 60 – 80% weisen Symptome dementieller Erkrankungen wie Desorientiertheit und

---

* Der folgende Text wurde erstmalig publiziert als Petra Scholz (2010): Beispiel einer Implementierung. In: Dörries Andrea, Neitzke Gerald, Simon Alfred, Vollmann Jochen (Hg.): Klinische Ethikberatung. Ein Praxisbuch für Krankenhäuser und Einrichtungen der Altenpflege, 2. Aufl., Stuttgart: Kohlhammer, S. 196-207. Der Text wurde für die vorliegende Publikation überarbeitet. Dem Kohlhammerverlag danken wir für die freundliche Genehmigung des Wiederabdrucks.

Verhaltensauffälligkeiten auf. Jährlich versterben 300 bis 400 der alten Menschen in der Langzeitpflege, das ist etwa die Hälfte der Bewohnerschaft.

Der Einzug in den Langzeitpflegebereich erfolgt meist, nachdem die familiären Ressourcen im gewohnten Lebensumfeld so erschöpft sind, dass sie dort nicht fortgesetzt werden können, und in der Hoffnung, dass in der Institution dem Leiden Abhilfe geschaffen werden kann. Der Medizin wird eine entscheidende gesellschaftliche und humane Aufgabe im Hinblick auf die zunehmende Hochaltrigkeit der Menschen zugewiesen: Sie soll durch präventive oder reparative Eingriffe dazu beitragen, dass Menschen im hohen Lebensalter ihre Würde nicht verlieren, menschenwürdig altern und würdig sterben können. Jeder Bewohner im Altenheim hat das Recht, seine behandelnden Ärzte frei zu wählen. Somit erfolgt die ärztliche Versorgung in den Einrichtungen der Heimstiftung durch mehr als 400 niedergelassene Haus- und Fachärzte. Die Pflegekräfte müssen den unterschiedlichen ärztlichen Anordnungen Folge leisten. Dies impliziert – anders als im Krankenhaus – eine relativ hohe Heterogenität in der Art der Behandlung und im Umgang mit den Leiden der alten Menschen.

In der Bremer Heimstiftung arbeiten ca. 1000 Mitarbeiter unterschiedlicher Berufsgruppen in multiprofessionellen Teams. Sie organisieren die hauswirtschaftliche Versorgung, kümmern sich um die Tagesgestaltung der Bewohner im Rahmen der sozialen begleitenden Dienste und sind für eine qualifizierte Durchführung der Pflege verantwortlich. Alle Mitarbeiter sind regelmäßig mit dem Nachlassen der Gesundheit der Bewohner, mit chronischem Leiden, Demenz, Schmerz, Sterben, Tod und Trauer konfrontiert. Sie müssen trotz der zunehmenden Abhängigkeit der Bewohner ihre Autonomie achten und schützen und gleichzeitig die erforderliche Hilfe und Fürsorge gewährleisten. Sie treffen, wenn Gefahr in Verzug ist, stellvertretend Entscheidungen und haben sich bei all ihren Handlungen vor dem alten Menschen, seinen Angehörigen, den weisungsberechtigten Ärzten und Vorgesetzten und vor allem auch vor sich selbst zu verantworten.

2.2 Sensibilisierung für ethische Fragen und Konflikte in den Einrichtungen durch Orientierung am Hospizgedanken

Für den Prozess der Implementierung der Ethikberatung in der Bremer Heimstiftung war die Beziehung zu Hospiz Horn e.V. in Bremen von entscheidender Bedeutung. Die moderne Hospizbewegung in Deutschland und ihre Protagonisten waren in den 80er Jahren angetreten, um den Schwerstkranken und Sterbenden unter weitestgehender Wahrung ihrer Autonomie und ihrer persönlichen Lebens- und Wertvorstellungen bis zu ihrem Tode ein Leben in Würde zu ermöglichen.

Die vordringlichen Ziele in der Begleitung schwerkranker und sterbender Menschen können im Sinne des Hospizgedankens und des Palliative Care wie folgt zusammengefasst werden:

- exzellente Schmerz- und Symptomkontrolle
- Integration der psychischen, sozialen und seelsorgerischen Bedürfnisse der Patienten, der Angehörigen und des Behandlungsteams sowohl bei der Krankheit als auch beim Sterben und in der Zeit danach
- Akzeptanz des Todes als Teil des Lebens. Durch deutliche Bejahung des Lebens soll der Tod weder beschleunigt noch hinausgezögert werden. Palliativmedizin soll eine eindeutige Absage an die aktive Sterbehilfe sein.
- Kompetenz in wichtigen Fragen der Kommunikation und Ethik

Seit dem Jahr 1997 kooperiert die Bremer Heimstiftung mit einem ambulant tätigen Hospizverein, dessen Haupt- und Ehrenamtliche die schwerkranken und sterbenden Menschen in den Einrichtungen besuchen und begleiten. Die Initiative der Koordinatorin des Hospiz Horn e.V. für die Begleitung der sterbenden alten Menschen in den Altenpflegeheimen der Heimstiftung war zu dieser Zeit noch ungewöhnlich, da sich die Hospizbewegung bis dahin fast ausschließlich auf jüngere schwerstkranke und sterbende Menschen in ihrem häuslichen Umfeld oder im Krankenhaus konzentrierte (z.B. Krebskranke oder HIV-Infizierte).

Die Kooperationsvereinbarung mit Hospiz Horn e.V. hat die Verbesserung der Situation der Sterbenden sowie die Unterstützung und Entlastung der Angehörigen und der Mitarbeiter in den Einrichtungen zum Inhalt:

- Die Sterbenden, ihre Angehörigen und die Mitarbeiter sollen nicht isoliert sein und mit ihren Fragen nicht allein gelassen werden. Alle Beteiligten sollen Entlastung und Unterstützung erfahren.
- Die Würde der Sterbenden soll geschützt und gewahrt werden.
- Die Angehörigen sollen ermutigt werden, bei den Sterbenden zu bleiben und selbst Begleitung beim Abschied und in ihrer Trauer erhalten.

- Die Kooperation soll Ausgangspunkt für den Dialog aller Betroffenen und für die Entstehung eines regionalen Netzwerkes sein, in dem die Mitarbeiter der verschiedenen Berufsgruppen gemeinsam mit den Ehrenamtlichen und den Angehörigen die Sorge für ein würdevolles Leben und Sterben der alten Menschen tragen.

Die Zusammenarbeit des Hospiz Horn e.V. mit den Einrichtungen wurde von Beginn an strukturell und inhaltlich begleitet durch:

- Ausbildung der ehrenamtlichen Begleiter (109 Stunden Hospizkurs Theorie sowie ein Praktikum in den Einrichtungen)
- Supervision für aktiv in der Sterbebegleitung tätige Ehrenamtliche durch Hospiz Horn e.V. (einmal monatlich)
- Regelmäßige Treffen einer angeleiteten Arbeitsgruppe von Mitarbeitern der Heimstiftung und Ehrenamtlichen des Hospizvereins
- Eine öffentliche Vortragsreihe und ein jährliches Info-Forum mit Fachreferenten zu den Themen Sterben, Tod und Trauer, später ergänzt durch die Themen Schmerzkontrolle und Ethik in der Altenhilfe, für Bewohner, Mitarbeiter, Ehrenamtliche, Angehörige und andere Interessierte
- Einen kontinuierlichen Austausch der verantwortlichen Koordinatorinnen

Ein Steuerkreis bündelt alle Aktivitäten und Fragen aus der hospizlich orientierten Zusammenarbeit. Ihm gehören neben dem Vorstand der Heimstiftung und des Hospiz Horn e.V. je ein Vertreter der Einrichtungsleitungen, Pflegedienstleitungen, Sozialdienstleitungen, der Mitarbeiter, des Betriebsrates und der Stabsstelle „Qualität" der Heimstiftung an. In den regelmäßigen Treffen der Ehrenamtlichen und aus den Gesprächen mit den Mitarbeitern der Einrichtungen wurde den Koordinatorinnen schnell deutlich, dass es immer wieder ethische Fragestellungen gab, die wegen ihrer Komplexität von den Mitarbeitern nicht im Vorübergehen bearbeitet und auch mit der guten Absicht, verantwortungsvoll zu handeln, nicht zufriedenstellend gelöst werden konnten.

Im Jahr 2002 wurden die Mitarbeiter (Haupt- und Ehrenamtliche) der Bremer Heimstiftung und des Hospiz Horn e.V. im Rahmen des jährlich stattfindenden Info-Forums aufgerufen, sich mit den ethischen Fragen aus der täglichen Arbeit zu beschäftigen. In der Folge trafen sich einmal im Monat fünf bis sechs Ehrenamtliche des Hospizvereins mit vier bis sechs examinierten Altenpflegerinnen aus den Einrichtungen. Außerdem gehörten eine Pflegedienstleitung, eine Sozialarbeiterin, ein ehrenamtlicher Anästhesist im Ruhestand, die beiden hauptamtlichen Koordinatorinnen des Hospiz Horn e.V. und die für die Koordination der Hospizarbeit zuständige Mitarbeiterin der Heimstiftung dieser Arbeitsgruppe an.

Die wiederkehrenden ethischen Fragestellungen aus der Praxis, die in diesem Arbeitskreis diskutiert wurden, bezogen sich im Wesentlichen auf:

- Konflikte zwischen Autonomie und Fürsorge: Beachtung des Selbstbestimmungsrechts und der Wahrung der Persönlichkeit bei zunehmender Abhängigkeit, Selbstgefährdung und Entscheidungsunfähigkeit der alten Menschen.
- Konflikte durch ärztliche Anordnungen und pflegerische Maßnahmen ohne Einwilligung des Bewohners und ohne klare Absprachen mit Angehörigen und mit den Mitarbeitern.
- Verunsicherung über den Sinn möglicher medizinischer Behandlungen bei schwerkranken alten Menschen und widersprüchliche Therapiewünsche von Angehörigen.
- Allgemeine Kommunikationsprobleme und Konflikte zwischen Arzt, Angehörigen und Mitarbeitern der Einrichtung bei Entscheidungsunfähigkeit des Bewohners, divergierende Wert- und Zielvorstellungen der Beteiligten.
- Rechtsunsicherheit vor allem mit Blick auf Fragen nach Therapiebegrenzung und weiteren ethischen Fragen am Lebensende und die Fragen: Was müssen wir tun? Was dürfen wir tun?

Es zeichnete sich ab, dass die Mitarbeiter eine Organisationsstruktur brauchten, um den ethischen Herausforderungen in der Praxis kompetenter begegnen zu können.

Die Auseinandersetzung mit den ethischen Fragen in der Begleitung schwerkranker und sterbender Menschen führte in der Bremer Heimstiftung zu dem Wunsch nach ethischen Fallbesprechungen in der Praxis. Dieser Prozess wurde sowohl aus den Initiativen von „oben“ (Steuerkreis), als auch aus den Erkenntnissen der Basis (Arbeitskreis der Mitarbeiter mit den Haupt- und Ehrenamtlichen des Hospiz Horn e.V.) befördert. Die Beratungskompetenz der Hospizmitarbeiter und ihre Sichtweisen als unabhängige Außenstehende – und damit als

„Öffentlichkeit" – waren wichtig für die Akzeptanz ihrer Rolle als Moderatoren bei der Besprechung ethischer Konflikte und bei der anschließenden Einführung bewohnerbezogener ethischer Fallbesprechungen in den Einrichtungen.

2.3 Auswahl der Methode und Einführung der ethischen Fallbesprechungen

In der Arbeitsgruppe „Ethische Fallbesprechungen in der Bremer Heimstiftung" wurden zunächst Ziele formuliert und dem Vorstand vorgelegt:

- Verbesserung der Lebensqualität und Wahrung der Würde der alten Menschen.
- Wahrnehmung des Bewohners vor dem Hintergrund seiner individuellen Lebensgeschichte.
- Unterstützung der Mitarbeiter, der Angehörigen und Betreuungspersonen bei ethischen Konflikten und in komplexen Entscheidungssituationen.
- Entwicklung von ethisch begründeten Empfehlungen zu konkreten Fragestellungen vor Ort.
- Herstellen von Transparenz durch die Dokumentation der Entscheidungswege.
- Steigerung der ethischen Kompetenz der Mitarbeiter.

Als Grundsätze für die ethischen Fallbesprechungen wurden vereinbart:

- Ethische Fallbesprechungen finden nur auf Anfrage statt. Es handelt sich um ein freiwilliges Beratungsangebot.
- Jeder aus dem professionellen und aus dem sozialen Umfeld des Bewohners kann eine ethische Fallbesprechung beantragen.
- Im Vordergrund stehen der gleichberechtigte Diskurs und der Entscheidungsfindungsprozess.
- Alle Beteiligten unterliegen der Schweigepflicht.
- Die Empfehlungen aus der ethischen Fallbesprechung sind ein Beratungsergebnis und stellen keine direkte Handlungsanweisung dar. Die Berufsgruppen behalten somit bei der Ausübung ihrer Tätigkeiten ihre Verantwortlich-

keit und die Möglichkeit der individuellen Ausgestaltung ihrer Handlungen im Rahmen der Absprachen.

Als Methode wurde ein prozessorientiertes Modell von Ethikberatung ausgewählt. Zugrunde liegt ein basisdemokratischer Ansatz von Kommunikation, in dem Autorität und Weisungsstruktur keine maßgebliche Rolle spielen (diskursethischer Ansatz). Die Methode wurde angelehnt an das Modell der interdisziplinären Ethikberatung der Malteser Trägergesellschaft in Bonn, und damit angelehnt an die Nimwegener Methode, entwickelt. Es handelt sich dabei um eine interne moderierte ethische Fallbesprechung. Die beteiligten Pflegekräfte, möglichst der behandelnde Arzt, die Angehörigen oder andere Bezugspersonen des alten Menschen beraten sich unter der Anleitung eines Moderatorenteams gemeinsam vor Ort zu einer bestimmten Fragestellung oder zur Situation des Pflegebedürftigen. Die sorgfältige Einbeziehung der Beteiligten und Betroffenen, das Durcharbeiten ihrer ernstzunehmenden ethischen Fragen, zunächst spontan und primär aus der Sicht der Ratsuchenden, dann auch methodisch mit Hilfe zentraler ethischer Prinzipien, eines schrittweisen Perspektivenwechsels und unter Hinzuziehung relevanter Regelwerke sind wesentliche Bestandteile der angewandten Methode.

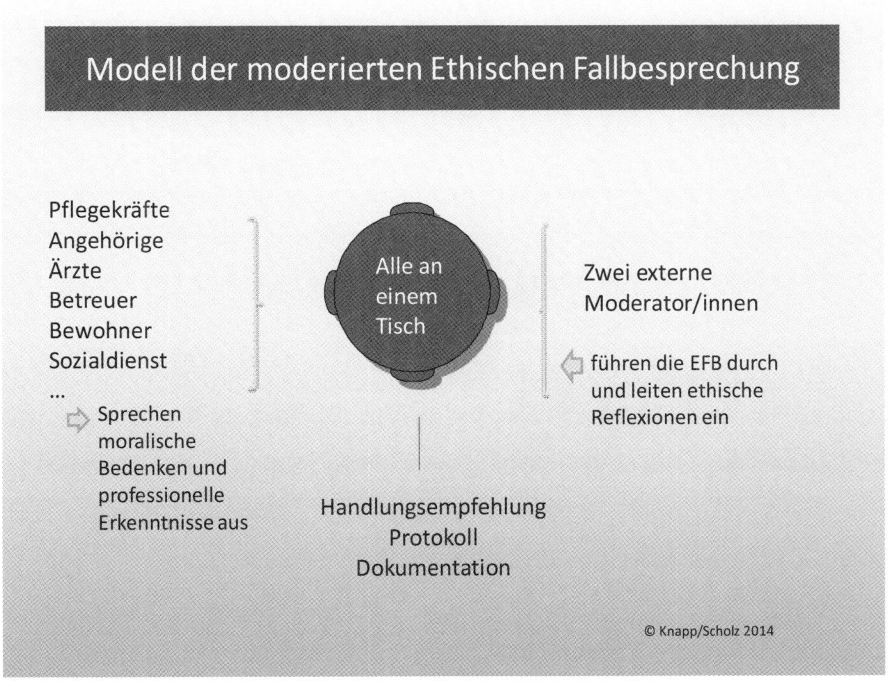

Im Zentrum der ethischen Fallbesprechung sollen der alte Mensch und sein persönliches Wohl stehen. Ziel ist es, eine Lösung zu finden, die von allen mitgetragen werden kann.

Ethische Fallbesprechungen müssen strukturiert sein, damit das Vorgehen transparent bleibt und sich weder die Fallmoderatoren noch die Teilnehmer durch ein willkürliches Vorgehen verstricken oder in der Fülle der Informationen die Orientierung verlieren. Zunächst wurde für die Struktur der Fallbesprechungen das Muster des Nimwegener Protokolls übernommen. Später wurde dieses Schema nach und nach den Fragestellungen der Altenhilfe angepasst.

Der Ablauf einer Ethischen Fallbesprechung in der Bremer Heimstiftung sieht wie folgt aus:

1. Begrüßung der Teilnehmenden, kurze Vorstellungsrunde, kurze Erläuterung der Gesprächsgrundlagen und des Ablaufs.
2. Benennung des Konflikts, Identifikation des ethischen Problems, Formulierung der ethischen Frage.
3. Erhebung der medizinischen, pflegerischen, psychosozialen, weltanschaulichen und organisatorischen Faktoren, einschließlich einer kurzen Bewohnerbiographie.
4. Analyse der ethischen Fragestellungen im Dialog mit den Beteiligten:
    - Wertvorstellungen, Entscheidungsbefugnisse, Verfügungen, Lebensqualität des Bewohners
    - Indikationen: Therapieziele? Pflegeziele?
    - Rechtslage, weitere Gesichtspunkte des speziellen Falles
    - Belastung der Angehörigen, Berufsethos und emotionale Belastung der Pflegenden
5. Diskussion und Bewertung der Frage: Was ist im Sinne des Bewohners möglich, um die Situation zu verbessern?
6. Formulierung einer Handlungsempfehlung einschließlich der Zusammenfassung der wichtigsten Gründe, die zu der Empfehlung geführt haben.
7. Protokoll zur Dokumentation der Fallbesprechung in der Bewohnerakte, ggfs. zur Vorlage beim Betreuungsgericht und zur Archivierung für spätere Evaluationszwecke
8. Nachbeobachtung: Wie ging es weiter? War die Empfehlung hilfreich? Was hat nicht funktioniert? Warum?

Die Aufgabe der Moderatoren ist es, dazu beizutragen, dass alle Beteiligten Gehör finden, ihre Sicht der Dinge vortragen können und dass alle Dokumente (z.B. eine Patientenverfügung) zur Klärung des (mutmaßlichen) Willens bekannt werden. Im Beratungsprozess unterstützen die Moderatoren die Anwesenden bei der Identifikation und Fokussierung des ethischen Problems. Sie achten auf die Vollständigkeit der Beantwortung relevanter Fragen in der Erhebungsphase, leiten Perspektivwechsel ein, verdeutlichen verschiedene Wertekonzepte und erläutern rechtliche Rahmenbedingungen. Sie unterstützen bei der Abwägung und Bewertung der Handlungsmöglichkeiten mittels ethischer Prinzipien, der Anwendung von Leitlinien und durch die Kenntnis normativer Vorgaben, weisen auf Lücken oder Widersprüche in der Argumentation hin, verhalten sich aber eher zurückhaltend, wenn es um das Unterbreiten von Lösungsvorschlägen geht. Die Beziehungsebene wird mit der Sachebene der ethischen Argumentation in Verbindung gebracht, um zum gegenseitigen Verständnis und zur Versachlichung beizutragen. Die Beteiligten werden ermutigt, an der Entscheidungsfindung aktiv mitzuwirken und Verantwortung für ein ethisch begründetes Vorgehen zu übernehmen und nicht ausschließlich den Anweisungen und Wünschen Anderer (Angehörige, Ärzte, Vorgesetzte) zu folgen.

Moderatoren der ethischen Fallbesprechung sind ehrenamtlich tätige Mitglieder des Hospiz Horn und Mitarbeiter der Stabsstelle Qualität der Bremer Heimstiftung, die in ethischen, rechtlichen und beraterischen Aspekten qualifiziert sind. Durch den Vorstand der Bremer Heimstiftung und das Gremium der Hausleitungen in der Heimstiftung werden die Moderatoren autorisiert, bevor sie Fallbesprechungen in den Einrichtungen der Bremer Heimstiftung durchführen.

Im Mai 2004 erhielten alle Mitarbeiter der Bremer Heimstiftung mit der Gehaltsabrechnung ein Informationsschreiben über die Einführung der Methode der ethischen Fallbesprechung in den Häusern als Instrument zur Konfliktbearbeitung bei ethisch relevanten Fragen. Gleichzeitig starteten zwei der Moderatorinnen eine Fortbildungsrunde durch die 16 Einrichtungen mit Bewohnern in der Langzeitpflege. Anhand eines aktuellen Beispiels aus dem jeweiligen Haus wurde mit den anwesenden Mitarbeitern exemplarisch eine Fallbesprechung durchgeführt.

Die Mitarbeiter aus den Einrichtungen und alle weiteren Personen, die zum Bezugskreis eines Bewohners gehören, können seither bei Hospiz Horn e.V. eine ethische Fallbesprechung beantragen.

2.4 Erfahrungen mit den ethischen Fallbesprechungen

In den Einführungsjahren 2004 und 2005 fanden insgesamt 27 ethische Fallbesprechungen in den Einrichtungen statt (einschließlich der exemplarischen Fallbesprechungen zur Einführung der Methode). Wie sich die Anzahl der Fallbesprechungen in den Folgejahren entwickelte wird in der folgenden Tabelle dargestellt.

Jahr	**Anzahl der ethischen Fallbesprechungen in den Einrichtungen der Bremer Heimstiftung**
2006	15
2007	16
2008	38
2009	22
2010	40
2011	40
2012	24
2013	37

Bei den ethischen Fallbesprechungen ging es v.a. um die folgenden Themen:

- Essen und Trinken am Lebensende; Anlage einer PEG
- Entscheidung zwischen palliativem oder kurativem Behandlungsansatz (Therapiezieländerung)
- herausforderndes Verhalten / Fremdgefährdung
- Schmerzen und Schmerztherapie
- Wünsche von Angehörigen, Betreuern oder behandelnden Ärzten bei Nichteinwilligungsfähigkeit des alten Menschen (mutmaßlicher Wille?)
- Unerträgliche Pflegesituationen (z. B. aufbrechende Tumore, Gewebszerfall)
- Depressivität und Sorge bei Suizidgefahr

Im Verlauf der zehn Jahre seit Einführung der ethischen Fallbesprechung in den Einrichtungen der Bremer Heimstiftung haben sich die Themen verändert: Ging es zunächst häufig um Fragen der Ernährung am Lebensende, das Legen einer PEG oder der Therapiezieländerung, so beschäftigen Mitarbeiter und Angehörige zurzeit vielmehr Fragen zum Umgang mit Menschen mit Demenz und mit Depressionen, Fragen des herausfordernden Verhaltens (Aggressivität, Selbst- und Fremdgefährdung, sexuelle Übergriffe) und die Spätfolgen von Traumatisierung (Kriegs- und Nachkriegserfahrungen) der Bewohner.

Das liegt zum einen sicherlich an der sich verändernden gesellschaftlichen Situation der älteren Menschen und im Gesundheitswesen insgesamt. Zum anderen haben sich auch durch die Erfahrungen aus den ethischen Fallbesprechungen die allgemeine Kommunikation unter den Beteiligten und das Bewusstsein der Mitarbeiter verändert und zu einem professionelleren Umgang mit ethischen Fragen geführt. So kommt es meist erst in stark belastenden Situationen und bei schwerwiegenden Entscheidungsfragen zu einer moderierten ethischen Fallbesprechung.

In den letzten Jahren nahmen vermehrt Angehörige an den Fallbesprechungen teil: Erstens, weil sie von den Pflegenden öfter eingeladen wurden und zweitens, weil Angehörige durch unsere Öffentlichkeitsarbeit mittlerweile von der Methode der ethischen Fallbesprechung gehört oder gelesen hatten und diese daraufhin selbst nachfragten. Nach anfänglicher Scheu vor der Hinzuziehung der Angehörigen haben die Moderatoren der ethischen Fallbesprechung die Erfahrung gemacht, dass die Anwesenheit der Angehörigen oder des behandelnden Arztes sich positiv auf den Diskurs auswirken, weil Anwesende direkt auf die Situation, ihre Haltungen und Entscheidungen angesprochen werden können. Ebenso stellte sich bald heraus wie wesentlich es für das Gelingen des gemeinsamen Prozesses ist, dass alle Beteiligten ergebnisoffen in die Beratungssituation hineingehen, sowie das Vertrauen der Moderatoren auf den guten Willen und den Wunsch der Beteiligten, eine angemessene Lösung zu finden. Durch die Konzentration auf die Perspektive des alten Menschen fällt den Beteiligten die Loslösung von ihren eigenen Wünschen und Vorstellungen in der Regel leichter. Die konzentrierte Wahrnehmung der Person und ihrer Biographie führt nach unserer Erfahrung zu einer großen Konsensbereitschaft. Es geht nicht mehr darum, wer Recht hat, sondern darum, was im Sinne dieses Bewohners gut und richtig ist.

Ebenso verhält es sich mit den Ärzten. Die wenigen Ärzte, die anfänglich anwesend waren oder selbst eine Fallbesprechung angeregt haben, gaben positive

Rückmeldung zum Verfahren und äußerten sich sehr zufrieden mit den Ergebnissen der gemeinsamen Beratung. Hilfreich haben sich bisher die Durchführungen von ethischen Fallbesprechungen auf Anregung eines Arztes zum Beispiel zur Klärung der Frage einer weiterführenden, für den Kranken aber belastenden Diagnostik oder bei der Erwägung der Therapiebegrenzung am Lebensende erwiesen. Zu unserem Bedauern nehmen immer noch wenige der niedergelassenen Hausärzte und auch wenig Fachärzte die ethische Fallbesprechung zur Besprechung ihrer Fragen in Anspruch. Die Teilnahme an einer ethischen Fallbesprechung auf Wunsch der Einrichtung ist für die Ärzte als ehrenamtliches Engagement zu werten, da die Durchführung von Fallbesprechungen in der Gebührenordnung der Kassenärzte bisher keine Berücksichtigung findet.

Als Moderatoren steht derzeit ein Pool von sieben Moderatoren zur Verfügung. Es ist nicht so sehr ihr Expertenwissen als ausgebildete Hospizkoordinatoren, als Krankenschwestern, Pädagogen, Sozialarbeiter oder Supervisoren, das die Lösung vorantreibt, sondern ihr Blick von außen auf die Situation, ihre relativ unabhängige Stellung außerhalb der Hierarchien der Einrichtungen sowie ihre Kompetenzen in Gesprächsführung, in Moderation, der systematischen Analyse eines Problems und in ihrer Kompetenz zur Anleitung einer ethischen Reflexion.

Die Anwesenheit von je zwei Moderatoren bei der Durchführung von ethischen Fallbesprechungen hat sich als sehr sinnvoll erwiesen, da durch deren Zusammenwirken die subjektive Sicht des einzelnen Moderators relativiert werden kann.

Das Protokoll der ethischen Fallbesprechung ist in seiner Form standardisiert und dient der allgemeinen Dokumentation der Gesprächsinhalte, beschreibt die Begründung für ein bestimmtes Vorgehen und hält die Empfehlung aus der gemeinsamen Beratung fest. Das Protokoll ist hilfreich als Grundlage für weitere Gespräche oder als Vorlage beim zuständigen Bereuungsrichter. Das Protokoll dient den Pflegenden und den Angehörigen im Nachhinein oft als Vergewisserung, was nun genau und warum es verabredet wurde. Es lohnt sich, bei der Ausfertigung des Protokolls mit großer Sorgfalt vorzugehen. Es wird in der Regel von einer Mitarbeiterin oder einem Mitarbeiter aus der Einrichtung geschrieben und dann mit den beiden Moderatoren abschließend besprochen, bevor es in der Bewohnerakte abgelegt und archiviert wird. Durch das Schreiben des Protokolls steigt aus unserer Sicht außerdem die ethische Kompetenz der Einrichtungsmitarbeiter, da sie beim Schreiben die ethisch relevanten Fragen, den Sachverhalt, die verschiedenen Perspektiven und die Begründung für eine Empfehlung zum weiteren Vorgehen noch einmal genau nachvollziehen. Auf diese Weise stehen ihnen die Argumente für das Vorgehen nach der Fallbesprechung und auch später in vergleichbaren Situationen zur Verfügung.

2.5 Qualität und Organisationsstrukturen

Die Transparenz von ethischen Entscheidungsprozessen durch ethische Fallbesprechungen ist für die Bremer Heimstiftung durch die Kooperation mit Hospiz Horn e.V. und der dazugehörigen hospizlichen Kultur der Lebens- und Sterbebegleitung zu einem wesentlichen Qualitätsmerkmal geworden und bildet in den Einrichtungen eine zuverlässige Struktur, um den ethischen Herausforderungen im Zusammenhang mit den Besonderheiten des hohen Lebensalters kompetent zu begegnen. Für die Wirksamkeit des Instruments der ethischen Fallbesprechung ist – neben der Intervention im Einzelfall – die Verortung im Gesamtunternehmen durch die Unterstützung der Unternehmensleitung von großer Bedeutung. Mit dem Leitbild der Heimstiftung, das auf beständiger Qualitätsverbesserung, auf Kooperationen mit anderen Einrichtungen und auf der Integration von bürgerschaftlichem Engagement beruht, ergab sich für uns folgerichtig Organisationsstrukturen einzusetzen, die prozessorientiert und auf Kommunikation ausgerichtet sind. Inzwischen konnte eine Kooperation mit einem weiteren ambulant tätigen Hospizverein, Hospiz Bremen-Nord e.V., geschlossen und die Gruppe der Moderatoren verstärkt werden.

Die Moderatoren treffen sich alle drei Monate für die Zeit von zwei Stunden, um die durchgeführten Fallbesprechungen und ihre Ergebnisse gemeinsam zu reflektieren. Zusätzlich stärkt und unterstützt regelmäßige Supervision die Moderatoren in ihrer Arbeit. Durch die jährliche Einberufung des Steuerkreises „Ethik“ entstehen aus dem Feedback der Moderatoren und aus den Diskussionen des Gremiums in Abstimmung mit der Geschäftsleitung Impulse zur Weiterarbeit in der Praxis. Viele Anregungen wurden bereits umgesetzt:

- Borschüre zur Begleitung Sterbender: „In Würde Leben. In Würde Sterben“
- Standard zum Schmerzmanagement
- Fortbildungen zur Sensibilisierung und Kompetenzsteigerung der Leitungskräfte und Mitarbeiter in Ethikfragen durch ein externes Ethikberatungsinstitut

- „Runder Tisch“ für die Mitarbeiter der Einrichtungen (hier können mit den Moderatoren allgemeine und spezielle ethische Fragestellungen unabhängig von einem akuten Handlungsbedarf besprochen werden)
- Herausgabe der Broschüre „So geht es nicht weiter! Die Ethische Fallbesprechung. Eine Methode zum Umgang mit Konflikten im Gesundheitswesen und in der Altenhilfe“ mit Unterstützung der Senatorin für Arbeit, Frauen, Jugend, Gesundheit und Soziales
- öffentliche Veranstaltungen zur Methode der ethischen Fallbesprechung als geeignetes Instrument zur Lösung ethischer Fragen im Bereich der Altenhilfe

So hat sich die ethische Fallbesprechung bei Angehörigen, Bewohnern und Mitarbeitern mittlerweile zu einem Qualitätsmerkmal entwickelt, das sie anfordern und bei der Wahl der Einrichtung auch berücksichtigen.

Seit 2007 gibt es in jeder Einrichtung der Heimstiftung eine Mitarbeiterin, die als Ethikbeauftragte für ethische Probleme vor Ort Ansprechpartnerin ist. Der Arbeitskreis der Ethikbeauftragten tagt vierteljährlich in einem eigenen Arbeitskreis mit den Moderatoren der ethischen Fallbesprechungen und dient als Forum für die Weiterentwicklung von Verfahren und Vorgehensweisen zu ethisch relevanten Fragestellungen. Mittlerweile ist ein Ethik-Handbuch für die Bremer Heimstiftung entwickelt und verabschiedet worden, das Empfehlungen zur Autonomie und den Rechten der Bewohner, zu ethischen Fragestellungen, sowie das standardisierte Verfahren zur Durchführung der ethischen Fallbesprechung enthält und verbindlich für alle Mitarbeiter ist.

2.6 Schlussbemerkung

Nach Einschätzung der Moderatoren und aus den Rückmeldungen der Hausleitungen, der Hausärzte, der beteiligten Angehörigen und der Mitarbeiter lässt sich sagen, dass sich viele positive Effekte durch die Durchführung ethischer Fallbesprechungen und damit für die ethischen Fragen in der stationären Altenhilfe ergeben haben:

- Stärkere Wahrung der Autonomie des alten Menschen.
- Stärkere Individualisierung der Pflege und der medizinischen Behandlung.

- Verbesserte Kooperation der Mitarbeiter verschiedener Berufsgruppen mit Angehörigen und Ehrenamtlichen.
- Verbesserte Fähigkeit zur Konfliktlösung, vermehrte Bereitschaft zur Konsensbildung.
- Stärkung der Reflexionsfähigkeit und Zuwachs an ethischer Kompetenz bei den Einrichtungsmitarbeiter/-innen: Neues Wissen entsteht, Haltungen werden überprüft, bestätigt oder verändert.
- Abnahme der Bereitschaft zur Delegation, bei gleichzeitigem Anstieg der Bereitschaft zur Übernahme von Verantwortung.
- Entlastung durch die gemeinsame Suche nach Lösungen und die gemeinsam getragene Verantwortung.
- Bewusstere Markierung des Übergangs von kurativer zu palliativ-geriatrischer Pflege und Behandlung, mehr Sterbebegleitung und gelebte Hospizkultur.

Der ethische Diskurs in der Bremer Heimstiftung hat unseres Erachtens die gegenseitige Wertschätzung und den achtsamen Umgang im täglichen Miteinander unterstützt und gefördert. Dies kommt allen Beteiligten zugute: den Mitarbeitern und den Ehrenamtlichen, den Angehörigen und Ärzten, und nicht zuletzt den alten Menschen, die am Ende ihres Lebens auf eine würdevolle Pflege und Begleitung angewiesen sind.

3 Das Frankfurter Netzwerk „Ethik in der Altenpflege“

Timo Sauer

Im Jahr 2004 wurde am Frankfurter Franziska Schervier Seniorenzentrum[1] eine von der BHF (Berliner Handels- und Frankfurter)-Bank-Stiftung finanzierte Studie zur „Psychopharmakaversorgung im Altenpflegeheim“ (Pantel u. a. 2006) durchgeführt. Ziel dieser interdisziplinären Studie waren die Erforschung der faktischen Verschreibungspraxis und darauf basierend die Konzeption eines Handlungsmodells, zur Vermeidung von inadäquatem oder gar missbräuchlichem Einsatz von Psychopharmaka in der stationären Altenpflege. Im Kontext dieser Untersuchung wurde offensichtlich, dass dem Personal in den Einrichtungen der stationären Altenhilfe, anders als in vielen Kliniken, kein diskursiver Raum zur Verfügung stand, um normative Probleme der Alltagspraxis zu reflektieren. Folgerichtig wurde im Jahr 2006 im Rahmen eines ebenfalls von der BHF-Bank-Stiftung geförderten Projekts ein Ethikkomitee in der Altenpflege (EKA) nach dem Muster eines klinischen Ethikkomitees gegründet, um diesen Mangel zu beheben. Aus diesem ersten EKA sollte sich in den Folgejahren das Frankfurter Netzwerk „Ethik in der Altenpflege“[2] entwickeln.

Die Ausgangssituation hierfür war in Frankfurt insofern möglicherweise besser als an anderen Standorten, da es mit dem Frankfurter Forum für Altenpflege[3] bereits ein Netzwerk gab, das dem Erfahrungsaustausch der Heimleiter dient und in dem zum damaligen Zeitpunkt etwa vierzig Frankfurter Pflegeeinrichtungen organisiert waren. Darüber hinaus finanziert die Stadt Frankfurt das Programm „Würde im Alter“,[4] das zahlreiche innovative Projekte zur Verbesserung der Lebensqualität alter Menschen in stationären Einrichtungen fördert und seit dem Jahr 2008 die Finanzierung des Ethik-Netzwerks übernommen hat.

Die vorliegende Darstellung des Frankfurter Netzwerks „Ethik in der Altenpflege“ folgt zunächst der Chronologie des Projekts (1), um die Entstehungsge-

---

[1] Vgl. http://www.schervier-altenhilfe.de (Zugriff am 22.10.2014).
[2] Vgl. www.ethiknetzwerk-altenpflege.de (Zugriff am 22.10.2014).
[3] Vgl. www.ffa-frankfurt.de (Zugriff am 22.10.2014).
[4] Vgl. www.aelterwerden-in-frankfurt.de/frankfurter-programm (Zugriff am 22.10.2014).

schichte nachvollziehbar zu machen. Im Anschluss werden die Aufgaben eines EKAs und deren spezifische Umsetzung dargestellt (2). Am Ende erfolgt ein Fazit mit Ausblick (3).

3.1 Chronologischer Projektverlauf

3.1.1 Gründung eines Ethikkomitees im Altenpflegeheim

Im September 2006 wurde am Franziska Schervier Seniorenzentrum das wahrscheinlich erste Ethik-Komitee in einem Altenpflegeheim (EKA) gegründet, das sich ausschließlich mit den spezifischen moralischen Problemen einer solchen Einrichtung befasst. Konzipiert wurde es nach dem Muster eines Klinischen Ethikkomitees. Die zunächst aus zwei später aus drei Personen bestehende Projektleitung ging jedoch – auch wenn die Unterschiede zum Gründungszeitpunkt nur vage zu bestimmen waren – nicht davon aus, dass die Verhältnisse in einem Akutkrankenhaus ohne Weiteres auf die Verhältnisse im Altenpflegeheim übertragbar sind. Dennoch wurde darauf konzeptionell zunächst keine Rücksicht genommen, um nicht zu viele Ressourcen für eine Strukturentwicklung zu verwenden, deren Resultat ohnehin vor dem Hintergrund der aus der Sicht der „klinischen Ethik" „unbekannten Welt" Altenpflegeheim korrekturbedürftig werden würde. Die Projektleitung folgte daher dem Prinzip, eine bewährte praktische Konzeption in einem neuen Entscheidungs- und Handlungsfeld anzuwenden, dies theoretisch zu reflektieren und die Konzeption für das neue Feld entsprechend zu modifizieren. Grundlage für die Strukturentwicklung war dabei auch eine im Jahr 2007 durchgeführte Bedarfserhebung für Ethikberatung (Bockenheimer-Lucius/Sappa 2009), durch die sich ein wahrnehmbarer Bedarf an ethischer Reflexion ergeben hatte.

Das Komitee setzte sich aus Mitarbeitern der Einrichtung (Pflegende, Mitarbeiter des Sozialdienstes und der Seelsorge, die Pflegedienst- und Heimleitung) und externen Mitgliedern (ein Betreuungsrichter, eine Ärztin und die professionellen Ethiker der Projektleitung) zusammen.

In Analogie zu den meisten Klinischen Ethikkomitees tagt das EKA monatlich und arbeitet nach einer selbst entwickelten Satzung bzw. Geschäftsordnung.[5] Es ist für die rund 190 Bewohner der beiden in Frankfurt ansässigen Einrichtungen

---

[5] Satzung und Geschäftsordnung sind auf den Seiten des Netzwerks (www.ethiknetzwerk-altenpflege.de, Zugriff am 22.10.2014) unter „Downloads" einzusehen.

der Franziska-Schervier-Altenhilfe zuständig. Den Vorsitz und die Geschäftsführung übernahm zunächst die Projektleitung. Seit einer Reorganisation im Jahr 2012 werden beide Aufgaben von Mitarbeitern der Einrichtung wahrgenommen. Zusätzlich wurde das Komitee durch einige auswärtige Mitglieder (Journalistin, Apotheker, Anwalt) erweitert.

Im Zeitraum von September 2006 bis Juli 2014 gab es 82 Sitzungen, in denen 37 Fallbesprechungen durchgeführt wurden. Damit sind sowohl retrospektive, prospektive als auch präventive Fallbesprechungen gemeint (genaueres zur Systematik: Bockenheimer-Lucius u. a. 2011: 149-152).[6]

Darüber hinaus wurden zahlreiche Themen über einen längeren Zeitraum bearbeitet, bei denen fallunabhängig ethische Fragen der beruflichen Alltagspraxis reflektiert wurden. Diskutiert wurden beispielsweise:

- Künstliche Ernährung und PEG-Sonde
- Patientenverfügung und Betreuungsrecht
- Umgang mit „herausfordernden" Bewohnern
- Ethische Fragen der Biographiearbeit

Letzteres Thema führte schließlich 2014 zu einer Stellungnahme der Ethikkomitees des Frankfurter Netzwerks in der Zeitschrift Pflege und Gesellschaft (Sauer u.a. 2014), in der kritisiert wird, dass es häufig weder ein klares Konzept davon gibt, was genau Biographiearbeit ist und welche Funktion sie in der stationären Altenpflege hat, noch eine normative Grenze, welche Informationen eben gerade nicht im Rahmen der Biographiearbeit „verwertet" werden dürfen.

---

[6] Als retrospektiv werden Fallbesprechungen bezeichnet, die sich auf vergangene Fälle beziehen und deren Ergebnis folglich keine Auswirkungen mehr auf den weiteren Verlauf haben kann. Prospektiv werden Fallbesprechungen genannt, die sich auf akute Fälle beziehen und deren Ergebnis unmittelbare Auswirkungen auf den weiteren Fallverlauf haben kann. Präventive Fallbesprechungen beziehen sich auf „subakute" Fälle, das heißt auf Situationen, die in naher Zukunft mit hoher Wahrscheinlichkeit in ethisch relevante Entscheidungssituationen münden werden. Das Ergebnis der präventiven Fallbesprechung kann folglich potenziell Wirkungen auf einen Fallverlauf haben. Nur prospektive oder präventive Fallbesprechungen sind (durch ihre Wirkung auf die Entscheidungsfindung) als Ethik-Fallberatungen zu charakterisieren. Ethik-Fallberatungen können im Format einer Sitzung des Ethik-Komitees oder des Gesprächskreises durchgeführt werden oder auf Anfrage im Format der „Ethikberatung". Vgl. hierzu: Tabelle unten.

3.1.2 Etablierung des Gesprächskreises „NAEHE“

Das erste Treffen des begleitenden Gesprächskreises „NAEHE“[7] fand im Mai 2007 in einer Frankfurter Pflegeeinrichtung statt. Konzeptionell folgt der Gesprächskreis dem, was in der Fachliteratur zumeist als „Ethikcafé“ bezeichnet wird (zu den verschiedenen Formaten: Sauer/May 2011: 111 ff). Es geht folglich um ein niedrigschwelliges Angebot für alle Mitarbeiter der Frankfurter Einrichtungen, in dem die berufliche Alltagspraxis mit ihren normativen Implikationen thematisiert werden kann. Der Gesprächskreis hat keinen festen Ort und findet monatlich nach einem für das ganze Jahr festgelegten Plan in einer der Frankfurter Einrichtungen statt. So kommt es, dass sich die Mitarbeiter nicht nur untereinander kennenlernen, sondern auch die jeweilige gastgebende Einrichtung. Die anfängliche Befürchtung, dass sich aufgrund der Konkurrenzsituation der Einrichtungen untereinander keine Offenheit im Gespräch entwickeln könnte, hat sich nicht bestätigt. Im Gegenteil: Es herrschte von Anfang an ein offenes und solidarisches Klima, in dem die Teilnehmer bereit waren, Unsicherheiten zu explizieren und die je eigene Berufspraxis einer kritischen Reflexion zugänglich zu machen.

In geringem Umfang wird der Diskurs zuweilen von der überproportionalen Teilnahme von Leitungspersonal dominiert, was sich jedoch durch eine entsprechend ermutigende und ggf. auch eingrenzende Gesprächsleitung ausgleichen lässt.

Im Zeitraum von Mai 2007 bis Juli 2014 fanden 78 Gesprächskreise statt, in denen 55 retro- und prospektive bzw. präventive Fallbesprechungen durchgeführt wurden. Im Gesprächskreis, an dem in der Regel zwischen zehn und 20 Personen teilnehmen, wurden auch zahlreiche Themen grundsätzlicher Art über einen längeren Zeitraum bearbeitet. Obwohl der Gesprächskreis offen ist und dementsprechend regelmäßig neue Mitarbeiter beteiligt sind, gibt es einen „harten Kern“ an Mitarbeitern, die immer wieder teilnehmen und so für eine wahrnehmbare Kontinuität sorgen. Aus dieser Kontinuität resultieren für diese Mitarbeiter ein ebenso deutlich wahrnehmbarer Wissenszuwachs und eine Eigenständigkeit im Umgang mit normativen Fragestellungen der beruflichen Alltagspraxis. Häufig werden dort wiederkehrende Fälle oder Themen von der Projektleitung in die EKAs ein-

---

[7] Als Name wurde das Akronym „NAEHE“ (*N*etzwerk, *A*ltenhilfe, *E*thik *H*eim) gewählt, um durch einen spezifischen Namen das Interesse und gegebenenfalls auch die Identifikation der Mitarbeiter für diese ihnen bisher nicht bekannte Form eines Austauschs zu fördern.

gebracht, um dort systematisch bearbeitet zu werden. Auch die Impulse für Fortbildungen kommen häufig aus dem Gesprächskreis.

Zunächst war dieses Forum nur als ergänzende Maßnahme gedacht, um zusätzlich zum EKA einen diskursiven Raum zu öffnen. Trotz gewisser Schwankungen lässt sich die Teilnahme der Mitarbeiter als gut bezeichnen, was darauf schließen lässt, dass das niedrigschwellige Angebot den Interessen und Bedürfnissen der Mitarbeiter sehr entgegen kommt. Der Gesprächskreis ist damit ein wesentliches Element der Netzwerkstruktur des Projekts.

3.1.3 Gründung des EKA „Netzwerk"

Die konstituierende Sitzung des zweiten EKA fand im Dezember 2008 in einem der Frankfurter Altenpflegeheime statt. Ziel der Gründung des zweiten EKA war es, die Angebote des ersten EKA auf alle Frankfurter Einrichtungen auszuweiten. Anders als beim ersten EKA hat das EKA „Netzwerk" keinen festen „Standort", sondern rotiert nach einem festgelegten Plan in den Frankfurter Einrichtungen.

Bereits seit der Gründung des ersten EKAs war es das Ziel der Projektleitung, ein lokales Netzwerk zu entwickeln. Weder verfügt jede Einrichtung der stationären Altenpflege über ausreichende Ressourcen, um ein eigenes Ethikkomitee einzurichten, noch gibt es hierfür einen hinreichend großen Bedarf. Daher bietet es sich an, nach dem Muster von „Joint Committees" (Bockenheimer-Lucius u. a. 2012: 39 ff.) regionale oder trägergebundene Strukturen zu schaffen, um damit finanzielle und personelle Ressourcen zu schonen und gleichzeitig den Austausch zwischen verschiedenen Einrichtungen (mit ähnlichen Problemen) zu fördern. Die Gründung des zweiten EKAs war Ausdruck dieses Bestrebens und ein entsprechend starker Impuls zur Weiterentwicklung der Netzwerkstruktur.

Die Geschäftsführung des EKA „Netzwerk" wurde wie beim ersten EKA von der Projektleitung übernommen, den Vorsitz übernahm jedoch von Anbeginn an eine Mitarbeiterin aus einer der teilnehmenden Einrichtungen. Satzung und Geschäftsordnung, Struktur und Arbeitsweise orientierten sich am ersten EKA.

Im Zeitraum von Dezember 2008 bis Juli 2014 gab es 60 Sitzungen, in denen zehn Fallbesprechungen durchgeführt und zudem zahlreiche spezifische Fragestellungen systematisch diskutiert wurden. Um Synergieeffekte zu erzielen, wurde die Bearbeitung der Themen in der Regel mit dem ersten EKA koordiniert. Die Tatsache, dass sich die Mitglieder des EKA Netzwerk nicht nur aus verschiedenen Berufsgruppen zusammensetzen, sondern auch Mitarbeiter verschiedenster Einrichtungen sind, führt zu einer höheren diskursiven Dynamik als bei einem Ethikkomitee, dem Mitarbeiter der gleichen Einrichtung angehören. Entsprechend stark sind die Impulse, die vom EKA „Netzwerk“ für die praktische und theoretische Arbeit ausgehen.

3.2 Die Aufgaben der EKAs und ihre Umsetzung

Analog zur Arbeit von Ethikkomitees in Krankenhäusern haben sich die EKAs des Frankfurter Netzwerks in einer Satzung bzw. einer Geschäftsordnung definierte Aufgaben gegeben: Fortbildung (2.1), Ethikberatung (2.2) und Leitlinienkonzeption (2.3).

3.2.1 Fortbildung

Die im Rahmen des Frankfurter Netzwerks durchgeführten Fortbildungsveranstaltungen sind nach Veranstaltungen zu unterscheiden, die für alle Mitarbeiter der im Frankfurter Forum für Altenpflege organisierten Einrichtungen stattfinden und den kleineren Veranstaltungen für die Mitglieder der beiden EKAs.

Im Zeitraum von Juni 2007 bis August 2014 gab es 17 öffentliche Veranstaltungen, die von bis zu 60 Teilnehmern besucht wurden. Die Breite des Spektrums ethischer Fragen zeigen (neben den üblichen Themen Patientenverfügung, Betreuungsrecht, Sterbekultur etc.) die folgenden Themenbeispiele:

- Und wo bleibe ich? Selbstsorge als Teil einer Ethik in der Altenpflege (Oktober 2014)
- Der „natürliche Wille“ und seine problematischen Aspekte für die Pflegepraxis (März 2014)
- Wie soll ich’s sagen? Sprache und Ethik in der Pflegepraxis (Oktober 2012)
- Pflege und Macht (November 2011)
- Sexualität im Altenpflegeheim (März 2011)
- Alkohol, Nikotin, Tabletten – Suchtprobleme im Altenpflegeheim (November 2010)
- Suizidalität und Suizid im Altenpflegeheim (April 2010)
- Gewalt in der Altenpflege (März 2009)
- Privatheit, Selbstbestimmtheit, Zwang – Ethische Probleme im Alltag eines Altenpflegeheims (Mai 2008)

Ein wichtiges Element der öffentlichen Fortbildungen sind – neben den Vorträgen geladener Referenten – die Beiträge von EKA-Mitgliedern oder regelmäßigen Besuchern des Gesprächskreises. Dies erhöht zum einen die Praxisnähe der eingebrachten Themen und Fragestellungen, zum anderen schult es die referierenden Mitarbeiter in einer für sie ungewohnten Tätigkeit, nämlich im Vortragen und diskursiven Bearbeiten von normativen Fragestellungen der beruflichen Alltagspraxis. Darüber hinaus gibt es während der Fortbildungen regelmäßig Gruppenarbeiten, die ein ähnliches Ziel verfolgen, bei denen ebenfalls meist Beispiele aus der Praxis der Frankfurter Altenpflege retrospektiv diskutiert werden.[8] Die Ergebnisse solcher Gruppenarbeiten werden in der Regel von Teilnehmern der Arbeitsgruppen, d. h. von Mitarbeitern aus der Praxis, im Plenum vorgestellt. Die Themen der Fortbildungen werden ebenfalls in enger Abstimmung mit den beiden EKAs und Gesprächskreisen festgelegt. Diese Art der inhaltlichen Beteiligung der Mitarbeiter führt ähnlich wie die regelmäßige Teilnahme an Sitzungen der EKAs bzw. der Gesprächskreise zu einem spürbaren Zuwachs an Wissen und Souveränität im Umgang mit ethischen Fragen der beruflichen Praxis.

Im Zeitraum von Mai 2007 bis Juli 2014 gab es zudem 15 halbtägige Fortbildungsveranstaltungen für die Mitglieder der EKAs, die sich am Curriculum „Ethikberatung – Ethikkomitee in Einrichtungen der stationären Altenhilfe (EKA) Eckpunkte für ein Curriculum“ (Bockenheimer-Lucius/May 2007) orientieren.

Zusätzlich zu den öffentlichen und internen Fortbildungen fand im Juni 2013 die wissenschaftliche Tagung „Zwischen Akutklinik und Pflegeeinrichtung. Herausforderung für eine institutionsübergreifende Medizin- und Pflegeethik“ statt, in der speziell die aus der Praxis des Netzwerks entstehenden theoretischen Fragen diskutiert wurden.[9]

3.2.2 Ethik-Fallberatung vor Ort

Seit Oktober 2006 werden für die Einrichtungen der stationären Altenhilfe auch Ethik-Fallberatungen mit den verschiedenen Beteiligten vor Ort angeboten. Durchgeführt werden diese von klinischen Ethikern, die zunächst nach dem Muster der „klinischen Ethikberatung“ vorgingen. Die Praxis zeigte erwartungsge-

---

[8] Um den Datenschutz zu gewährleisten werden Fälle nur anonymisiert und verfremdet dargestellt. Zusätzlich wird auf die Schweigepflicht der Teilnehmer hingewiesen.

[9] Ein gleichnamiger Tagungsband hierzu ist in Vorbereitung.

mäß bald, dass sich sowohl das Setting der Beratung als auch das thematisierte Fallspektrum von dem in der Klinik deutlich unterscheiden.

- Die ärztliche Präsenz bei Ethik-Fallberatungen ist geringer, was bis zu einem gewissen Grad zu einer hierarchischen Entzerrung des Verfahrens führt. Gleichzeitig sind häufiger gesetzliche Betreuer, Vorsorgebevollmächtigte oder Angehörige und andere nahestehende Personen anwesend, was dem Verfahren eine stärkere emotionale Färbung verleiht und zu einer inhaltlichen Verschiebung von medizinischen Aspekten zu allgemeinen Lebensumständen führt.
- Neben dem sehr dominierenden Thema der künstlichen Ernährung über PEG-Sonden ist das Themenspektrum im Hinblick auf die technischen Aspekte der Medizin naturgemäß etwas verengt. Dafür gibt es eine ganze Reihe spezifischer Probleme, die im Spannungsfeld zwischen „regulativen“ Vorgaben der Einrichtung, den Vorstellungen von „guter Pflege“ von Dritten und den subjektiven Vorstellungen des „guten Lebens“ der Bewohner entstehen, etwa wenn Bewohner einen Lebensstil pflegen, der schwer mit Konzepten der guten Pflege zu vereinbaren bzw. schwer in die organisatorischen Abläufe in stationäre Einrichtungen der Altenpflege zu integrieren ist oder wenn Angehörige sich mit eigenen Vorstellungen in dieses Spannungsfeld einmischen, die weder mit Konzepten der „guten Pflege“ noch mit den subjektiven Wünschen der Bewohner vereinbar sind.

Beide Aspekte sind für das Gelingen der Ethik-Fallberatung von großer Bedeutung und müssen von der Leitung der Ethikberatung entsprechend berücksichtigt werden, um die Gesprächsdynamik angemessen gestalten zu können und um zu verhindern, dass relevante Fragestellungen aufgrund ihrer Abweichung von klinischen Mustern übersehen oder marginalisiert werden.

Im Zeitraum von Oktober 2006 bis Juli 2014 wurden 31 Ethik-Fallberatungen durchgeführt. Damit ergibt sich eine Gesamtzahl von besprochenen Fällen von 133 Fallberatungen in den vier Formaten des Frankfurter Netzwerks Ethik in der Altenpflege.

Format	**Treffen**	**Fallberatung/-besprechung**
EKA Franziska Schervier (seit September 2006)	82	37
Gesprächskreis (seit Mai 2007)	78	55
EKA Netzwerk (seit Dezember 2008)	60	10
Ethikberatung (seit Oktober 2006)	31	31
Gesamt	**251**	**133**

Tabelle: Übersichtsdarstellung der retrospektiven,[10] prospektiven oder präventiven Fallbesprechungen (bis Juli 2014)

Die relativ niedrige Anzahl an Ethik-Fallberatungen vor Ort erklärt sich dadurch, dass es bei einem einrichtungsübergreifenden EKA, das für eine Vielzahl an verschiedenen Einrichtungen mit entsprechender Fluktuation im Personal zuständig ist, im Vergleich zu einem hausinternen Klinischen Ethikkomitee noch länger dauert und mehr informationstechnischen Aufwand erfordert, bis die Angebote wahr- und auch in Anspruch genommen werden. Hinzu kommen noch die relativ zahlreichen prospektiven oder präventiven Fallbesprechungen, die auf einem gegebenenfalls etwas weniger systematischen Niveau in den anderen Formaten (Sitzungen der Komitees und die Gesprächskreise) den Gesprächsbedarf der Mitarbeiter decken.

3.2.3 Leitlinienkonzeption

Eine Zusammenstellung der Aufgaben eines Ethikkomitees benutzt üblicherweise den Begriff „Leitlinie". Dies trifft jedoch nicht den Stellenwert, den eine so bezeichnete „Leitlinie" im Kontext der Arbeit eines Ethikkomitees hat, denn sie macht – anders als die in der Medizin üblichen Leitlinien – keine *verbindlichen* Vorgaben. Sie soll vielmehr bei wiederkehrenden Problemstellungen Orien-

[10] Der Anteil an prospektiven und präventiven Fallbesprechungen, also Fallberatungen mit unmittelbarem oder potenziellem Einfluss auf Entscheidungsfindungen, lag im Januar 2010 bei ca. 80%. Der Anteil dürfte sich bis zum Juli 2014 nicht wesentlich verändert haben. Vgl. hierzu Fußnote 6.

tierungshilfe leisten und Entscheidungsprozesse erleichtern. Bei den im Rahmen des Frankfurter Netzwerks entwickelten Orientierungshilfen ist daher von „Leitfäden“ die Rede:[11]

- der Leitfaden zum Umgang mit Patientenverfügungen
- der Fragebogen zur Einschätzung der Einwilligungsfähigkeit bei Alltagsfragen im Pflegeheim
- der Leitfaden zum Umgang mit „herausfordernden“ Bewohnern

Aufgrund des unterschiedlichen Fallspektrums und den im Vergleich zur Klinik anderen Voraussetzungen bei der Durchführung einer Ethik-Fallberatung wurde zudem ein speziell für die Verhältnisse der stationären Altenhilfe zugeschnittenes Verfahren entwickelt[12] (Sauer/May 2011: 91-96 und Sauer u. a. 2012: 151-165). Ähnlich wie die meisten gängigen Verfahren (wie z. B. das Nimwegener Modell der ethischen Fallbesprechung oder der Bochumer Arbeitsbogen zur Medizinethischen Praxis) besteht der Ablauf aus drei Schritten: der Informationserhebung, der normativ-rechtlichen Abwägung und der Beschlussfassung. Es unterscheidet sich von ihnen jedoch in mindestens dreierlei Hinsicht: Die Informationserhebung ist durch die „Gleichwertigkeit“ bzw. die fehlende Reihenfolge der einzelnen zu erhebenden Elemente offener als bei der linearen Struktur anderer Verfahren. Das ermöglicht den Einstieg in eine systematische Erörterung, ohne dass *spontane* Statements von Teilnehmern (Pflegenden, Angehörigen, Betreuern) durch eine rigide Gesprächsführung eingeengt oder gar unterbunden würden. Die Informationserhebung enthält zudem das Element „Aspekte der Privatheit und des Lebensstils“, eine für das Altenpflegeheim charakteristische Komponente, die in den klassischen Verfahren der klinischen Ethikberatung unberücksichtigt bleibt und darüber hinaus ist das Verfahren durch seine Strukturierung und seine übersichtliche graphische Umsetzung (vgl. hierzu: Sauer u. a. 2012: 157) gut an die Bedürfnisse der Praxis angepasst.

[11] Ein Teil der Leitfäden ist auf den Seiten des Netzwerks (www.ethiknetzwerk-altenpflege.de) unter „Downloads“ einzusehen.

[12] Das Verfahren wurde gemeinsam mir Arnd T. Mai im „Forschungskontext EMMA“ (*E*thik, *M*oral, *M*itgestalten, *A*ltenhilfe) entwickelt.

3.3 Fazit und Ausblick

In den Jahren seit der Gründung des ersten EKAs wurden basierend auf unzähligen Diskussionen zahlreiche Strukturen geschaffen, um die normative Reflektion der Alltagspraxis in den Frankfurter Pflegeheimen zu institutionalisieren und damit zu verstetigen. Dabei war es immer sehr wichtig, dass die Mitarbeiter der Einrichtungen selbst an den Entwicklungen maßgeblich beteiligt waren, um die Identifikation mit den Strukturen zu gewährleisten. Neben den vielen positiven Rückmeldungen, dem stabilen Interesse der Mitarbeiter der Frankfurter Einrichtungen bzw. deren Bereitschaft, sich trotz hoher Arbeitsbelastung in die Projektarbeit einzubringen und dem starken überregionalen Interesse am Projekt war es nicht zuletzt der Gewinn des „Hans Joachim Schwager Awards for Clinical Ethics“ im Jahr 2014[13], der zeigte, dass mit dem Frankfurter Netzwerk ein wichtiges Projekt entstanden ist, das durchaus als Modellprojekt für andere Standorte dienen kann.

Dennoch gibt es einige noch zu bearbeitende Entwicklungsdefizite: Bisher ist es nur unzureichend gelungen, die Mitarbeiter der Pflegebasis und die angelernten Mitarbeiter einzubinden. Aktive Mitglieder des Netzwerks sind überproportional oft leitende Mitarbeiter, Vertreter der Sozialdienste, der Seelsorge oder andere Personen, die z. T. nicht mehr unmittelbar oder nur in besonderen Situationen mit den Bewohnern arbeiten. Ähnliches gilt für die Einbindung der Haus- und Notärzte oder von Betreuungsrichtern, deren Entscheidungen unmittelbaren Einfluss auf das Leben der Bewohner haben. Hierfür müssen mittelfristig Konzepte entwickelt werden, die zum einen die Informationsdefizite, gegebenenfalls aber auch die Vorbehalte bei den unterrepräsentierten Gruppen beseitigen und letztlich die Überzeugung schaffen, dass die Angebote eines EKA die je eigene Praxis nicht reglementieren, sondern unterstützen.[14]

Hinzu kommt die aus der Sicht der Projektleitung steigerungsfähige Anzahl an prospektiven oder präventiven Fallberatungen, insbesondere im „Format“ der

---

[13] Das Frankfurter Netzwerk Ethik in der Altenpflege wurde 2014 durch die v. Bodelschwinghschen Stiftungen Bethel (www.evkb.de/ueber-das-evkb/fakten-leitlinien/klinische-ethik/klinische-ethik-im-evkb/h-j-schwager-preis.html) und die International Conference on Clinical Ethics & Consulation (www.clinical-ethics.org/hans_joachim_schwager_award.html) in Paris mit dem mit 5.000,- Euro dotierten Hans Joachim Schwager Award for Clinical Ethics ausgezeichnet.

[14] Im Jahr 2014 kam es erstmals zu einer Ethik-Fallberatung, die von der Betreuungsstelle der Stadt Frankfurt angeregt wurde.

Ethikberatung. Es ist weiterhin davon auszugehen, dass beratungswürdige Fälle aus fehlendem Wissen, aus Unsicherheit oder auch aus der Haltung heraus, die eigenen Probleme auch in der eigenen Einrichtung lösen zu wollen, nicht zur Beratung gelangen.

Aus diesen Gründen befindet sich das Frankfurter Netzwerk „Ethik in der Altenpflege“ seit Sommer 2014 in der Phase einer Umstrukturierung.[15] Neben personellen Änderungen gilt es in den kommenden Monaten, eine Organisationsform zu finden, die nicht nur die angesprochenen Defizite reduziert, sondern auch zu mehr finanzieller Unabhängigkeit von Drittmitteln führt.

In der Diskussion ist neben dem weiterhin für die Einrichtungen der Franziska Schervier Altenhilfe zuständigen EKA „Franziska Schervier“ das Modell eines zentralen EKAs, das aus „einfachen“ Mitgliedern und aus „Ethikbeauftragten“ in Analogie zu den in Hessen gesetzlich vorgeschriebenen „Ethikbeauftragten“ der Krankenhäuser[16] besteht. Die Ethikbeauftragten könnten nach den Standards der Akademie für Ethik in der Medizin[17] zu „Ethikberatern im Gesundheitswesen“ ausgebildet werden. Sie hätten zum einen die Funktion überhaupt Fälle aus der Praxis in die Beratung einzubringen und zum anderen auch selbst Beratungen in weniger komplexen Fällen durchzuführen. Ergänzend könnten „kleinformatige“ Fortbildungsveranstaltungen vor Ort sowohl für die Vermittlung von Kenntnissen als auch für mehr Identifikation mit dem Netzwerk sorgen.

Diese Neuerungen werden mutmaßlich die Konsequenz haben, dass die Ethikbeauftragten mehr Fälle zur Beratung vorschlagen, als es die lose mit dem Netzwerk verbundenen Mitarbeiter derzeit tun, und dass sich die kommunikativen Verhältnisse zwischen Projektleitung und den Einrichtungen insgesamt verbessern. Hierüber sollte sich auch eine bessere Einbindung der Basismitarbeiter ergeben. Gleichzeitig führt die verpflichtende Ausbildung der Ethikbeauftragten aber dazu, dass diese mehr als bisher in der Lage sind, Tätigkeiten eigenständig zu übernehmen und die Projektleitung zu entlasten.

Darüber hinaus werden auch Modelle diskutiert, die involvierten Pflegeeinrichtungen auch finanziell – etwa durch die Übernahme an Fortbildungskosten

[15] Der Ausgang des Prozesses ist zum Zeitpunkt des Verfassens dieses Textes noch völlig offen.

[16] Hessisches Krankenhausgesetz 2011 (HKHG 2011) vom 21. Dezember 2010: § 6 Abs. 6: Das Krankenhaus hat eine Ethikbeauftragte oder einen Ethikbeauftragten zu bestellen. Ethikbeauftragte haben die Aufgabe, in ethischen Fragestellungen Entscheidungsvorschläge zu machen. Sie sind im Rahmen dieser Aufgabe der Geschäftsführung unterstellt.

[17] www.aem-online.de/index.php?new_kat=66&artikel_id=none (Zugriff am 22.10.2014).

oder durch einen monatlichen Fixbetrag – am Bestand und der Fortentwicklung des Netzwerks zu beteiligten, was aller Wahrscheinlichkeit nach ebenfalls zu mehr Verbindlichkeit und einer Stärkung der Identifikation der Einrichtungen mit dem Netzwerk führen wird.

Literatur

Bockenheimer-Lucius Gisela, May Arnd T. (2007): Ethikberatung – Ethik-Komitee in Einrichtungen der stationären Altenhilfe (EKA) Eckpunkte für ein Curriculum. In: Ethik in der Medizin 19, S. 331-339.

Bockenheimer-Lucius Gisela, Sappa Sylvia (2009): Eine Untersuchung zum Bedarf an Ethikberatung in der stationären Altenpflege. In: Vollmann Jochen, Schildmann Jens, Simon Alfred (Hg.): Klinische Ethik. Aktuelle Entwicklungen in Theorie und Praxis. Frankfurt (Campus), S. 107-124.

Bockenheimer-Lucius Gisela, Dansou Renate, Sauer Timo (2012): Ethikkomitee im Altenpflegeheim. Theoretische Grundlagen und praktische Konzeption. Frankfurt (Campus).

Pantel Johannes, Bockenheimer-Lucius Gisela, Ebsen Ingwer, Müller Ruth, Hustedt Peter, Diehm Alexander (2006): Psychopharmakaversorgung im Altenpflegeheim. Eine interdisziplinäre Studie unter Berücksichtigung medizinischer, ethischer und juristischer Aspekte. Frankfurt am Main (Peter Lang).

Sauer Timo, May Arnd T. (2011): Ethik in der Aus-, Fort- und Weiterbildung. Berlin (Cornelsen).

Sauer Timo, May Arnd T., Bockenheimer-Lucius Gisela (2012): Ethikberatung in der Altenhilfe. In: Frewer Andreas, Bruns Florian, May Arnd T. (Hg.): Ethikberatung in der Medizin. Berlin (Springer), S. 151-165.

Sauer Timo, Bockenheimer-Lucius Gisela, Dansou Renate (2014): Biographiearbeit in der Altenhilfe. Voraussetzung für individuelle Pflege oder Bedrohung der Privatheit? Kritische Anmerkungen der Ethik-Komitees des Frankfurter Netzwerks Ethik in der Altenpflege. In: Pflege und Gesellschaft. Zeitschrift für Pflegewissenschaft 19/1, S. 82-85.

4 Die Arbeit des Ethikkomitees im AMEOS Unternehmensbereich Pflege Holstein

Jörg Wilch

AMEOS gehört zu den großen Gesundheitsdienstleistern im deutschsprachigen Raum und betreibt derzeit an 34 Standorten 62 Einrichtungen. Die Klinika, Pflege- und Eingliederungshilfeeinrichtungen halten ca. 7000 Betten/Plätze vor.

In Holstein werden an drei Standorten acht vollstationäre Pflegeeinrichtungen mit 522 Plätzen gemäß SGB XI betrieben. Für diesen Unternehmensbereich (UB) ist unser Ethikkomitee (EK) aktiv (das bereichsintern als „Ethikausschuss" betitelt wird).

Die Pflegehäuser bieten ein breites fachliches Angebot für Menschen mit geistigen oder seelischen Behinderungen, gerontopsychiatrischen und neuropsychiatrischen Erkrankungen. Der Schwerpunkt ist die Pflege von an Chorea-Huntington erkrankten Bewohnern. Ferner gehört eine allgemeine nicht spezialisierte Einrichtung zum Spektrum.

Die medizinische Versorgung erfolgt je nach Standort über niedergelassene Fach- und Hausarztpraxen bzw. über Institutsambulanzen der AMEOS Klinika.

Dieses fachliche Spektrum bedingt, dass sich Pflege thematisch z.B. mit den klassischen existentiellen Fragen am Lebensende und in palliativen Lebenssituationen auseinander setzt, darüber hinaus aber auch mit den Widersprüchen, die sich aus der Diskrepanz zwischen Selbstbestimmungsrecht auf der einen Seite und der Gefährdung der Sicherheit beim Ausüben eben dieser Freiheitsrechte auf der anderen Seite ergeben können.

4.1 Gründung des EK und Gründungsprobleme

Die Gründung des EK wurde 2009 im standortübergreifenden Qualitätsausschuss Pflege durch die Leiterin des Unternehmensbereiches Theresia Kleikamp initiiert. Mit der Leitung beauftragt wurde Jörg Wilch, Einrichtungsleitung im AMEOS Pflegehaus am Sonnenweg in Oldenburg i.H. Die Gründung des EK im Rahmen des zentralen Qualitätsausschusses erwies sich als sehr dienlich für die Entfaltung der Ethikarbeit im Unternehmensbereich Pflege (siehe Pkt. 4.3).

4.1.1 Gründungsprobleme vor der Neuorganisation

Bei den ersten Anläufen Ethikarbeit zu organisieren erwiesen sich folgende Aspekte als unzureichend vorbereitet oder durchdacht:

- *Wissen:* Die Arbeit des EK verlief zunächst wenig effektiv, was auch auf formale Wissensdefizite bei der Gründung und Lenkung des Gremiums zurückzuführen war. Diese Lücke wurde durch Schulungen am Zentrum für Gesundheitsethik (ZfG) in Hannover und über Inhouse-Schulungen durch das ZfG geschlossen. 2010 wurde das EK in seiner jetzigen Organisationsstruktur neu gestaltet.
- *Werbung/Öffentlichkeitsarbeit:* Das EK wurde zunächst kaum konsultiert, weil es ihm an Bekanntheit fehlte. Ferner war nicht hinreichend transparent, an wen sich das Angebot richtete und mit welchen Fragen man sich an das Gremium wenden konnte. Diesem Problem begegneten wir mit einem Flyer, mit Presseartikeln und zielgruppenorientierten Vorstellungen (Seniorenbeirat, amb. Hospize, etc.).
- *Zusammensetzung des EK:* 2009 setzte sich das EK ausschließlich aus Leitungskräften zusammen. Externe Mitglieder gab es keine. Dies führte möglicherweise zu Hemmungen bei der Kontaktaufnahme: Das EK wurde nicht als beratendes Gremium für die Praxis wahrgenommen. Diese Distanz wurde durch eine Neuzusammensetzung mit stark reduziertem Leitungsanteil aufgehoben.
- *Aufbauorganisation:* Das EK war 2009 nur als in sich geschlossenes Gremium organisiert („Expertenmodell") und so nicht hinreichend flexibel, um auf die unterschiedlichen Praxisbedarfe zu reagieren (s. Pkt. 2). Für die Gründung eines EKs ist es sinnvoll, sich konkrete Klarheit darüber zu verschaffen, welchen Bedarf die zu gestaltende Organisationsstruktur decken soll und unter welchen Rahmenbedingungen Beratung stattfinden kann.
- *Brücke in die Praxis:* Nicht transparent war anfangs, wie Interessenten sich an das EK wenden und wie offensiv die Mitglieder in der Praxis präsent sein sollten. Neben klaren Auftragsstrukturen war ferner die Frage zu klären, ob das EK nur auf Anfrage oder auch eigeninitiativ tätig werden kann.
- *Fallbearbeitungsstrukturen:* Das EK orientierte sich in der Beratung an der Nimwegener Methode (Steinkamp/Gordijn 2009), hatte aber keine konkrete Fallbearbeitungsstruktur. Gerade in der Gründungsphase wäre es aber im

Rückblick sinnvoll gewesen, eine detaillierte Formularstruktur zu haben, an der man sich entlang arbeiten kann. Im Rahmen zunehmender Routine wurde diese später zunehmend überflüssig.

- *Ethikarbeit und Arbeitsdichte in der Pflege:* Ethikarbeit muss quantitativ praktikabel in der Pflegepraxis integriert werden. Mitarbeiter haben originär ein großes Interesse an ethischen Themen. Angesichts der gesellschaftlich bereitgestellten Ressourcen für Pflegeeinrichtungen sind die Möglichkeiten einer systematischen Auseinandersetzung aber zeitlich begrenzt. Ziel sollte es sein, Ethikarbeit in den bestehenden Arbeitsaufwand so zu integrieren, dass eine aktive Teilhabe möglich wird. „Schöne Projekte und Ideen", die nicht leistbar sind, fördern Frustration.

4.2 Die aktuelle Organisation des Ethikkomitees

4.2.1 Zusammensetzung

Das EK besteht aus neun Mitgliedern: Sechs Pflegekräfte und eine Mitarbeiterin der soziale Betreuung aus dem Unternehmensbereich Pflege. Sie repräsentieren fachlich und standortbezogen die Pflegehäuser. Ferner sind zwei externe Mitglieder ehrenamtlich tätig: Ein Bewohnervertreter (Berufsbetreuer und Bewohnerbeiratsvertreter) und ein Mitglied des regionalen Hospizvereins.

Anlassbezogen ziehen wir für palliativmedizinische Fragen ein Mitglied des hausärztlichen Qualitätszirkels Oldenburg hinzu.

4.2.2 Organisationsstruktur

Das EK ist arbeitsorganisatorisch als Kombination aus „Experten-" und dem „Prozessmodell" aufgebaut (Neitzke 2010):

- Gemäß dem „Expertenmodell" werden Fragen „von außen" an das EK gerichtet, dort intern im Gremium bearbeitet und in Form einer Empfehlung an den Absender zurückgesandt.
- Dem „Prozessmodell" folgend besuchen im Falle eines Beratungsbedarfs zwei EK-Mitglieder den Praxisbereich vor Ort und moderieren eine ethische Fallbesprechung gemeinsam mit allen relevanten Beteiligten.

Aufgrund sich überschneidender Rollen ist nicht jedes EK-Mitglied per se auch fallberatend in den Pflegebereichen aktiv. Die Kombination beider Organisationsmodelle ermöglicht dabei eine problemlose Arbeitsteilung.

Ergänzend zu den Fallbesprechungen werden auch Einzelberatungen angeboten (z.B. Angehörige in Entscheidungskonflikten). Zum Teil werden Einzelanfragen auch von professionellen Entscheidungsträgern gestellt, z.B. um eine getroffene Bewertung noch einmal mit einer unabhängigen Person zu reflektieren.

Die Flexibilität dieser Organisationsstruktur orientiert sich an dem facettenreichen Beratungsbedarf.

Das EK ist formal über eine Geschäftsordnung organisiert, die neben den genannten Punkten weitere formale Aspekte regelt: Beschlussfähigkeit; Datenschutz; Ausschluss von Mitgliedern; Erreichbarkeit des EK; Bearbeitungsfristen; Anforderungen an die Ethikberatung und Dokumentation.

Am Ende eines Geschäftsjahres wird ein Bericht über die Arbeit der EK-Pflege verfasst und im Unternehmensbereich (UB) verteilt.

4.3 Einbindung des EK im UB-Pflege

Mindestens ein Mitglied des EK, aber auch Kollegen anderer Arbeitsgruppen, die an Wertfragen arbeiten (z.B. „Werdenfelser Weg“)[1], sind in den Qualitätsausschüssen und Arbeitsgruppen des Unternehmensbereiches Pflege vertreten, die mit der Steuerung und Entwicklung betrieblicher Prozesse beauftragt sind. Dadurch ist die Möglichkeit gegeben, Versorgungs- und Arbeitsstrukturen bereits in der Phase ihrer Entwicklung auch unter ethischen Gesichtspunkten zu diskutieren und Rückschlüsse ziehen zu können. Neben dem originär hohen Stellenwert ethischer Themen im Unternehmensbereich wurden auch hier organisatorische Rahmenbedingungen geschaffen, die es ermöglichen, dass sich werteorientiertes Handeln im Unternehmensbereich entfalten kann.

[1] Zum Werdenfelser Weg vgl. http://www.justiz.bayern.de/gericht/ag/gap/daten/02939 (Zugriff am 15.1.2015).

4.4 Motive und Verständnis von Ethikarbeit

4.4.1 Unsere zentrale Frage für die Ethikarbeit

Die zentrale Frage unserer Ethikarbeit lautet:

> *„Über welche Maßnahmen können wir die Wahrscheinlichkeit erhöhen, im Umgang mit bewohnerbezogenen Fragestellungen ethisch richtige Entscheidungen zu treffen?“*

In unserem Arbeitsfeld berühren fast alle bewohnerbezogenen Fragen ethische Werte und Aspekte der Selbstbestimmung. Daraus ergibt sich die Notwendigkeit, einen Bezugsrahmen zu definieren, von dem aus wir beurteilen können was „richtig“ oder „falsch“ sein soll. Im zweiten Schritt können wir dann überlegen welche Mittel wir in der Praxis verankern wollen, um diesem Bezug eine operative Gestalt geben zu können.

Unser Ziel ist es, ethisch richtige Entscheidungen zu treffen. Nun gibt es aber vermutlich kaum jemanden, der von sich sagen würde, dass er keine „guten“ Entscheidungen für Bewohner treffen würde. Aber ist das wirklich so und wer überprüft das? Ist die Grenze zwischen paternalistischer Fremd- und assistierter Selbstbestimmung nicht oft unscharf? Woran bewerten wir „das Richtige“ und welche Bezüge legen wir dabei zu Grunde?

Der Bedarf an Klarheit darüber, wann eine getroffene Entscheidung ethisch richtig oder falsch sein könnte, bezieht sich dabei auf unser eigenes fachliches Handeln, aber auch auf die Kontrolle der versorgungsbeteiligten Professionen (Medizin, Technik etc.).

Was also ist das Gute/Richtige oder Schlechte/Falsche? Die Ethik bietet ein so breites Spektrum von Theorien und Modellen mit unterschiedlichen Verbindlichkeiten an, dass es dem philosophischen Laien nur schwer möglich ist, aus diesem Angebot das eine richtige Handlungsprinzip/-system zu identifizieren und dieses auch noch situationsgerecht auf alle Eventualitäten des Praxisgeschehens anzuwenden. Darum orientieren wir uns am Gegebenen.

4.4.2 Bezugsgrößen

a) Gesellschaftlicher Leitwert

Gesellschaftlich wird der Leitwert der Menschenwürde gemäß Art. 1 GG vorausgesetzt, der als übergeordneter Konsens und als Ziel für Entscheidungen und Handlungen steht. Unter Würde verstehen wir dabei, dass ein Mensch niemals nur Mittel, sondern immer auch Zweck ist – d.h. Zweck um seiner selbst willen als Mensch, aber niemals nur Mittel zum Zweck. Er erfährt seinen Wert nicht dadurch *für etwas* gut zu sein, als Mittel zum Erreichen persönlicher, fachlicher oder anderer Ziele, sondern besitzt voraussetzungslos seinen Wert in sich, interessenunabhängig, durch seine bloße Existenz, in jeder Phase und Situation seines Lebens.

b) Berufsgeschichtlicher Kontext

Unsere Berufsgeschichte ist durch die Beteiligung an den Euthanasieverbrechen des Nationalsozialimus gekennzeichnet. Daran knüpft die Frage an, was die Pflegenden damals motiviert hat, an einem derartigen Zivilisationsbruch teilzuhaben. Insbesondere stellt sich die Frage, ob sich Vergleichbares wiederholen könnte.

Parallel zu diesen Überlegungen verdeutlicht folgende Praxiserfahrung die Aktualität dieser Problematik:

Ein Pfleger richtet das Bett eines Bewohners her, inklusive des darin befestigten Fixiersystems. Der betroffene Bewohner lebt seit Jahrzehnten mit einer manuellen Fixierung, jeweils auf Grundlage einer aktuellen Legalität und korrekter Darlegung in der Pflegedokumentation. Ein anwesender Kollege fragt den Pfleger, weshalb der Bewohner fixiert wird. Ziel der Frage war es, ihn zu motivieren, sich und sein Handeln trotz der jahrelangen täglichen Routine zu hinterfragen. Der Pfleger aber antwortete: „Weil Herr X einen Beschluss hat" (vom Betreuungsgericht). – Was sagt der Mitarbeiter damit über sich und sein Handeln?

Zum einen ist die Antwort formal falsch, weil sie ignoriert, dass eine vom Gericht genehmigte Freiheitseinschränkung immer auch die Möglichkeit beinhaltet, diese nicht anzuwenden. Wichtiger aber noch ist, dass der Mitarbeiter von sich deutlich macht, dass er sich entschieden hat, seine vorhandenen intellektuellen Fähigkeiten nicht zu nutzen, um ein eigenes ethisches Werturteil zu fällen, mit dem er sein Handeln begründen könnte. Er orientiert sich stattdessen an den Vorgaben einer übergeordneten Instanz, die sein Handeln für legal erklärt. Da die Legalität aber nicht per se etwas über den ethischen Gehalt einer Handlung aussagt, geht der Mitarbeiter offenbar davon aus, dass die übergeordnete, legalisierende Instanz auch die moralische Verantwortung für sein Handeln trägt – und nicht er selbst.

Diese Situation ist deshalb ein Schlüsselerlebnis, weil sie Parallelen zu den genannten zivilisatorischen Entgleisungen der NS-Zeit aufzeigt. Diejenigen Pflege- und Verwaltungsfachkräfte, die sich nach der NS-Zeit vor einem Gericht haben verantworten müssen, wirkten dort nicht durchgängig wie „monströse Ausgeburten des Bösen“. Sie haben nicht selten viele Jahre vor und nach den Mordtaten Pflegebedürftige nach Stand des aktuellen Wissens angemessen versorgt, ohne ihnen bewusstes Leid zuzufügen. Und dennoch haben sie sich aktiv einbinden lassen in monströse Taten – weil sie sich entschieden haben, ihr Handeln nicht von der Basis eines eigenen moralischen Werturteils abzuleiten, weil sie sich entschieden haben, nicht ihre intellektuellen Fähigkeiten zur Reflektion ihres Handelns zu nutzen und sich stattdessen an dem zu orientieren, was eine übergeordnete Instanz für legal erklärt. Sie haben die bewusste Entscheidung getroffen, nicht zu denken, obwohl ihnen andere Optionen offen standen (z.B. Unterlassung). Und da sie diese Wahl hatten, tragen sie somit auch die volle persönliche moralische Verantwortung. Ohne dem genannten Mitarbeiter schlechte Intentionen unterstellen zu wollen, aber mit seiner Haltung zieht sich ein „roter Faden“ durch die Geschichte, dem es vorzubeugen gilt.

Aus diesen Erkenntnissen lassen sich somit zwei Formen „des Schlechten“ ableiten:

1. Das „intentional Schlechte“, das bewusst und zielführend bereit ist, sich über die Menschenwürde des Anderen hinwegzusetzen und damit verbundene Schamgrenzen und Hemmungen bereits überwunden hat.
2. Das unreflektiert „partizipative Schlechte“, das gekennzeichnet ist durch die persönliche Entscheidung, seine vorhandenen Mittel zur ethischen Reflektion nicht zu nutzen, um sich statt dessen zum Instrument einer anerkannten übergeordneten Instanz machen zu lassen. Dies wird verknüpft mit der falschen Annahme, diese Instanz trüge damit auch die moralische Verantwortung für das Handeln und dessen Folgen. Menschen, die so denken und handeln, müssen nicht per se intentional schlechte Absichten besitzen. Sie sind aber dennoch dazu in der Lage, sich über die Würde anderer hinwegzusetzen, wenn eine anerkannte Autorität ihr Handeln legalisiert und dies mit Vorteilen verbunden ist, z.B. persönlicher Natur, Karriere, Prestige, oder einfach nur weil man „keine Lust auf den Ärger und die Unruhe“ hat, die eine abweichende Meinung mit sich bringen kann.

Damit haben wir zwei Merkmale identifiziert, auf deren Grundlage wir unsere Eingangsfrage nach „ethisch richtigen Entscheidungen“ konkreter verfolgen können:

1. Welche Erfordernisse lassen sich aus diesen Erkenntnissen für die eigene Arbeitspraxis generieren?
2. Welche Maßnahmen leiten wir daraus ab, um sie handlungsleitend in die Pflegepraxis implementieren zu können?

4.4.3 Abgeleitete Erfordernisse

Richtige Entscheidungen im Umgang mit bewohnerbezogenen Fragestellungen sind in diesem Kontext dadurch gekennzeichnet, dass

- sie in Übereinstimmung mit dem Begriff der Menschenwürde stehen;
- sie ethisch reflektiert sind, auf Grundlage nachvollziehbarer Strukturen;
- sie transparent und überprüfbar sind, offen gegenüber einem öffentlichen Diskurs;
- sie den Betroffenen als „Entscheider seines Lebens“ aktiv einbeziehen und durch seine individuelle Vorstellung von einem guten Leben getragen sind;
- sie frei von bewohner- und fallfremdem Kalkül zustande kommen und die Eigen-Interessen beteiligter Professionen bei der Fallabwägung nachrangig gegenüber moralischen Aspekten stehen;
- sie im Bewusstsein der persönlichen moralischen Verantwortlichkeit zustande kommen. Dies impliziert die ethische Reflektion der eigenen beruflichen Rolle als Handelnder in einer Organisation. Ein Kollektiv hat eine ethische Binnenwirkung und damit auch eine Verantwortung dafür, ob und welche Werte in ihr zur Entfaltung kommen. Aber eine „Schuld“ für unethisches Handeln ist nicht auf ein Kollektiv übertragbar und liegt immer in der ganz persönlichen Verantwortung des Handelnden. Moralisch gibt es weder „Mitläufer“ noch „Befehlsnotstände“. Die persönliche Verantwortung für Handlungen und ihre Wirkung ist nicht übertragbar.

4.5 Maßnahmen ableiten und implementieren

Wie unsere Ethikarbeit insgesamt, sind auch die einzelnen Maßnahmen prozesshaft zu verstehen und damit offen für Veränderungen durch neue Erkenntnisse und Bedingungen.

4.5.1 Leitbildverankerung in der Pflegepraxis

Im Unternehmensbereich Pflege unterhalten wir zwei Leitbilder. Ein „Leitbild der Einrichtungen“ und ein zweites, das ethische Leitgedanken pflegerischen Handelns und der beruflichen Rolle beschreibt.

Die bewohnerbezogenen Inhalte sind eine Konkretisierung des Menschenwürdebegriffs für den Pflegealltag und für das Pflegeverständnis. Sie definieren grundlegende Aspekte der Bewohnerautonomie und der beruflichen Rolle. Die beschrieben Werte sind Entscheidungskriterien für Fallbesprechungen und werden hier explizit erfragt (siehe 4.5.4).

Die Leitbilder sind verbindlich, entscheidungsleitend und beziehen sich spezifisch auf das Arbeitsfeld in Pflegeeinrichtungen. Zwei bedeutende Aspekte sollen herausgestellt werden:

Pflege-/Arbeitsfeldspezifische Leitmotive
Als Pflegeeinrichtung sind wir mit der Lebensfeldgestaltung betraut und richten unsere Entscheidungen darum am langfristigen Wohlbefinden unserer Bewohner aus. D.h. wir orientieren uns nicht allein an der Frage, ob eine medizinische Maßnahme machbar ist, sondern nehmen darüber hinaus die langfristigen Folgen für das Leben des Bewohners mit in den Blick. Das kann in konkreten Einzelfällen zu gegensätzlichen Einschätzungen z.B. mit beteiligten Ärzten führen.

Rolle der Pflege
Beide Leitbilder verankern die Bedeutung der Würde und der Selbstbestimmung als Grundlage unseres Pflegeverständnisses, formulieren die Vorrangigkeit pflegerischer Ziele und heben explizit die Verpflichtung der Pflege hervor, neue Erkenntnisse, Verfahren und Technologien auf ihre Vereinbarkeit mit der Menschenwürde zu überprüfen.

4.5.2 Angebot von Ethikberatung & ethischen Fallbesprechungen

Ethikfallbesprechungen sind ein beratendes Angebot, das sich an Entscheidungsträger und Pflegeteams in ethisch schwierigen Situationen richtet. D. h. an Bewohner, Angehörige, Betreuer, Pflegekräfte u. a. beteiligte Professionen. Die Form der Durchführung ist offen (Einzel-/Gruppenfallbesprechungen, inner- oder außerhalb der Wohnbereiche) und soll so allen die Möglichkeit geben eine bedarfsgerechte Unterstützung für ethische Reflektionen erhalten zu können.

Die Besprechung erfolgt auf Grundlage eines strukturierten Protokolls. Inhaltlich orientiert es sich am „Nimwegener Protokoll“ und reflektiert alle relevanten Fallebenen (pflegerische, medizinische, rechtliche, soziale Aspekte und Bindungen, die Autonomieebene und evtl. fallfremder Aspekte im Lebensumfeld des Betroffenen wie z. B. Pflegekultur oder Gruppendynamik).

Die Besprechung wird schriftlich protokolliert. Am Ende steht immer eine Empfehlung an den Entscheidungsträger. Das EK hat ausschließlich beratende Funktion.

Die Informationswege beim Anmelden eines Beratungsbedarfs sind über eine Geschäftsordnung geregelt.

Ethikberatungen/-fallbesprechungen gehören zu den Kernaufgaben des EK im Unternehmensbereich Pflege. Sie sind

- eine Entlastung von Entscheidungsträgern in ethisch problembesetzten Situationen,
- ein Segment praktizierter Pflegeethik in Form von
  - ⇨ Unterstützung der Bewohnerautonomie / assistive Selbstbestimmung und
  - ⇨ systematische Selbstreflektion.
- ein betriebliches Qualitätsmerkmal
- und ein Qualitätsaspekt der innerbetrieblichen Entscheidungskultur,
- ein Beitrag zur Umsetzung des in Schleswig-Holstein geltenden Selbstbestimmungsstärkungsgesetzes (SbStG) und des Verbraucherschutzes

4.5.3 Reflektionspflichten für die Anwendung „freiheitseinschränkender Maßnahmen“ (FeM)

Im Unternehmensbereich Pflege wurde eine Reflektionspflicht für FeM eingeführt. Sie bezieht sich auf jede Form manueller oder räumlicher Einschränkung von Freiheitsrechten (Fixierungen, geschützte Wohnbereiche u. ä.). Sie werden mindestens einmal pro Quartal auf der Grundlage einer festen Reflektionsstruktur überprüft: Inhaltliche Begründung, alternativer Mitteleinsatz, Einschätzung der Urteilsfähigkeit des Betroffenen und der affektiven Wirkung durch die FeM auf ihn. Abschließend erfolgt eine fachlich-ethische Abwägung darüber, ob die vorgenommene Einschränkung zu rechtfertigen ist. Als verantwortlicher Entscheidungsträger wird die Reflektion von der leitenden Pflegefachkraft durchgeführt, unter Einbezug der FeM-Anwender.

Als weiteres Selbstkontrollinstrument finden „kollegiale FeM-Audits“ statt, bei denen leitende Pflegekräfte anderer Standorte die Reflektionen sichten und ihre Einschätzung an die Verantwortlichen zurückmelden. Die Audits können in Absprache, nach Anmeldung eines Bedarfs oder unangemeldet per Anordnung durch die Leitung des Unternehmensbereichs erfolgen.

Ferner wird das Themenfeld „FeM“ über eine gesonderte Projektgruppe bearbeitet. Zu diesem Zwecke wurden Mitarbeiter zum „Verfahrenspfleger nach dem „Werdenfelser Weg“ weitergebildet. Mitglieder der Projektgruppe und des EK arbeiten im Qualitätsausschuss Pflege zusammen und sind praxisbezogen vernetzt.

4.5.4 Vorgabe der Fallbearbeitungsstruktur: Die Vorrangigkeit moralischer Kriterien bei bewohnerbezogenen Fragestellungen

Die schriftlichen Instrumente zur fallbezogenen Bearbeitung bewohnerbezogener Fragestellungen (Fallbesprechungsprotokolle, Ethikkonsil, FeM- Reflektionen etc.) sind im Sinne einer Hierarchie moralischer Vorrangigkeit strukturiert. D. h., die Formulare sind so gestaltet, dass nach der inhaltlichen Bearbeitung die Beschlussfassung in drei Schritten erfolgt:

1. Welche (moralischen) Werte sind durch unsere Leitbilder vorgegeben?
2. Was will der Bewohner im Hinblick auf sein persönliches Glück? Wie will er leben und sterben? Wer will er sein?
3. Treffen der Fallentscheidung, in der sich die vorrangigen Ebenen widerspiegeln.

Diese Struktur der Vorrangigkeit dient folgenden Zwecken:

- Fallrelevante Fragestellungen zum Bewohner berühren (fast) immer ethische Aspekte und müssen somit im Rahmen ihrer Vorrangigkeit diskutiert werden.
- Die Hierarchievorgabe dient dabei auch als Vorbeugung gegenüber bewohner-/fallfremden Interessen (es gibt Berufsgruppen, die in umgekehrter Reihenfolge diskutieren und darüber zu anderen Ergebnissen kommen).

- Die Leitbildinhalte sind mit dieser Struktur Gegenstand der täglichen Praxis und werden so anhand der eigenen Arbeit durchdacht und besprochen.

4.5.5 Projekte im Rahmen der Ethikarbeit

Zurzeit (Stand: Herbst 2014) werden drei Projekte bearbeitet, die vom EK angestoßen wurden. Zwei setzen sich mit der Würde des Bedürftigen auseinander und steuern gegen das Einschleichen einer an Defiziten orientierten Wahrnehmung des Menschen, das dritte Projekt bezieht sich auf die Weiterentwicklung des bestehenden Konzeptes zur Begleitung sterbender Menschen.

4.5.6 Vernetzung und Kooperationen mit ethisch motivierten Institutionen und Gruppen

Eine Zusammenarbeit erfolgte bislang mit den regionalen Hospizvereinen/-gruppen im Sinne gegenseitigen Benefits. Unsererseits ermöglichen wir die Nutzung von Räumlichkeiten, die Teilnahme an Fortbildungsangeboten u. ä. und profitieren als Einrichtungen von der ergänzenden Hospizbegleitung, parallel zu den eigenen Maßnahmen bezüglich der Entwicklung einer Sterbekultur in den Pflegehäusern.

4.5.7 Maßnahmen zur Förderung des Bewusstseins persönlicher moralischer Verantwortung in einer Organisation

Persönliches moralisches Verantwortungsbewusstsein und die damit verknüpfte Reflektion der eigenen Rolle als Teil eines kollektiven Geschehens ist einer der Schlüssel, um den o. g. Risiken des „partizipativen Schlechten" vorbeugend zu begegnen. Zumal es im Gewand neuer Zeitgeister nicht immer spontan erkennbar sein muss. Jedoch ist es schwierig, über den Appell hinaus solchen Maßnahmen konkrete Gestalt zu geben. Die Aktivitäten beschränken sich bislang auf Fortbildungen und Führungsseminare, in denen das ambivalente Spannungsfeld zwischen gesellschaftlichen Rahmenbedingungen und ethischen Ansprüchen und Anforderungen thematisiert wird. Ferner werden die arbeitsorganisatorischen Strukturen überdacht und überarbeitet, um einer Entfremdung des Beziehungsgeschehens zwischen Bedürftigen und Pflegenden entgegenzuwirken. Diese personzentrierten Bindungen gehören zu den Grundlagen, um in einer auf formale Fachlichkeit und Rationalität fokussierten Arbeitswelt persönliches Verantwortungsbewusstsein zu entwickeln und zu erhalten.

4.5.8 Vorträge, Innerbetriebliche Fortbildung und Bereitstellung von Informationen im Intranet

Das EK bietet regelmäßig Fortbildungsveranstaltungen im Unternehmensbereich Pflege an, kann aber auch anlass- oder themenbezogen eingeladen werden. Ferner werden bei inhaltlichen Schnittstellen Fortbildungen gemeinsam mit Kollegen aus anderen Projekten organisiert.

Im Netzwerk des Unternehmensbereiches gibt es einen Informations-Pool, in dem leitende Fachkräfte relevante Artikel für alle Mitarbeiter zugänglich hinterlegen können. Das EK-Pflege hat hier einen eigenen Ordner.

4.5.9 Öffentlichkeitsarbeit

Öffentlichkeitsarbeit ist wie geschildert eine zentrale Aufgabe für ein EK. Es ist überflüssig, wenn es nicht konsultiert wird. Darüber hinaus sollte das EK die Möglichkeit nutzen, seine Arbeit als Qualitätsmerkmal darzustellen und öffentlich zu bewerben, denn „ethik-basierte Serviceleistungen" sind ein Alleinstellungsmerkmal gegenüber Mitbewerbern. Zielgruppen sind daher unmittelbare Kunden (Bewohner, Angehörige, Betreuer), Mitarbeiter, Zuweiser (Seniorenverbände, Betreuungsvereine, Ärzte, Pflegeberatungsstellen, Sozialdienste etc.), Kooperationspartner (Hospizvereine, Ausbildungsträger und berufliche Schulen, Behördenvertreter etc.) und die Presse. Maßnahmen sind z. B. das Verteilen von Informationsmaterial, Presse- und Fachpresseartikel, das Pflegen persönlicher Kontakte, die Initiierung von Fortbildungen/Fachvorträgen oder auch anlassbezogene Kooperationen mit den Partnern.

4.5.10 EK-Mitarbeit im Qualitätsausschuss und anderen Steuerungsgruppen

Die günstigen Rahmenbedingungen für Ethikarbeit durch die Mitarbeit der EK-Leitung im Unternehmensbereich Pflege und in anderen Gremien ermöglicht den ethischen Diskurs bei der Weiterentwicklung verschiedener betrieblicher Prozesse (wurde unter Pkt. 3 kurz dargestellt).

4.6 Aussichten

Themen für die Weiterentwicklung der Ethikarbeit sind „Evaluationsinstrumente" und eine differenzierte Auseinandersetzung mit dem Begriff der Selbstbestimmung vor dem Hintergrund psychiatrischer Pflegebilder.

Übersicht : Arbeit/Mitarbeit des EK-AMEOS Pflege in Holstein

„Hardware“: EK-Organisation

- Kombination aus Experten- & Prozessmodell
- Flexibel gestaltete Ethikberatung
- Geschäftsordnung
- Feste Beratungsprotokollstruktur
- Vernetzung: Qualitätsausschuss
- Externe Mitglieder & geringer Leitungsanteil

„Software“: Ethische Bezugspunkte

Leitwert : Menschenwürdebegriff ⇔ *Leitmotiv* : Berufsgeschichtlicher Kontext das „intentional“ + „partizipativ Schlechte“

↓ ↓

Leitbilder : Konkretisierter Würdebegriff für die Pflegepraxis

Erfordernisse für die Praxis

↓

Maßnahmen:

⇨ Praxisverankerung der Leitbildinhalte (fallbezogen)
⇨ Ethikberatung/-konsil
⇨ Verankerte Vorrangigkeit moralischer Kriterien (Fallbewertung)
⇨ Reflektionspflicht „FeM“
⇨ Fortbildung & Projekte
⇨ In- & externe Vernetzung mit ethikbasierten Arbeitsgruppen

Literatur

Neitzke Gerald (2010): Aufgaben und Modelle klinischer Ethikberatung. In: Dörries Andrea, Neitzke Gerald, Simon Alfred, Vollmann Joachim (Hg.): Klinische Ethikberatung. Ein Praxisbuch für Krankenhäuser und Einrichtungen der Altenpflege. 2., überarbeitete und erweiterte Auflage. Stuttgart (Kohlhammer), S. 56-73.

Steinkamp Norbert, Godijn Bert (2009): Ethik in der Klinik – ein Arbeitsbuch. Zwischen Leitbild und Stationsalltag. 3. Auflage. Neuwied (Luchterhand).

5 Das Ethiknetz in Peine

Ina Hauptmann

5.1 Warum ein Ethiknetz in Peine?

Aus einer Arbeitsgruppe Palliativmedizin gründete sich 2007 das Palliativnetz Peine e.V. zur Förderung der Palliativ- und Hospizarbeit in der Region Peine. Dort haben sich im Bereich der ambulanten Hospiz- und Palliativversorgung niedergelassene Ärzte, ambulante Pflegedienste, stationäre Pflegeeinrichtungen, die Hospizbewegung Peine, Apotheken, Krankengymnasten, Seelsorger, der Landkreis Peine und das Klinikum Peine zusammengeschlossen. Das erste Ziel war 2008 die Implementierung eines Palliative Care Teams als Schnittstelle in der Versorgung unheilbar Kranker und sterbender Menschen in der Region Peine (133.000 Einwohner). 2010 folgte die Gründung eines multiprofessionellen Teams für die spezialisierte ambulante Palliativversorgung (SAPV-Team).

Neben Anfragen zur palliativen Versorgung schwerstkranker und sterbender Patienten erreichten die Koordinatorinnen des Palliativnetzes immer wieder auch Anfragen von Patienten, Angehörigen, stationären Einrichtungen und niedergelassenen Ärzten zu ethischen Fragestellungen insbesondere zu Themen wie künstliche Ernährung über PEG-Sonde oder Durchführung einer Dialyse. Die Koordinatorinnen versuchten die Anfragenden zu beraten und vor Ort die Situation mit den Pflegenden zu klären. Manchmal entwickelte sich daraus eine ethische Fallbesprechung mit den Beteiligten, die dann von der Koordinatorin und einem Palliativmediziner moderiert wurde. Da die zunehmende Anzahl solcher Anfragen die personellen und strukturellen Ressourcen des Palliativnetzes zu überfordern drohten, entstand der Wunsch nach einer qualifizierten, strukturierten Planung und Moderation ethischer Fallbesprechungen.

Der Verein organisierte deshalb im Februar 2012 eine erste Informationsveranstaltung zum Thema Ethikberatung. Eingeladen waren Interessierte verschiedener Sektoren (Klinikum, stationäre und ambulante Pflegeeinrichtungen, niedergelassene Ärzteschaft, Hospizbewegung) und aus verschiedenen Berufsgruppen (Ärzte, Pflegende, Sozialarbeiter, Hospizmitarbeiter, Seelsorger, Juristen). Im Anschluss an diese Veranstaltung wurde im April 2012 im Rahmen eines

Workshops mit einem externen Referenten das Konzept einer sektorenübergreifenden Ethikberatung, das Ethiknetz Peine, entwickelt.

5.2 Entwicklung und Struktur des Ethiknetzes

Ziel der Gründung eines Ethiknetzes war es, eine sektorenübergreifende Ethikberatung im Landkreis Peine zur Verbesserung der Qualität der Versorgung von kranken und pflegebedürftigen Menschen zu etablieren. Konkrete Aufgaben des Netzwerkes sollten sein:

- die Durchführung von moderierten ethischen Fallbesprechungen im ambulanten bzw. niedergelassenen Bereich, in den Seniorenheimen sowie im Klinikum Peine,
- die Erarbeitung von sektorenübergreifenden ethischen Verfahrensempfehlungen (z.B. zum Umgang mit Patientenverfügung und Vorsorgevollmacht oder zum Thema künstliche Ernährung) sowie
- die Organisation und Durchführung von Fortbildungen und Informationsveranstaltungen zu aktuellen medizin- und pflegeethischen Themen für die Mitarbeitenden der verschiedenen Versorgungsstrukturen sowie für die Öffentlichkeit.

Zur Realisierung dieser Aufgaben wurde im Herbst 2012 eine durch Spendengelder finanzierte erste Moderatorenausbildung in Form einer Inhouse-Schulung nach dem Curriculum der Akademie für Ethik in der Medizin mit einem externen Dozenten durchgeführt. Die Schulung fand in vier Modulen von jeweils vier Stunden über einen Zeitraum von einem halben Jahr statt. Sie umfasste neben inhaltlichen Themen (Einführung in die Ethik, Aufgaben und Modelle von Ethikberatung, normative Kriterien bei Entscheidungen über Therapiezieländerung etc.) auch das praktische Einüben von ethischen Fallbesprechungen anhand mitgebrachter Fälle im Rollenspiel. Parallel dazu wurde die Struktur des Netzwerkes und eine Geschäftsordnung entwickelt.

Aus den Teilnehmern dieser ersten Moderatorenschulung bildete sich die Steuerungsgruppe des Ethiknetzes heraus. Diese besteht aus ca. 15 Personen aus allen Sektoren und verschiedenen Berufsgruppen und bildet den Kern des Ethiknetzes. Die Steuerungsgruppe trifft sich zwei bis drei Mal im Jahr. Neben der Weiterentwicklung der Geschäftsordnung werden dort Prozessabläufe wie die Planung einer Fallbesprechung diskutiert und vereinbart.

Vier Mitglieder der Steuerungsgruppe aus den unterschiedlichen Sektoren und Berufsgruppen bilden den Vorstand des Ethiknetzes. Dieser Vorstand hat die Aufgabe einer Clearinggruppe, die bei Fallanfragen an das Netzwerk entscheidet, ob das der Anfrage zugrunde liegende Problem für eine ethische Fallbesprechung geeignet ist (s. unten) und tauscht sich bei Fallanfragen zeitnah telefonisch und über E-Mail aus. Der Vorstand wird in seiner Arbeit durch eine der beiden Koordinatorinnen des Palliativnetzes unterstützt, die im Rahmen ihrer Arbeitszeit auch die Anfragen an das Ethiknetz koordiniert.

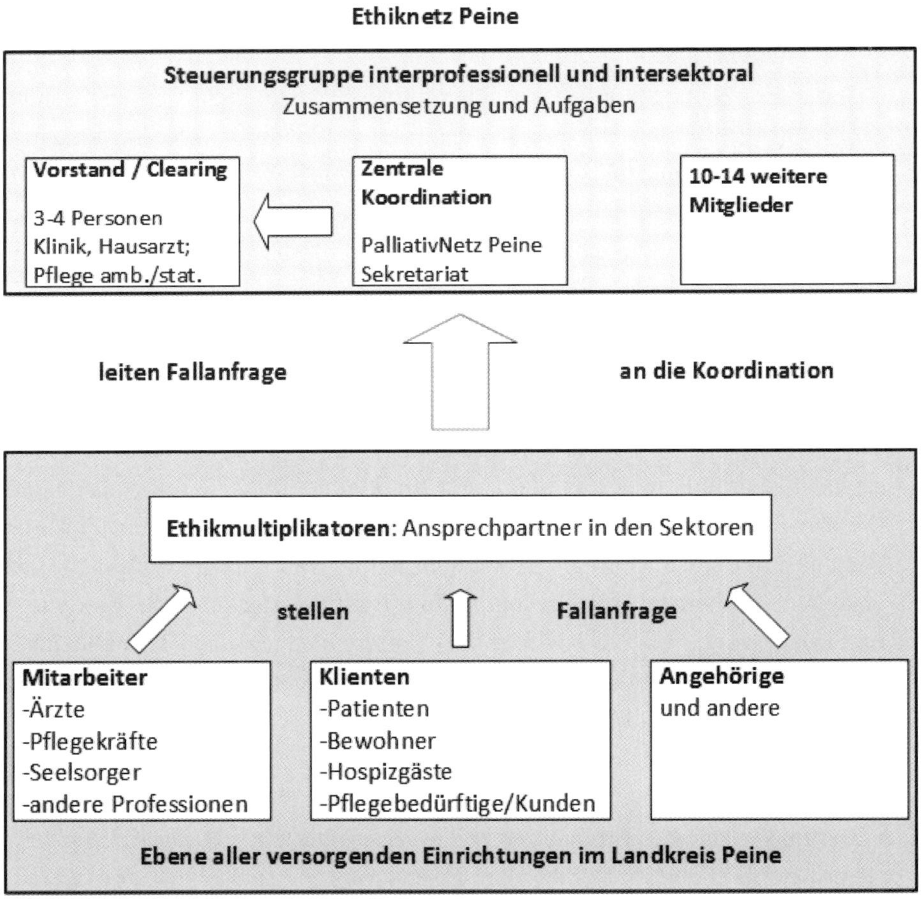

Abb.: Die Organisationsstruktur des Ethiknetzes Peine

Aufgrund des großen Interesses in den verschiedenen Sektoren wurde im Herbst 2013 eine zweite Moderatorenschulung durchgeführt. Einige der Teilnehmer traten nach Abschluss der Schulung der Steuerungsgruppe bei, andere unterstützen das Netzwerk als sog. Ethikmultiplikatoren, indem sie als Ansprechpartner in den einzelnen Sektoren zur Verfügung stehen und Fallanfragen an das Netzwerk weiterleiten. Ein Treffen zwischen den Mitgliedern Steuerungsgruppe und den Ethikmultiplikatoren findet ein bis zweimal im Jahr statt.

5.3 Planung und Durchführung einer ethischen Fallbesprechung

Personen, die eine ethische Frage oder ein ethisches Problem im Zusammenhang mit der Versorgung eines Patienten im Landkreis Peine haben, können sich entweder über die Ethikmultiplikatoren oder direkt an die Koordinatorinnen wenden. Die Anfrage kann mündlich, telefonisch oder schriftlich erfolgen. Außerhalb der Arbeitszeiten der Koordinatorinnen, abends und am Wochenende, nimmt die diensthabende Palliative-Care-Fachkraft die Anfrage telefonisch im Rahmen der Rufbereitschaft entgegen, erfragt für den erforderlichen Rückruf die Kontaktdaten des Anfragenden und informiert anschließend die Koordinatorin.

Bei Eingang einer Anfrage werden (ggf. durch telefonische Rückfrage der Koordinatorin) folgende Punkte erfasst: Kontaktdaten des Anfragenden, Name des Patienten, die genaue Fragestellung bzw. das ethische Problem, die Dringlichkeit der Anfrage, wer zu einer möglichen Fallbesprechung eingeladen bzw. über diese informiert werden soll, möglicher Termin und Ort der Fallbesprechung. Diese werden in einem eigens entwickelten Anfragebogen dokumentiert.

Der ausgefüllte Bogen wird anschließend per E-Mail an die Clearinggruppe weitergleitet. Wenn die Fallbesprechung innerhalb von 24 Stunden erfolgen soll, wendet sich die Koordinatorin zusätzlich telefonisch an den Sprecher der Clearinggruppe. Die Clearinggruppe klärt, ob sich die Anfrage für eine ethische Fallbesprechung eignet. Bei Unklarheiten, oder wenn die Clearinggruppe zu dem Ergebnis gekommen ist, dass sich die Anfrage nicht für eine ethische Fallbesprechung eignet, nimmt der Sprecher der Clearinggruppe persönlich Kontakt mit dem Anfragenden auf, um offene Fragen zu klären oder ggf. alternative Beratungsmöglichkeiten zu erörtern.

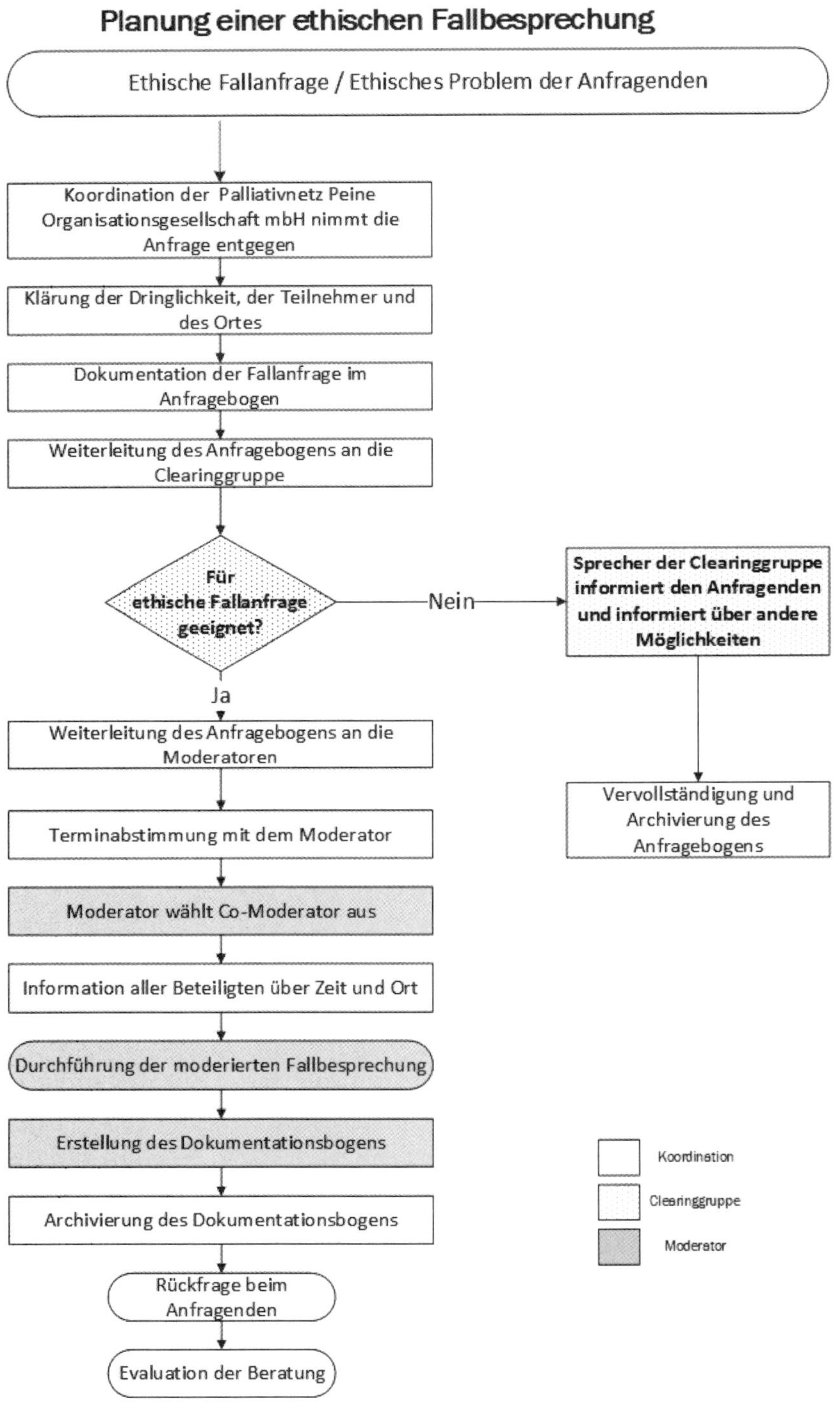
Planung einer ethischen Fallbesprechung
Ethische Fallanfrage / Ethisches Problem der Anfragenden
Koordination der Palliativnetz Peine Organisationsgesellschaft mbH nimmt die Anfrage entgegen
Klärung der Dringlichkeit, der Teilnehmer und des Ortes
Dokumentation der Fallanfrage im Anfragebogen
Weiterleitung des Anfragebogens an die Clearinggruppe
Für ethische Fallanfrage geeignet?
Nein
Sprecher der Clearinggruppe informiert den Anfragenden und informiert über andere Möglichkeiten
Vervollständigung und Archivierung des Anfragebogens
Ja
Weiterleitung des Anfragebogens an die Moderatoren
Terminabstimmung mit dem Moderator
Moderator wählt Co-Moderator aus
Information aller Beteiligten über Zeit und Ort
Durchführung der moderierten Fallbesprechung
Erstellung des Dokumentationsbogens
Archivierung des Dokumentationsbogens
Rückfrage beim Anfragenden
Evaluation der Beratung
Koordination
Clearinggruppe
Moderator

Im Anschluss daran informiert der Sprecher der Clearinggruppe das Koordinationsbüro per E-Mail über das Ergebnis. Wenn eine Fallbesprechung stattfinden soll, leitet die Koordinatorin den Anfragebogen an die Moderatoren weiter. Steht der Moderator fest, stimmt dieser mit der Koordinatorin den Termin ab und sucht sich einen geeigneten Co-Moderator, der den Moderator bei der Moderation unterstützt und das Protokoll der Beratung schreibt. Die Koordinatorin informiert die Beteiligten über den Ablauf, Zeit und Ort der Fallberatung.

Die Moderation selbst erfolgt in Anlehnung an die Nimwegener Methode der ethischen Fallbesprechung (Steinkamp/Gordijn 2008) in folgenden Schritten:

- Begrüßung und Vorstellung der Teilnehmenden
- Problemstellung (Anlass des Gesprächs, Fragestellung)
- Faktensammlung (medizinische Aspekte, pflegerische Aspekte, Patientenperspektive, organisatorische und ökonomische Gesichtspunkte)
- Bewertung der Fakten und (Be-)Handlungsalternativen (unter den Gesichtspunkten Selbstbestimmung des Patienten, Handeln zum Wohl des Patienten, Schaden für den Patienten vermeiden, gerechte Behandlung)
- Ergebnis und Empfehlung (Festlegung des weiteren Vorgehens und der jeweiligen Verantwortlichkeiten, Entscheidung im Konsens?, Bedarf für eine weitere Beratung?)

Von jedem Beratungsgespräch wird mithilfe eines vorgegebenen Dokumentationsbogens ein Protokoll erstellt. Nach der Weiterleitung des Dokumentationsbogens an die Koordinatorin wird dieser dann der Patientenakte beigefügt und in anonymisierter Kopie in den Akten des Ethiknetzes im Büro des Palliativnetzes Peine archiviert.

Nach einem vereinbarten Zeitraum nimmt die Koordinatorin nochmals Kontakt mit dem Anfragenden auf, um nachzufragen, ob das Ergebnis umgesetzt wurde bzw. welche Gründe dazu geführt haben, dass das Ergebnis nicht umgesetzt wurde. Bei Bedarf kann eine weitere Fallbesprechung angeboten werden. Die Evaluation der Fallbesprechungen erfolgt im Rahmen einer Nachbesprechung auf der nächsten Sitzung der Steuerungsgruppe und im Rahmen des jährlichen Tätigkeitsberichtes. Ebenso hat der Sprecher der Clearinggruppe die Steuerungsgruppe über abgelehnte Fallanfragen sowie die Gründe hierfür zu informieren.

5.4 Erste Erfahrungen und Ausblick

Im Juni 2013, also etwas mehr als ein Jahr nach Start des Projekts, begann das Ethiknetz nach einer Informationsveranstaltung für die Öffentlichkeit mit seiner eigentlichen Arbeit. Innerhalb des ersten Jahres wurden sechs Anfragen von Ärzten und Angehörigen an das Ethiknetz gestellt, daraus folgten fünf ethische Fallbesprechungen und eine retrospektive Fallberatung. Bei einer Anfrage aus der Klinik ist der Patient einen Tag später verstorben, die Fallbesprechung war zwei Tage später angesetzt. Themen bei den ethischen Fallbesprechungen waren: Beendigung der Ernährung über eine PEG-Sonde, Beendigung subkutaner Flüssigkeitsgabe, medizinische Indikation und Patientenwille bei einer Reanimation, Beurteilung der Einwilligungsfähigkeit.

Die Empfehlungen aus den ethischen Fallbesprechungen wurden alle umgesetzt, lediglich bei der letzten Anfrage stand die Umsetzung zum Zeitpunkt der Abfassung dieses Beitrags noch aus.

Insbesondere aus den Seniorenheimen gab es ein positives Feedback zu den dort durchgeführten Fallbesprechungen. Die Mitarbeitenden der Heime nahmen das Angebot des Ethiknetzes als Entlastung war. Die Planung und Organisation der Fallbesprechungen und Einbeziehung aller Beteiligten durch Vorgespräche der Koordination erwies sich jedoch als sehr aufwendig und zeitintensiv. In einem Fall musste nach zwei Wochen eine erneute Fallbesprechung stattfinden, da es in der Vorbereitung und Einladung schwierig war, alle Beteiligten zur Teilnahme an der Fallbesprechung zu motivieren und die Kommunikation des Ergebnisses innerhalb der Einrichtung seitens der Leitung erfolgen musste. Bisher wurde keine Fallanfrage durch einen Mitarbeiter einer stationären Einrichtung an das Ethiknetz weitergeleitet.

Bei den niedergelassenen Hausärzten besteht noch eine kritisch abwartende Haltung, ähnlich wie bei der Implementierung der spezialisierten ambulanten Palliativversorgung. Bislang gab es erst eine Fallanfrage und noch keine Fallberatung aus dem Klinikum Peine. Die Sensibilisierung für ethische Fragestellungen und die damit verbundene Durchführung einer ethischen Fallbesprechung wird eine Aufgabe der Ethikmultiplikatoren aus diesem Sektor sein.

Von den Teilnehmern der beiden Moderatorenschulungen haben sich insgesamt zwölf als Moderatoren und sechszehn als Co- Moderatoren für ethische Fallbesprechungen im Landkreis Peine zur Verfügung gestellt. Wenn möglich kommen bei Fallanfragen die Moderatoren aus unterschiedlichen Professionen und Sektoren, wobei der Moderator bei der ethischen Fallbesprechung die Rolle der Moderation übernimmt, während der Co-Moderator in der Moderation unterstützt und protokolliert. Die Zusammenarbeit im Bereich der Moderation ist durch die gemeinsame Struktur und Ausbildung im Ethiknetz gut und sinnvoll und führt über die Moderation hinaus zu einer Vernetzung der Sektoren und Berufsgruppen. Da bisher erst neun der ausgebildeten Moderatoren bei Fallanfragen im Ethiknetz zum Einsatz kamen, wurde 2014 für alle Moderatoren ein Refresherkurs angeboten, bei dem ethische Fallbesprechungen im Rollenspiel geübt wurden. Einen solchen Refresherkurs soll es künftig einmal im Jahr gegeben. Das Ethiknetz ist ein vom Palliativnetz Peine e.V. finanziell gefördertes und unterstütztes Projekt. Die mit den internen Fortbildungen und auch der Öffentlichkeitsarbeit verbundenen Kosten werden durch den Verein getragen.

2014 wurden zwei Fortbildungen durchgeführt, davon eine für Interessenten aus dem Bereich der Pflege und eine weitere für die Öffentlichkeit. Für das kommende Jahr sind insbesondere kleinere Fortbildungen in den einzelnen Sektoren als Inhouse-Schulung durch die Ethikmultiplikatoren geplant. Nach einer aktuellen Fallanfrage an das Ethiknetz, die sich nicht für eine ethische Fallbesprechung eignete, werden einige Teilnehmer der Steuerungsgruppe mit den Beteiligten der Fallanfrage an der Entwicklung einer Verfahrensempfehlung arbeiten.

Bei der Umsetzung der sektorenübergreifenden Ethikberatung im Ethiknetz Peine gab es insbesondere auf der organisatorischen Ebene manchmal auch Schwierigkeiten: Hoher Zeitaufwand für die Koordination bei der Planung einer Fallbesprechung, mangelnde Rückmeldung bei der Suche nach einem Moderator und Missverständnisse in der Kommunikation bei Fallanfragen.

Die kontinuierliche Teilnahme an Treffen der Steuerungsgruppe und die Mitarbeit im Ethiknetz Peine ist für den Einzelnen manchmal schwierig in den Arbeitsalltag zu integrieren. Eine wichtige Aufgabe der nächsten Monate wird es sein, die Struktur und die Organisation des Ethiknetzes dahingehend weiter zu entwickeln, dass es auch unabhängig vom Palliativnetz arbeiten kann. Dabei könnte eine durch Spendengelder finanzierte Sekretärin oder die Übernahme von Aufgaben durch Mitglieder der Steuerungsgruppe oder des Vorstandes ein möglicher Lösungsansatz sein.

Ebenso ist die Durchdringung des Themas Ethik in größeren stationären Einrichtungen sicher noch ein langer Weg. Bei der Entwicklung und Erarbeitung von Verfahrensempfehlungen sich weiter zu vernetzen und intersektoral arbeiten zu können, könnte dabei eine große Chance sein. Dieser Aufgabe wollen wir uns im nächsten Jahr stellen.

Literatur

Steinkamp Norbert, Gordijn Bert (2000): Implementierung klinischer Ethik. Ein Zweistufenmodell zur Implementierung klinischer Ethik. In: Krankenhausdienst 73, S. 235-244.

6 Ambulantes Ethikkomitee Ammerland/Uplengen: Ausgangslage und auslösende Faktoren

Matthias Kreft, Stefan Kliesch, Sylvia Kotterba

6.1 Ausgangslage

Bericht eines Hausarztes:

> *Ich habe über viele Jahre eine Patientin in einem Altenheim betreut, die an einer familiär gehäuft auftretenden Muskelerkrankung litt. Der Bruder der Patientin war an der gleichen Erkrankung Jahre zuvor auch in diesem Pflegeheim gestorben. Deshalb hatte sie eine Patientenverfügung verfasst, in der sie bei fortschreitender Erkrankung eine Beatmung und Sondenernährung ausschloss.*
>
> *Nach einem Virusinfekt war die Muskelschwäche bei der Patientin weiter aufgestiegen, und es hatte sich eine Schluckstörung ausgebildet. Die Patientin klagte über zunehmenden Durst. In der Hoffnung, dass sich die Schluckstörung wieder bessern könnte, erhielt die Patientin Infusionen. Die Infusionen änderten an dem Durstgefühl aber nichts und die Schluckstörung besserte sich auch nicht. Das Durstgefühl ließ sich nur durch eine gute Mundpflege und eine leichte Sedierung bessern.*
>
> *Die Patientenverfügung hatte die jetzt 86-jährige Patientin vor 10 Jahren verfasst und in der Zwischenzeit war sie an einer Demenz erkrankt. Die Demenz ging mit einer ausgeprägten Störung des Kurzzeitgedächtnisses einher. Bereits nach einer Minute war das zuvor gesagte wieder vergessen.*
>
> *Deshalb konnte sie z. B. immer wieder dazu überredet werden den Infusionen zuzustimmen, die sie spontan gefragt eigentlich immer wieder ablehnte.*
>
> *Nach einigen Wochen wurde es immer deutlicher, dass sich die Schluckstörung nicht bessern würde. Als behandelnder Arzt wollte ich dann versuchen, im Konsens mit den Mitarbeitern der Pflegeeinrichtung die Infusionstherapie zu beenden, um dem Willen der Patientin zu folgen. Dieses Ansinnen stieß auf großen Widerstand bei den Mitarbeitern der Pflegeeinrichtung. Mit dem Argument, man dürfe die Patientin nicht verdursten lassen, das wäre unmenschlich, wurden getroffene Absprachen nicht ein-*

gehalten. An Wochenenden wurde der ärztliche Notdienst gerufen, um erneut Infusionen anzulegen.

Schlussendlich sah ich keinen andern Weg, als die Patientin in das örtliche Krankenhaus einzuweisen, mit der Bitte, dass sich das Ethikkomitee der Klinik mit dem Fall befassen möge. Nach einer Woche wurde die Patientin wieder in das Pflegeheim zurückverlegt. Das Ethik-Konsil hatte folgende Empfehlung ausgesprochen:

„Die Patientin soll schnellstmöglich wieder in die Pflegeeinrichtung entlassen werden. In dieser lebt die Patientin seit Jahren und die Pflegeeinrichtung wird damit der ‚vertrauten Umgebung' gleichgesetzt. Hier soll dann eine symptomatische Therapie eingeleitet werden, begleitet von konservativen Möglichkeiten zur Reduzierung des Durstgefühles und dem damit verbundenem Unwohlsein. Entlassung ohne PEG-Sonde. Anwendung von Ultraschallverneblern oder Inhalatoren zur Reduzierung des Durst-Gefühls, Angebot von Nahrung (Eis) und weitere symptomorientierte Behandlungen bis hin zur Sedierung."

Das Votum des Ethik-Komitees gab den Mitarbeitern in der Pflegeeinrichtung und nicht zuletzt auch mir selbst, die notwendige Sicherheit, den Willen der Patientin, so wie von ihr gewünscht, umzusetzen. Die Patientin lebte mit geringer Nahrungs- und Flüssigkeitsgabe noch drei Monate und ist dann ganz friedlich gestorben.

In der in diesem Beispiel geschilderten Situation wurde eine ethische Beratung notwendig, die zum damaligen Zeitpunkt nur über den Umweg einer stationären Einweisung ermöglicht werden konnte. Es gab trotz einer guten ambulanten Palliativstruktur kein zuständiges Gremium, das eine Ethikberatung im ambulanten Bereich hätte durchführen können.

In der Region Ammerland/Uplengen mit mehr als 120.000 Einwohnern hat sich in den letzten fünf Jahren ein tragfähiges Netzwerk der ambulanten und stationären Palliativversorgung entwickelt. Es besteht ein enger Austausch mit teilweiser gemeinsamer Versorgung von Patienten durch den ambulanten „Hospizdienst Ammerland e.V.", die „Palliativstation der Ammerland-Klinik", den „Palliativstützpunkt Ammerland-Uplengen" und dem „Ammerland Hospiz".

Als erste Institution der ambulant palliativ/hospizlichen Versorgung wurde vor 20 Jahren der ambulante Hospizdienst gegründet, der Ehrenamtliche für die Begleitung schwerkranker Patienten vornehmlich in der häuslichen Umgebung ausbildet.

2007 nahm die Palliativstation der Ammerland-Klinik ihre Arbeit mit der Versorgung stationärer Palliativpatienten auf. Im selben Jahr wurde an der Klinik ein klinisches Ethikkomitee implementiert.

Der Palliativstützpunkt Ammerland/Uplengen besteht seit 2008 und hat sich seitdem intensiv um die ambulante palliativmedizinische Versorgung schwerkranker und sterbender Menschen zu Hause, im Pflegeheim und im Hospiz bemüht. Inzwischen werden jährlich mehr als 300 Menschen durch den Palliativstützpunkt Ammerland/Uplengen versorgt. Das Ammerland-Hospiz wurde 2011 eröffnet und schloss die noch bestehende Lücke zur stationären hospizlichen Versorgung.

Sowohl bei den Mitarbeitern und Mitarbeiterinnen des Netzwerkes als auch bei den versorgten Patienten und deren Angehörigen nehmen die unterschiedlichsten Fragen zu Entscheidungen im Krankheitsverlauf und am Lebensende zu. Mit der damit einhergehenden Komplexität der Fragen und Situationen sind alle Beteiligten häufig überfordert:

- Was ist der wirkliche, aktuelle oder mutmaßliche Wille des Patienten?
- Ist das denn noch menschenwürdig?
- Hat nicht längst das natürliche Sterben eingesetzt, so dass man doch endlich mit der Behandlung aufhören sollte?
- Wo sind meine Grenzen in der Begleitung oder gilt der Wille des Patienten immer?

Die Auswahl der Fragen zeigt die Themenfelder im Umgang mit der Verbindlichkeit von Patientenverfügungen, Vorsorgevollmacht und Vorausverfügungen oder der Therapiezieländerung als Therapieverzicht oder Therapieabbruch. Ein immer wiederkehrendes Thema z. B. ist die künstliche Ernährung mittels einer PEG-Sonde eines an Demenz erkrankten Patienten oder eines Patienten nach einem Schlaganfall, wenn der Patient selbst nicht mehr einwilligungsfähig ist. Die gleiche Problemstellung ergibt sich z. B. für eine dauerhafte Beatmung bei Patienten mit schwerer Hirnschädigung, Lungenerkrankung oder Muskelerkrankung oder die Behandlung einer Niereninsuffizienz durch Dialyse. Als mit geringerer Invasivität empfunden, aber mit gleicher Tragweite zu betrachten, sind die Behandlung einer Exsikkose durch Infusionstherapie oder Entscheidungen hinsichtlich Antibiotika- und Chemotherapien bei fortgeschrittenen Erkrankungen.

Betreuende Angehörige und gesetzlich bestellte Betreuer sind dann oft mit der Entscheidung überfordert, einer Maßnahme zuzustimmen oder sie abzulehnen, weil sie noch nie mit solch einer Situation konfrontiert waren. Dies umso mehr, wenn sie keine klare Stellungnahme zur Entscheidungsfindung von den behandelnden Ärzten erhalten. Auch wenn die Gesetzgebung und Rechtsprechung in den letzten Jahren für Klarheit gesorgt hat, ist die Angst vor einer Fehlentscheidung und Anklage wegen Unterlassung unter den professionell Betreuenden, Ärzten und Pflegekräften weiter vorhanden.

Zugleich sehen sich alle – ob Angehörige oder Begleiter – immer wieder mit ihrer eigenen moralischen Grundhaltung herausgefordert: Was sind meine Werte, die mich tragen und nach denen ich Verantwortung übernehme? Was sagt das Berufsethos?

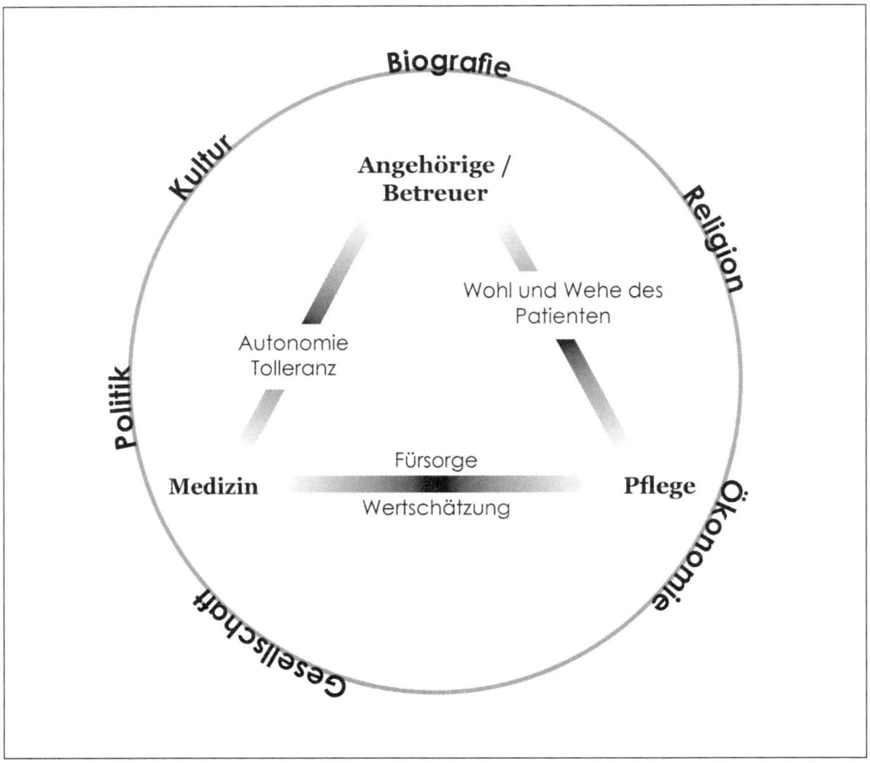

Abb.: Grundlegende Spannungsfelder in der Verantwortungsübernahme: Akteure – Haltungen – Werte – Kontext

Zudem sahen sich viele in der ambulanten Versorgung mit diesen Fragen auf sich alleine gestellt. Gemeinsame Absprachen vor dem Hintergrund ethisch motivierter Verantwortungsübernahme sind eher selten, so dass eine Einweisung ins Krankenhaus als Ausweg gesehen worden ist. Was blieb, war aber trotzdem die Frage: War das denn nun richtig?

Für die entsprechenden Situationen gibt es in den Kliniken das Klinische Ethikkomitee. In der Ammerland-Klinik wurde dieses 2007 gegründet. Seit 2008 führt es ethische Fallbesprechungen in der Klinik durch. Für ambulante Fragestellungen fehlt die Zuständigkeit.

So konnte auch keine ambulante Beratung im eingangs geschilderten Fall erfolgen. Eine Beratung war erst nach Aufnahme der Patientin auf die Palliativstation möglich. Aus fachlicher und ethischer Sicht im Blick auf die aktuelle Patientin, die für viele andere Patienten in der nicht-klinischen Behandlung steht, ist solch eine Vorgehensweise zur multiprofessionellen Entscheidungsfindung kaum zu verantworten. Zur Verbesserung der Beratung in diesen Situationen entstand die Idee, ein „Ambulantes Ethikkomitee" (AEK) zu gründen.

6.2 Vorgehensweise

Unterstützt und begleitet wurde die Gründung durch das „Klinische Ethikkomitee" der Ammerland-Klinik in Westerstede. Bereits im Rahmen der Netzwerktreffen waren gemeinsam ethische Probleme diskutiert worden, die aber nicht Einzelfälle betrafen. Durch öffentliche Vorträge zu Patientenverfügungen und Vorsorgevollmacht von verschiedenen Netzwerkpartnern scheint die Bevölkerung besonders sensibilisiert zu sein.

Sehr schnell wurde deutlich, wie unterschiedlich die Anforderungen und Anfragen an ein klinisches und ein ambulantes Ethikkomitee sein können. In der klinischen Situation geht es in einem zeitlich eng begrenzen Rahmen häufiger um die Frage, eine therapeutische Maßnahme zu beginnen oder nicht zu beginnen. Therapiezieländerungen betreffen meist die Intensivstation. Im ambulanten Bereich geht es häufiger um die Frage, eine therapeutische Maßnahme zu beenden oder prospektiv der Frage nachzugehen, was denn bei auftretenden Komplikationen eher zu tun oder zu unterlassen ist. Soll der Notarzt noch gerufen werden? Ist ein Krankenhausaufenthalt noch im Sinne des Patienten und dient er noch seinem Wohl oder fügt man ihm dort mehr Lasten und Schäden zu?

Für die Entscheidungsfindung steht im Allgemeinen im ambulanten Bereich mehr Zeit zur Verfügung. Einige Mitglieder des klinischen Ethikkomitees sind auch Mitglieder des neu gegründeten ambulanten Ethikkomitees. Die Zusammenarbeit wurde bewusst gewählt, um im Austausch sichtbar machen zu können, wie ethische Empfehlungen in die unterschiedlichen Bereiche der ambulanten und klinischen Medizin hineinwirken können.

Im Rahmen einer Auftaktveranstaltung des Netzwerkes fanden sich sehr schnell 20 Menschen aus den unterschiedlichsten Berufen, die bereit waren, diese Aufgabe ehrenamtlich zu übernehmen. In der ersten Veranstaltung konnten auch Eindrücke bezüglich des individuellen Ausbildungsstandes der zukünftigen Mitglieder des AEK hinsichtlich ethischer Themen gewonnen werden. Schnell wurde allen Verantwortlichen klar, dass eine gemeinsame Fortbildung zur Entwicklung eines interprofessionellen ethischen Beratungsteams mit Moderatoren für die ethische Fallberatung als Kernstück des AEKs von zentraler Bedeutung war. Es galt, eine gemeinsame Sprache zu sprechen, ein Verständnis von Ethik und Moral und zugleich von ethischer Beratung zu erarbeiten. Daran hängt die Frage, nach welchem Modell ethischer Beratung vorgegangen werden soll.

Folgende Berufe sind seitdem im AEK vertreten: Altenpflegerin, Apothekerin, Hausärzte, Fachärztin für Neurologie, Erzieherin, Juristin, Krankenpfleger Intensivmedizin, Pflegedienstleitung in der Altenpflege, Heimleitung in der Altenpflege, Sozialarbeiterin und Seelsorger.

In einer 80 Stunden umfassenden Ausbildung wurden die Mitglieder des AEK gemeinsam zu Moderatoren ethischer Fallbesprechungen ausgebildet. Die Ausbildung umfasste drei Module:

Modul 1: Grundlagen ethischer Argumentation und Entscheidungsfindung
Modul 2: Wertorientierte Gesprächsführung und Moderation bei ethischen Konflikten
Modul 3: Training und Fallcoaching mit der Übernahme ethischer Moderation

Die Module wurden gemäß den inhaltlichen Aspekten der Fortbildung entwickelt. Im Modul 1 stehen das Selbstverständnis und der Ansatz von angewandter Ethik im Gesundheitswesen im Vordergrund. Mit dem ethischen Selbstverständnis sind Haltungen verbunden, aus denen wiederum entscheidungs- und handlungsleitende Prinzipien und Werte resultieren.

- Was ist der Unterschied von Ethik und Moral und wie sind sie miteinander verzahnt?
- Welche Ethik und welches damit verbundene Verständnis von Autonomie werden favorisiert?
- Welche Argumentationshaltung soll für die Beratung handlungsleitend sein?

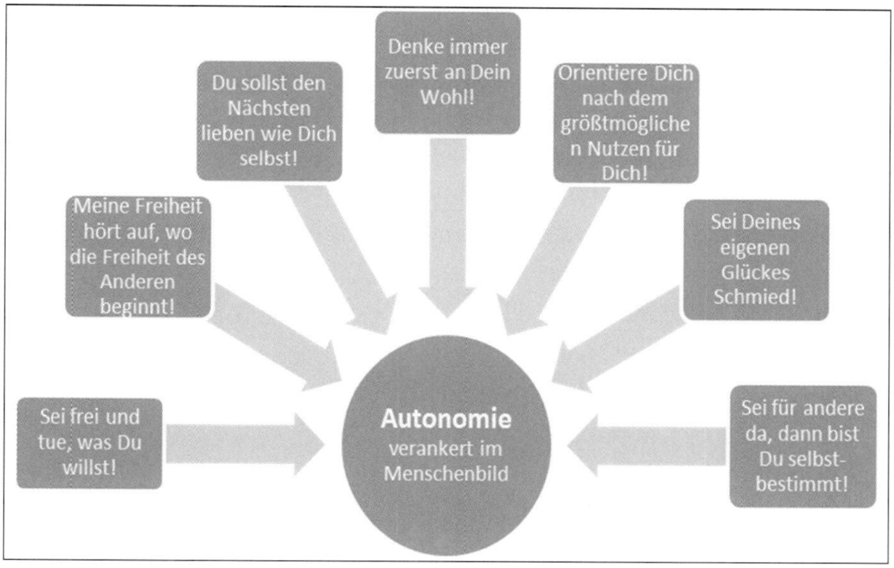

Abb.: Wertepluralismus angesichts des Autonomiebegriffes

Ebenso geht es um Formen ethischen Argumentierens. Ausgehend von den moralischen Überzeugungen der einzelnen Teilnehmer stand aus didaktischer Sicht der Teilnehmer mit seinen Werten und Normen, seiner moralischen Prägung und Sozialisation im Vordergrund. Durch kasuistisches Lernen wuchs die Gruppe durch erste Wertabwägungsprozesse zusammen, wie auch durch die Erfahrung, in Konzentration auf die Argumente und manchmal streng-logische Begründung Konsens zu erzielen.

Im zweiten Modul galt es, die Grundlagen ethischer Moderation und Gesprächsführung zu erlernen und anzuwenden.

- Was sind Fehlschlüsse, und wie kann man sie moderativ nutzen?
- Wie führt man einen ethischen Reflexionsprozess unter Anwendung eines Modells systemsicher Entscheidungsfindung?
- Wie geht man mit Dissens um?
- Welche Fragetechniken sind hilfreich?

Vor allem aber stand die Rolle und kommunikative Kompetenz des Moderators im Mittelpunkt: Wer trifft wann welche Entscheidung? Werden überhaupt Entscheidungen getroffen? Wann wird eine Intervention durch den Moderator zur Manipulation, die eine Empfehlung vorwegnimmt? Wie geht man moderativ mit eigenen Wertsetzungen um? Wie kann man Einwände und Widersprüche aus der Gruppe nutzen?

Das dritte Modul diente der Übung und dem Training von ethischen Fallberatungen anhand eigener und realer Fälle. Die verschiedensten Settings ethischer Fallberatungen wurden trainiert und kritisch reflektiert.

- Wie setzt sich die Beratungsgruppe zusammen?
- Muss sie immer interprofessionell sein?
- Soll der Antragsteller immer dabei sein?
- Sollten immer alle Beteiligten gemeinsam beraten?
- Welche Rolle spielt der Antragsteller bei der Zusammensetzung der ethischen Fallberatung?

Finanziell wurde diese Ausbildung vom Förderverein des Palliativstützpunktes getragen. Das Hauptproblem der Ausbildung bestand sicher in der zeitlichen Beanspruchung und gemeinsamen Terminfindung für die ausschließlich ehrenamtlich tätigen Mitglieder. Durch die unterschiedliche Vorausbildung waren gerade anfänglich zeitlich längere Fortbildungstermine erforderlich, so dass vornehmlich Wochenenden gewählt wurden. Für das Fallcoaching-Training konnten kürzere Einheiten an Nachmittagen und Abenden in der Woche gewählt werden.

Ethische Fallberatung durch das AEK wird als sehr komplexes Geschehen in der Organisation und Durchführung angesehen. Sie braucht ein klar strukturiertes Setting. Das Entscheidungsfindungsmodell steht im Dienst des Diskursprozesses. Die Erkenntnis des jeweils Richtigen ist schon in der Gruppe der Diskurspartner verborgen vorhanden und muss föderativ, ethisch klug und hierarchieübergreifend „entbunden“ werden. Durch die strukturierte ethische Reflexion kann die Übernahme der Verantwortung erleichtert werden, weil Wertkonflikte im interprofessionellen Team begründet ausgelotet werden können. Die Letztverantwortung bleibt bei dem Entscheidungsträger.

Am 21.8. 2013 wurde das Ambulante Ethikkomitee Ammerland/Uplengen der Öffentlichkeit vorgestellt.

6.3 Ziele, Aufgaben und Arbeitsweise des AEK

Erstes Ziel des AEK ist die individuelle Fallberatung. Für wiederkehrende Fragen (z. B. PEG-Anlage) sollen Leitlinien für das Vorgehen innerhalb des Netzwerkes erarbeitet werden. Aktuell besteht folgende Struktur, die durch eine Geschäftsordnung gesichert ist:

Die Mitglieder des Komitees wurden durch den Vorstand des Palliativstützpunktes berufen. Zusätzlich zu der im Rahmen der jeweiligen Profession bestehenden Schweigepflicht wurde eine zusätzliche Schweigepflicht für die Tätigkeit im AEK unterzeichnet.

Anfragen zur individuellen Beratung werden an das Büro des Palliativstützpunktes gerichtet, die Patientendaten und genaue Fragestellung werden dort schriftlich festgehalten. Den Antrag auf eine Beratung kann jeder Einwohner der Region Ammerland/Uplengen stellen.

Die Anfrage wird dem Vorstand des AEK (ein Vorsitzender, zwei Stellvertreter) vorgelegt, um zu entscheiden, ob es sich um eine ethische Fragestellung handelt (ansonsten Hinweis auf andere zuständige Institutionen). Der Vorstand beauftragt drei AEK-Mitglieder mit der Fallberatung. Diese wird in der Regel vor Ort (z. B. im Pflegeheim) nach einem strukturierten Protokoll durchgeführt. Es sollen möglichst alle in den Fall involvierten beteiligten Professionen und Angehörige/Betreuer gehört werden, daher werden sie zum Termin eingeladen. Wenn möglich, erfolgt nach der Beratung direkt eine ethische Empfehlung, ggf. müssen zeitnah noch weitere Informationen (z. B. zur medizinischen Situation durch den Hausarzt, zum Patientenwillen durch weitere Angehörige) eingeholt werden. Die Empfehlung wird schriftlich fixiert. Die weitere Therapieentscheidung obliegt dann aber den Behandelnden.

Das AEK trifft sich alle drei Monate. Es werden retrospektiv die Fallberatungen reflektiert. Leitlinien sollen entwickelt werden. Der aktuelle Schwerpunkt liegt zum einen in der lokalen Vorstellung des AEK. Mit einer gemeinsam erarbeiteten Power-Point-Präsentation werden die AEK-Mitglieder die Arbeit in Institutionen, bei Patientenorganisationen und öffentlichen Vorträgen vorstellen. Zum anderen ist die stetige Weiterqualifikation der Mitglieder wichtig. Neben der Teilnahme an entsprechenden Schulungen werden in Zusammenarbeit mit dem klinischen Ethikkomitee der Ammerland-Klinik und dem klinischen Ethikkomitee des Bundeswehrkrankenhauses regelmäßig Fortbildungsveranstaltungen mit externen Referenten durchgeführt. Ferner treffen sich die Klinischen Ethikkomitees der Region Ammerland/Oldenburg/Ostfriesland halbjährlich, an diesen Treffen nimmt auch das AEK teil.

Schon eine Woche nach Vorstellung des AEK erfolgte die erste Beratung. Es zeigte sich, dass die Pflegenden in der den Antrag stellenden Einrichtung ihre bisherige Haltung bestätigt sahen und daher in der Folgezeit auch offensiver ethische Fragestellungen angingen.

Die niedrige Frequenz der Anfragen ist sicher auch dadurch begründet, dass in der Region viele niedergelassene Ärzte die lokal angebotenen Palliativfortbildungen wahrnehmen bzw. die Zusatzqualifikation Palliativmedizin erlangt haben, deren Module ebenfalls im lokalen Netzwerk mit Unterstützung externer Organisationen angeboten wurden.

Aktuell ist das AEK aber lokal auch noch zu wenig bekannt, so dass der Schwerpunkt aktuell in der Vorstellung dieses Instrumentes besteht.

6.4 Ausblick

Mit dem Ziel, die Würde des Menschen wieder in den Mittelpunkt unseres Handelns zu rücken, ist die Gründung eines AEKs mit der Hoffnung verbunden, eine funktionierende Vernetzung ambulanter und klinischer Palliativ- und Hospizstrukturen zu schaffen. Damit soll den Menschen in der Region mehr Sicherheit im Umgang mit ethischen Fragestellungen am Lebensende gegeben werden.

Zugleich soll die strukturierte ethische Reflexion durch das ambulante Ethik-Komitee regional und lokal als Qualitätsmerkmal der ambulanten und stationären Palliativversorgung verwurzelt werden. Die moderierte ethische Einzelfallberatung im Spannungsdreieck von Patientenautonomie, Fürsorge- und Garantenpflicht und dem Wohl des Patienten gibt Orientierung durch begründete Empfehlungen. Sie stärkt interprofessionelle Verantwortungsübernahme und ermutigt

Angehörige, wirklich im Sinne des Patienten zu entscheiden. Durch die moderierte ethische Fallbesprechung und die Dokumentation der ethischen Empfehlungen steht ein präventives und prospektives Instrument in unserer Region zur Verfügung, das die interprofessionelle, palliative Begleitung ethisch qualifiziert und Menschen in unserer Region in schwierigen Fragen der Sorge und Betreuung nicht allein lässt.

Literatur

Dörries Andrea, Neitzke Gerald, Simon Alfred, Vollmann Jochen (Hg.) (2008): Klinische Ethikberatung. Stuttgart (Kohlhammer).

Heinemann Wolfgang, Maio Giovanni (Hg.) (2010): Ethik in Strukturen bringen. Freiburg (Herder).

Kliesch Stefan, Kreft Matthias (2013): Erstes ambulantes Ethik-Komitee für den Landkreis Ammerland in Westerstede in Niedersachsen gegründet. In: Bundeshospizanzeiger, Ausgabe 5/11, S. 9-10.

Kliesch Stefan (2012): Von Rollenverständnis, Werten und Verhaltenssicherheit. In: pflegen: palliativ 4, S. 14-17

Krobath Thomas Heller, Andreas (Hg.) (2010): Ethik organisieren. Freiburg (Lambertus).

Steinkamp Norbert, Gordijn Bert (2005): Ethik in Klinik und Pflegeeinrichtungen. Neuwied (Luchterhand).

7 Ethikberatung am Palliativstützpunkt Nienburg

Mechthild Schmithüsen, Reinhild Godehart

7.1 Ausgangslage

Seit 2009 gibt es für den Landkreis Nienburg einen Palliativ-Stützpunkt. Dieser ist als gemeinnütziger Verein organisiert und stellt – seit 2010 auch als Erbringer von spezialisierter ambulanter Palliativversorgung (SAPV) – die ambulante Versorgung Schwerstkranker und Sterbender sicher. In der täglichen Arbeit zeichnete sich schon bald ein Bedarf an ethischer Beratung in medizinischen Grenzsituationen ab. Konkret gab es z. B. die Anfrage der Familie von Herrn R.:

> *Herr R. hatte vor Jahren eine Patientenverfügung verfasst und die künstliche Ernährung über eine Magensonde für sich ausgeschlossen. Nach einem ersten Schlaganfall litt er unter einer gravierenden Schluckstörung, so dass er in dieser Situation der Anlage einer solchen PEG (Perkutane Endoskopische Gastrotomie) nun dennoch zustimmte. Ein zweiter Schlaganfall kurze Zeit später raubte ihm das Bewusstsein und es war für die engsten Angehörigen eine sehr bedrückende Frage, ob die Fortführung der künstlichen Ernährung jetzt noch seinem Willen entsprach oder nicht. Das Anliegen der Familie, die Ernährung zu hinterfragen und eventuell auch einzustellen, war für alle beteiligten Ärzte und Pflegekräfte absolutes Neuland. Über viele Monate wurden in verschiedensten Konstellationen Gespräche geführt, mit den unterschiedlichsten Ergebnissen, mal für und mal gegen die Weiterführung der künstlichen Ernährung. Diese Monate der Ambivalenz und schließlich die Entscheidung zur Beendigung der Maßnahme ohne Absicherung durch das Votum einer unabhängigen Instanz stellte für alle Beteiligten eine regelrechte Zerreißprobe dar.*

Ganz sicher hätte eine ethische Fallberatung zur Klärung der bestehenden Wertekonflikte eine große Entlastung bedeutet und den schmerzlichen Weg erheblich verkürzt. Dass der Stützpunkt für diese und ähnlich gelagerte Konfliktsituationen nicht die unabhängige Beratungsinstanz darstellte, die von den Betroffenen gesucht wurde, und auch auf kein entsprechendes Hilfsangebot verweisen konnte, war offenbar ein echter Mangel.

Im Januar 2011 wurde daher eine Veranstaltung zur Funktion und zur praktischen Arbeit von Ethikkomitees organisiert, für die Frau Dr. Dörries (Zentrum für Gesundheitsethik, Hannover), eine ausgewiesene Expertin auf dem Gebiet, als Referentin gewonnen werden konnte. Auch die Klinikleitung des Nienburger Krankenhauses war an der Entwicklung von ethischer Fallberatung interessiert und auf der Veranstaltung durch mehrere Chefärzte vertreten. Am Ende des Abends waren sich alle Anwesenden einig, dass der von Frau Dr. Dörries vorgestellte Umgang mit ethischen Grenzfragen und der Einsatz eines Ethikkomitees in solchen Situationen sehr genau dem Hilfsangebot entsprach, das sowohl im Stützpunkt als auch im Krankenhaus vermisst wurde. Aber die Referentin ließ keinen Zweifel daran, dass es für das Anliegen des Stützpunkts, ein „nichtklinisches" Ethikkomitee zu begründen, das nicht als eine Arbeitsgruppe innerhalb eines Klinikbetriebs organisiert sein sollte, um auch für Beratungen in ambulanten Zusammenhängen zur Verfügung zu stehen, noch keine echten Vorbilder gab.

Dennoch wurde unmittelbar im Anschluss an die Veranstaltung eine für beide Einrichtungen offene Arbeitsgruppe zur Gründung eines Ethikkomitees initiiert. In den ersten Sitzungen dieser Arbeitsgruppe zeigten sich schnell die Schwierigkeiten, die es zu überwinden galt, um jenseits eines bestehenden Klinikbetriebes mit arbeitsrechtlichem vertraglichen Rahmen und daraus resultierenden Entscheidungskompetenzen ein solches Instrument ins Leben zu rufen. Es wurde kontrovers darüber diskutiert, wie dennoch eine verlässlich und kontinuierlich arbeitende Instanz entstehen könne, deren Mitglieder gut und gleichwertig ausgebildet wären und die so einen gleichmäßigen Standard für jede Beratungssituation anzubieten hätte. Konkret kristallisierte sich folgendes Dilemma heraus: Solange es keine ausgebildeten Moderatoren gab, konnte kein Ethikkomitee gegründet werden und umgekehrt waren zu wenige Interessierte bereit, Zeit und Geld in eine Ausbildung zu investieren, solange es keine Sicherheit dafür gab, dass in absehbarer Zeit ein arbeitsfähiges Ethikkomitee entstehen würde. Ganz ohne einen Träger, der bereit wäre, finanzielle und inhaltliche Verantwortung zu übernehmen, schien es ein aussichtsloses Unterfangen zu sein.

Um diese Pattsituation aufzulösen und auch um das Entstehen von Doppelstrukturen zu verhindern, entschieden sich Palliativ-Stützpunkt und Klinikleitung, einen eigenen „Nienburger Weg" zu gehen und gemeinsam ein klinisch-ambulantes Kooperationsprojekt ins Leben zu rufen. Die wichtigste Frage, die sich in dieser Anfangszeit stellte, war die der Legitimierung: Wer ist befugt,

Qualitätskriterien festzulegen, den Umfang der geforderten Qualifikation zu bestimmen und entsprechende Verträge aufzusetzen und zu unterschreiben? Welcher Interessentenkreis wird für die Teilnahme am Ethikkomitee eingeladen? Wer darf diese Einladungen aussprechen und ggf. entscheiden, wem die Teilnahme verwehrt wird, falls sich zu viele Interessenten finden?

Rückblickend erwies es sich als ungemein hilfreich, dass die Klinikleitung sich entschloss, das Projekt in jeder Hinsicht – also finanziell und personell – zu unterstützen, aber dem Stützpunkt bei der sonstigen Organisation freie Hand zu lassen. Um insbesondere finanzielle Sicherheit zu schaffen, wurde eine paritätische Beteiligung vertraglich geregelt.

Auf dieser Basis engagierte eine Arbeitsgruppe des Stützpunkts den Ethik- und Kommunikationstrainer Stefan Kliesch, und konzipierte mit ihm gemeinsam einen eigenen Ausbildungsgang für ethische Fallmoderatoren mit dem Ziel, nach dessen Abschluss mit einer Gruppe von gleichwertig ausgebildeten Moderatoren in die Arbeit zu starten. Die Ausbildung bestand aus zwei Wochenendblockseminaren und acht darauf aufbauenden halbtägigen Trainingseinheiten. In den Blockseminaren wurden zunächst die Grundlagen ethischer Argumentation und Gesprächsführung vermittelt und dann deren praktische Umsetzung im Rahmen einer ethischen Fall-Moderation und Entscheidungsfindung vorgestellt. In den Trainingseinheiten, die etwa in monatlichen Abständen erfolgten, wurde die Moderationssituation anhand von aktuellen Konfliktfällen erprobt und anschließend in Supervisionsgesprächen reflektiert.

Die Einladung zu diesem Ausbildungsgang richtete sich an alle Kooperationspartner des Stützpunktes (Koordinatorinnen, ambulante Hospizvereine, Ärztinnen, Pflegedienste, Pflegeheime, Apothekerinnen, Berufsbetreuerinnen und Seelsorginnen) sowie an Krankenhausmitarbeiterinnen aus Ärzteschaft, Pflege und Seelsorge. Die Kosten übernahmen Palliativstützpunkt und Krankenhaus zu gleichen Teilen. Die 17 Teilnehmerinnen verpflichteten sich im Gegenzug nach Abschluss der Ausbildung drei Jahre lang ehrenamtlich für ethische Fallmoderationen zur Verfügung zu stehen.

Bereits während der eher auf Theorievermittlung ausgerichteten Wochenendseminare wurde für die Teilnehmer der Ausbildung spürbar, wie fragil moralische Urteile oft sind, und wie leicht sich unsere Einschätzung erschüttern lässt in Bezug auf das was richtig ist oder falsch, gut oder schlecht. Wie sehr unser Blick auf die Dinge abhängig ist von vielen unausgesprochenen Voreinstellungen und wie wichtig daher das Aufspüren und Benennen dieser von Mensch zu Mensch sehr verschiedenen „Werte-Basis“ ist.

Bei der Reflexion der Rollenspiel-Fallmoderationen während der Trainingseinheiten kam es aus diesem Grund zu emotionsgeladenen Debatten. Sehr deutlich zeigten sich hier die verschiedenen Denkansätze und ethischen „Vorprägungen“, die die Teilnehmerinnen mit ihren unterschiedlichen persönlichen, aber vor allem auch beruflichen Hintergründen einbrachten. Das war ungemein fruchtbar und bot die einzigartige Gelegenheit, im geschützten Raum der Ausbildungssituation völlig kontroverse Vorstellungen und Bewertungen zu benennen, und dann zu erleben, wie diese im Laufe des Gesprächs durch den Trainer entweder zusammengeführt wurden oder gleichwertig nebeneinander stehen bleiben konnten. Durch dieses offene Ausdiskutieren der unterschiedlichen Standpunkte und Sichtweisen wuchs zum einen die Teilnehmerinnen-Gruppe zu einem untereinander sehr vertrauten Team zusammen. Vor allem aber entstand so die gemeinsame Haltung, dass in ethischen Konfliktsituationen ein toleranz-ethischer Ansatz die richtige Herangehensweise sein muss. Das Nienburger Ethikkomitee würde sich also nicht als ein Expertenkreis verstehen, der aufgrund eines Wissens- und Erfahrungsvorsprungs Grenzsituationen bewertet und Empfehlungen ausspricht, wie dies in vielen klinischen Ethikkomitees üblich ist. Ein solcher Ansatz führt unter anderem oftmals dazu, dass Angehörige von der Beratung ausgeschlossen sind. Alle Nienburger Moderatorinnen fühlen sich dagegen der Überzeugung verpflichtet, dass die Gewissheit für das Richtige und Gute erst im Gespräch mit allen Beteiligten reifen kann.

Gegen Ende der Trainingsphase wurde gemeinschaftlich eine Geschäftsordnung formuliert, die seither die Arbeitsgrundlage bildet. Das Ethikkomitee ist demnach eine Arbeitsgruppe des Palliativstützpunktes. Dies bedeutet, dass die Aktivitäten des Ethikkomitees durch den Stützpunkt finanziell abgesichert sind und das Stützpunktbüro alle verwaltungstechnischen Aufgaben übernehmen darf. Für Anschreiben, Veröffentlichungen, Flyer etc. wurde ein dem Corporate-Design des Stützpunkts eng angeschlossenes Erscheinungsbild gewählt. Organisatorisch ist das Ethikkomitee aber ansonsten vom Stützpunkt unabhängig. Es wählt einen eigenen dreiköpfigen Vorstand und eine Mitgliedschaft im Stützpunktverein ist nicht Voraussetzung zur Teilnahme am Ethikkomitee.

7.2 Ablauf einer ethischen Fallberatung

Nach der beschriebenen, etwa zweijährigen Vorbereitungsphase hat das Ethikkomitee für den Landkreis Nienburg Anfang 2013 seine Arbeit aufgenommen. Es hat den Anspruch, sowohl als klinisches Ethikkomitee für die beiden örtlichen Krankenhäuser zur Verfügung zu stehen, als auch bei Konfliktfällen in ambulanten Versorgungssituationen tätig zu werden.

Anfragen an das Ethikkomitee werden per Telefon oder E-Mail an das Büro des Palliativstützpunkts gerichtet. Die Stützpunktkoordinatorinnen leiten diese schnellstmöglich an eine Moderatorin weiter, so dass ein telefonischer Kontakt mit den Antragstellern innerhalb von drei Werktagen gewährleistet werden kann. In diesem telefonischen Erstgespräch wird das Anliegen geklärt und ggf. ein Termin für eine Fallberatung vereinbart. Das Ethikkomitee Nienburg arbeitet dezentral: An jeder Fallberatung nehmen nur zwei Komiteemitglieder teil. Eine Person moderiert das Gespräch, die andere protokolliert nach einem festgelegten Standard die Ergebnisse. Unter Berücksichtigung der Wünsche des Antragsstellers werden Ort und Teilnehmerkreis bestimmt. Die Moderatorinnen sehen ihre Aufgabe vornehmlich in der Schaffung eines Gesprächsrahmens, der allen Beteiligten die Möglichkeit gibt, sich jenseits von medizinischen Leitlinien über die Wünsche und Vorstellungen eines einzigen betroffenen Menschen auszusprechen. Daher ist auch die Teilnahme von medizinischen Laien möglich und erwünscht. Der zeitliche Rahmen ist auf eine Stunde begrenzt. Alle Teilnehmer an der Fallberatung werden zu Beginn einander vorgestellt und zur Verschwiegenheit verpflichtet. Wenn es eine Patientenakte gibt, so wird in dieser vermerkt, dass eine Fallberatung stattgefunden hat. Um die Vertraulichkeit der Beratungsinhalte zu gewährleisten, wird das Protokoll nicht der Krankenakte hinzugefügt, sondern nur für Komiteemitglieder zugänglich im Stützpunktbüro aufbewahrt.

Im Mittelpunkt der Beratung steht, möglichst viele Informationen über diesen einen Menschen in dieser besonderen Lebenssituation zusammenzutragen. Die Moderation zielt daher darauf, alle Einschätzungen, Bedenken, Wünsche und Sorgen zu benennen und ein Klima der gegenseitigen Anerkennung zu erzeugen. Dies führt erfahrungsgemäß zu einem gemeinsamen Blick auf die Gesamtsituation und so auch zu einer Übereinstimmung bezüglich des weiteren Vorgehens. Die Beratung endet nach Möglichkeit mit einem einvernehmlichen Votum. Wenn dies nicht erreicht werden kann, wird das entsprechende Mehrheitsverhältnis im

Protokoll festgehalten. Das Votum hat grundsätzlich nur empfehlenden Charakter, die Entscheidungsverantwortung bleibt bei den behandelnden Ärzten.

7.3 Sonstige Arbeit des Ethikkomitees

Derzeit besteht das Ethikkomitee ausschließlich aus den Mitgliedern, die gemeinsam die beschriebene Ausbildung zu Moderatorinnen für ethische Fallberatung durchlaufen haben. Bei Interesse können laut Geschäftsordnung weitere Mitglieder aufgenommen werden, allerdings soll eine vergleichbare Qualifikation vorliegen, eine möglichst breit gefächerte Multiprofessionalität gewährleistet bleiben und eine Gruppengröße von maximal 20 Mitgliedern nicht überschritten werden.

Neben der Moderation von ethischen Fallberatungen nennt die Geschäftsordnung als Aufgaben und Funktionen des Ethikkomitees die Sensibilisierung für ethische Fragestellungen in den therapeutischen Teams der Kliniken in Nienburg und Stolzenau sowie bei den Kooperationspartnern des Palliativ-Stützpunktes, die Durchführung von Informationsveranstaltungen zu ethischen Fragestellungen für alle interessierten Bürgerinnen und Bürger, Öffentlichkeitsarbeit im Sinne des Ethikkomitees sowie die Erstellung von Orientierungshilfen zu grundsätzlichen klinisch-ethischen Themen. Das gesamte Ethikkomitee trifft sich je nach Bedarf drei- bis viermal jährlich. Diese Treffen dienen zum einen der fallbezogenen Reflexion und Beratung. Alle zwischenzeitlich erfolgten Fallbesprechungen werden hier nochmals dargestellt und bewertet, nach Möglichkeit auch mit Blick auf den weiteren Verlauf der jeweiligen Krankengeschichten. Dies macht aber nur den geringsten Teil der eigentlichen Arbeit aus. Ihre vordringliche Aufgabe sehen die Mitglieder des Ethikkomitees darin, die Sensibilität für medizin-ethische Konfliktsituationen in der Öffentlichkeit zu wecken, darauf hinzuweisen, dass nichts, was medizinisch möglich ist, auch automatisch gemacht werden muss, sondern dass immer die Frage nach einer medizinischen Indikation und dem Willen der Patienten zu stellen ist. Um diese Ziele zu erreichen, muss Öffentlichkeitsarbeit auf verschiedensten Ebenen geleistet werden. Dies bedeutet zum einen, kontinuierlich durch Presse-Mitteilungen auf sich aufmerksam zu machen. Zusätzlich wurde ein Flyer erstellt. Er weist auf entsprechende Situationen hin, beschreibt die Möglichkeit der ethischen Fallberatung und stellt die derzeitigen Mitglieder des Ethikkomitees namentlich und mit Foto vor. Dieser Flyer soll auf allen Krankenhausstationen, in allen Pflegeheimen, in allen Arztpraxen und in möglichst vielen öffentlich zugänglichen Wartebereichen ausliegen. Für die Zukunft geplant sind Themenabende zu medizin-ethischen Grenzsituationen. Eine erste halböffentliche Veranstaltung zur „Therapiebegrenzung am Lebensende", die sich an alle mit diesem Thema befassten Berufsgruppen richtete, stieß auf große Resonanz. Insbesondere entwickelte sich eine lebhafte Diskussion mit den teilnehmenden Pflegefachkräften zum Thema künstliche Ernährung über PEG. Auch bei den bisherigen Anfragen zu ethischer Fallberatung ging es sehr oft um genau diese Frage. Daher soll den insgesamt 28 Alten- und Pflegeheimen im Landkreis eine niedrigschwellige Fortbildungseinheit zu diesem Thema angeboten werden, die eher im Sinne eines Fachgesprächs zwischen Moderatoren und Belegschaft in einer verlängerten Übergabebesprechung zwischen zwei Schichten stattfinden könnte. Die in diesen Fachgesprächen vermittelten Inhalte sollen ebenfalls in Form eines Leitfadens „Essen und Trinken am Lebensende" zur Verfügung gestellt werden. Um zukünftige Pflegekräfte schon möglichst früh für das Thema zu sensibilisieren, gestaltet ein Mitglied des Komitees als Diplom-Pflegewirt in der Nienburger Altenpflegeschule eine Unterrichtseinheit zum Thema Medizin-Ethik. Dies ist entsprechend auch für die Krankenpflegeschule in Planung.

7.4 Probleme bei der Implementierung und Umgang damit

Die eigentliche Umsetzung des theoretischen Konzepts in gelebte Praxis erfolgte in Nienburg fließend im Verlauf der zweijährigen Ausbildungsphase. In dieser Zeit wuchs zum einen die sehr gemischte Teilnehmerinnen-Gruppe (zwei Stützpunktkoordinatorinnen, drei niedergelassene Ärztinnen, ein Diplom-Pflegewirt, eine Altenpflegerin, eine Berufsbetreuerin, eine Apothekerin, eine Koordinatorin des Hospizvereins, eine Seelsorgerin, zwei Krankenhausärzte, zwei Intensiv-Pflegekräfte, eine Krankenhausseelsorgerin, und eine Mitarbeiterin des Krankenhaus-Sozialdienstes) zu einem vertrauensvoll arbeitenden Team zusammen. Zum anderen konnten alle organisatorischen Schritte durchdacht und erprobt und schließlich als Standardvorgehensweisen schriftlich fixiert werden. Dieser Teil der Praxiserprobung verlief sehr einvernehmlich und unproblematisch. Mit allen bisher an das Komitee gestellten Anfragen konnte entsprechend verfahren werden und es traten keine unerwarteten Schwierigkeiten auf.

Als deutlich größere Herausforderung erweist sich die Implementierung von ethischer Fallberatung im Sinne eines in der Nienburger Öffentlichkeit bekannten und nachgefragten Angebots. Nach seiner offiziellen Gründung hat das Ethikkomitee zunächst formal die Klinikleitung über die Aufnahme der Tätigkeit in Kenntnis gesetzt und ist dann im Frühjahr 2013 mit einer Pressemitteilung an die Öffentlichkeit getreten. Im Verlauf des ersten Jahres wurden jedoch weder aus dem Klinikbereich noch aufgrund der Pressearbeit Anfragen an das Komitee heran getragen. Vereinzelte ethische Fallberatungen ergaben sich über persönliche Kontakte von Betroffenen zu Komitee-Mitgliedern. Hieraus wurde die Konsequenz gezogen, viel unmittelbarer und viel konkreter diejenigen anzusprechen, die nicht nur einmalig in einer Ausnahmesituation durch persönliche Betroffenheit in einen ethischen Konflikt geraten, sondern die aufgrund ihrer Profession immer wieder mit solchen Grenzsituationen konfrontiert werden und die daher als Multiplikatoren in Frage kommen. Mit einem persönlichen Brief wandte sich das Ethikkomitee an alle niedergelassenen Ärzte, an alle Pflegedienstleitungen von stationären und ambulanten Pflegeeinrichtungen sowie an Berufsbetreuer und Amtsrichterinnen und stellte das Angebot von ethischer Fallberatung vor. Um das Interesse für das Thema zu vertiefen, wurde zu der oben bereits erwähnten Veranstaltung eingeladen, die über die rechtliche Situation im Zusammenhang mit Therapiebegrenzung am Lebensende informieren sollte.

Obwohl gerade die Ärzteschaft immer wieder eine vermeintliche Rechtsunsicherheit beklagt, nahmen nur wenige ärztliche Kollegen das Informationsangebot wahr. Ebenfalls waren nur wenige Pflegekräfte der Klinik anwesend. Diese beiden Gruppen konnten also entweder mit dem Angebot nicht erreicht werden, oder sie erkennen in einem Ethikkomitee derzeit noch keine wesentliche Unterstützung für ihre konkrete Arbeit. Eine Besonderheit, die sicher Probleme bei der Implementierung verursacht, besteht darin, dass das Komitee ambulant für einen großen Flächenlandkreis mit überwiegend dörflichen Strukturen zuständig ist. Viele der niedergelassenen Ärzte sind bereits seit Jahrzehnten niedergelassen, häufig noch in Einzelpraxen und somit ein ganzes Berufsleben lang daran gewöhnt, aufkommende Probleme jedweder Art selber zu lösen und moralische Konflikte mit sich und ihrem Gewissen abzumachen.

Befremdlich erscheint, dass sich ethische Fallberatung im Alltag der Klinikmitarbeiter weiterhin so gar nicht etabliert. Schließlich hatte die Klinikleitung das Projekt zu Anfang ganz wesentlich mitbefördert. Wahrscheinlich führt die traditionelle Verankerung aller Beteiligten in hierarchischen Strukturen zu unterschwelligen Loyalitätskonflikten gegenüber Chefarzt oder Stationsleitung. Möglicherweise spielt in diesem Zusammenhang auch ein gerade abgeschlossener Wechsel der Krankenhausträgerschaft eine Rolle und die daraus für die Mitarbeiter erwachsende Ungewissheit einer schwierigen Übernahmesituation.

7.5 Evaluation

Seit eineinhalb Jahren gibt es für den Landkreis Nienburg ein ambulant-klinisches Ethikkomitee. In der Öffentlichkeit ist das Angebot trotz der beschriebenen Bemühungen weiterhin weitgehend unbekannt. Allerdings scheint die Strategie, zunächst vor allem Multiplikatoren anzusprechen, ein aussichtsreicher Weg zu sein. So wurde bereits anlässlich eines Verfahrens vor dem örtlichen Betreuungsgericht durch die zuständige Richterin darauf verwiesen, dass im konkreten Fall die Hinzuziehung des Ethikkomitees der richtigere Weg sei.

Bei allen bisherigen Anfragen an das Komitee konnte dem vereinbarten Standard entsprechend verfahren werden. Sie mündeten nach einer einstündigen moderierten Beratung in den meisten Fällen in einem einstimmigen Votum, das dann von den Behandelnden üblicherweise auch umgesetzt wurde. Bei einem Patienten konnte sich der an der Beratung teilnehmende Hausarzt dem Votum nicht anschließen und hat daher das Behandlungsziel auch nicht diesem entsprechend geändert. In einem anderen Fall sorgte das einstimmige Votum bei Instanzen, die an der Beratung nicht beteiligt waren, zunächst für Irritation und konnte erst nach externer Klärung der Rechtslage schließlich umgesetzt werden. Diese Geschichte mag abschließend illustrieren, wie groß die Verunsicherung noch immer ist – und zwar nicht nur bei den Angehörigen, also den „Nichtfachleuten“. Sondern sie zeigt sehr eindringlich, wie fremd es auch medizinischen und juristischen „Profis“ immer noch erscheint, dass die Sinnhaftigkeit von medizinischen Maßnahmen keine objektiv zu ermessende Größe darstellt, sondern ganz wesentlich von den persönlichen Vorstellungen des oder der jeweils Betroffenen abhängt. Aber die Geschichte geht gut aus, und so zeigt sie auch, dass ethische Fallberatungen sich lohnen und dass es zuletzt für alle Beteiligten eine große Entlastung bedeutet, anzuerkennen, dass auch der mutmaßliche Patientenwille eine bindende Kraft und eine auch vor Gericht juristisch belastbare Bedeutung besitzt.

Eine 75 jährige Patientin, Demenz im Endstadium (Krankheitsdauer sechs Jahre), wurde zu einem Zeitpunkt, als sie noch selbstständig ein wenig essen und trinken konnte, mit einer Lungenentzündung in ein Akutkrankenhaus eingewiesen. Zur besseren Versorgung mit Medikamenten und Flüssigkeit empfahlen die behandelnden Ärzten die Anlage einer PEG. Um die Überwindung des akut lebensbedrohlichen Krankheitsbildes nicht zu gefährden, stimmte die Tochter und gesetzliche Betreuerin dieser Maßnahme zu. Leider erholte sich die Patientin dennoch nicht von ihrer schweren Erkrankung. Sie blieb dauerhaft bettlägerig, Essen und Trinken konnten gar nicht mehr verabreicht werden, so dass sie schließlich vollständig über die PEG ernährt wurde. Für die Angehörigen war völlig eindeutig, dass sie „so etwas" nicht gewollt hätte, da sie im Familiengespräch in früheren Zeiten oftmals betont habe, dass „an Schläuchen liegen" für sie nicht in Frage komme, wenn es soweit sei.
Die Tochter wandte sich zunächst mit der Frage der Therapiebeendigung an die mit der Betreuungssache ohnehin befasste Amtsrichterin. Die Richterin war uneindeutig in ihrer Auskunft, erwähnte jedoch den Straftatbestand der „aktiven Sterbehilfe" und beunruhigte die Tochter dadurch erheblich. Daraufhin fragte sie ihre Hausärztin um Rat, welche eine ethische Fallberatung anregte. An dieser nahmen neben dem Ehemann und der Tochter ein weiterer Sohn, die Pflegedienstleitung, die Wohnbereichsleitung sowie die Hausärztin teil.
Das Votum war einstimmig und lautete: es entspricht dem mutmaßlichen Willen der Patientin, die künstliche Ernährung zu beenden. Die Betreuerin der Patientin verfügte dieses daher unverzüglich schriftlich für das Pflegeheim. Und die Ernährung wurde noch am selben Tag beendet.
Am Folgetag jedoch bat die Heimleitung „aus Gründen der Rechtsunsicherheit" erneut die Amtsrichterin um Stellungnahme. Diese fühlte sich weiterhin nicht vertraut genug mit der Materie und empfahl, die Ernährung weiterzuführen, bis sie die rechtliche Situation ausreichend geklärt habe. Auf der Suche nach einer „höher-instanzlichen Legitimierung" verlangte die Heimleitung nun von der Ethikmoderatorin eine schriftliche Anweisung, die Ernährung einzustellen, obwohl die einzig rechtlich bindende Stellungnahme, die der gesetzlichen Betreuerin, ja bereits vorlag. Da diese der Heimleitung aber nicht rechtssicher genug erschien, wandte sie sich an das Justiziariat des Pflegeheimbetreibers. Hier nun erfolgte zu guter Letzt die juristisch fachkundige Bestätigung, dass die Anweisungen der gesetzlichen Betreuer grundsätzlich bindend seien, solange nicht von anderer Seite begründete Einwände dagegen bestünden. Nur in

einem solchen – durch das einstimmige Votum der Ethikberatung aber ja bereits ausgeschlossenen – Fall müsse das Amtsgericht eingeschaltet werden und ein Richterspruch ergehen. Und so konnte die Ernährung über die PEG endgültig und einvernehmlich eingestellt werden.

8 Ethikberatung in der Behindertenhilfe am Beispiel der Arbeit des Ethikkomitees der Stiftung Liebenau*

Bruno Schmid

8.1 Die Stiftung Liebenau

Die Stiftung Liebenau ist ein *Sozial-, Gesundheits- und Bildungsunternehmen auf kirchlich-katholischer Grundlage.* Ihre 6.800 Mitarbeiterinnen und Mitarbeiter sorgen für über 10.000 Menschen. Sie hat *etwa zwanzig Tochtergesellschaften,* die vielfältige Einrichtungen und Angebote in der *Behinderten-* und in der *Altenhilfe*, im *Gesundheitswesen*, im *Bildungsbereich* sowie in der *Kinder- und Jugendhilfe* unterhalten. Ihren Stammsitz hat sie in der *Region Bodensee-Oberschwaben*, dort befinden sich auch die meisten ihrer Häuser. Sie ist aber heute mit fast 300 Einrichtungen und Diensten weit verstreut: in Deutschland, Österreich, der Slowakei, Italien, der Schweiz und Bulgarien.

Von Beginn an war die Hilfe für Menschen mit geistiger und seelischer Behinderung vorrangiges Tätigkeitsfeld der Stiftung. Heute ist sie bemüht, etwa 2.000 Menschen mit Behinderungen, oft Schwerst- und Mehrfachbehinderten, individuelle Lebensperspektiven und eine aktive Teilhabe am gesellschaftlichen Leben und am Arbeitsprozess zu ermöglichen. Dazu bietet sie differenzierte Wohn-, Bildungs-, Beschäftigungs- und Freizeitmöglichkeiten, spezialisiert in Komplexeinrichtungen, aber auch dezentral in den Gemeinden. Träger dieser Einrichtungen sind die *St. Gallus-Hilfe gGmbH* und die *Liebenau-Dienste für Menschen mit Behinderung gGmbH.*

Auch die medizinische Versorgung für Menschen mit einer geistigen Behinderung gehört zu den Arbeitsfeldern der Stiftung. Für psychisch und somatisch erkrankte Menschen mit Behinderung betreibt die Stiftung Liebenau ein Fachkran-

---

* Die in diesem Beitrag erwähnten Texte des Ethikgremiums sind nachzulesen unter http://www.stiftung-liebenau.de/stiftung-liebenau/ethikkomitee/index.html.
Mehrere dieser Texte können auch als Druckschriften angefordert werden bei Stiftung Liebenau Abteilung Kommunikation, Siggenweilerstr. 11, 88074 Meckenbeuren, Tel. 07542 10-1207, Email: markus.arff@stiftung-liebenau.de

kenhaus, die *St. Lukas-Klinik gGmbH*, darüber hinaus sozialtherapeutische Heime, eine psychiatrische Tagesklinik sowie Ambulanzen.

Die individuellen Fähigkeiten und speziellen Kenntnisse behinderter junger Menschen will die Stiftung gezielt fördern. Dazu hat sie Schulen für Kinder und Jugendliche mit Behinderung eingerichtet. Im *Berufsbildungswerk Adolf Aich gGmbH* mit Sitz in Ravensburg z. B. bildet sie lernbehinderte junge Leute aus und unterstützt sie bei der Eingliederung in den Arbeitsmarkt. Ein weiterer Schwerpunkt ist die Ausbildung von Fachkräften in sozialen und pflegerischen Berufen.

Eine 50%-Beteiligung hält die Stiftung Liebenau an der *Kinderhospiz St. Nikolaus gGmbH in Bad Grönenbach im Allgäu.* Das Haus ist eine Erholungsstätte für Familien mit unheilbar und lebensbegrenzt erkrankten Kindern und Jugendlichen, das die Familien im Leben, in der Sterbephase und über den Tod des Kindes hinaus begleitet.

Damit sind nicht alle, aber zumindest diejenigen *Aktivitäten der Stiftung in der Behindertenhilfe* vorgestellt, von denen im Laufe des Beitrags die Rede sein wird.

8.2 Ethische Urteilsbildung in der Stiftung Liebenau

Ethisches Nachdenken und Handeln war und ist Auftrag der Stiftung von Anfang an. Die Orientierung am christlichen Menschenbild und am biblischen Auftrag zur Nächstenliebe war seit jeher in ihrer Satzung verankert. Die *Zuspitzung ethischer Entscheidungsmöglichkeiten* durch die moderne Medizin, soweit sie den Umgang mit Lebensbeginn und Lebensende sowie mit kranken und behinderten Menschen betrifft, führte im Jahr 1995 zur Errichtung einer förmlichen *Ethikkommission* durch den Vorstand. Seither ist die der Ethikberatung dienende Kommission zweimal umgebildet worden. Das Motiv dafür war jeweils neben der *personellen Erneuerung* die *strukturelle Veränderung*, die den Zweck hatte, das Organ für seine Aufgabenstellung noch besser geeignet zu machen. Ein Gang durch die zwanzigjährige Geschichte des Ethikgremiums lenkt den Blick auf die *Motive und Intentionen dieser Veränderungen.*

8.2.1 Erste Form: überwiegend theologisch-pastorale Kompetenz

Die erste Ethikkommission von 1995 setzte sich überwiegend aus *Mitarbeitern des Pastoralen Dienstes und Theologen* zusammen; auch *medizinische und pädagogische Kompetenz* war vertreten. „Nach innen" gerichtet wurden „Orientierungshilfen" zur *seelsorgerlichen Begleitung* der Bewohner, etwa zur Sterbebegleitung, erarbeitet. Die Stellungnahmen „nach außen" zu *bio- und medizinethischen Fragen*, z. B. zur sog. „Bioethikkonvention" des Europarats (1997), klärten die Position der Stiftung in den aktuellen gesundheitspolitischen Debatten und wurden Verantwortlichen in Politik und Gesellschaft zugeleitet.

Im Jahr 1999 entstand eine Diskussion über die Frage, ob in der Ethikkommission stärker Repräsentanten der unterschiedlichen Arbeitsfelder der Stiftung vertreten sein müssten, um über die dort geschehende Arbeit (Behindertenhilfe, Altenhilfe, Jugendhilfe, Service-Dienstleistungen u. Ä.) angemessen beraten und urteilen zu können. Dies führte zu der Entscheidung des Vorstands, die Ethikkommission neu zu besetzen und ihr eine Geschäftsordnung zu geben.

8.2.2 Zweite Form: Kompetenz in Fachlichkeit und Geschäftsführung

Der Ethikkommission gehörten von nun an einerseits etwa vier Vertreter der *Geschäftsführungen* verschiedener Gesellschaften an, andererseits wie zuvor Fachleute; zu den bisher schon vertretenen *Experten* der theologischen/philosophischen Ethik, der Pädagogik, der Medizin und der Öffentlichkeitsarbeit kam nun ein *Jurist* hinzu. Insgesamt zählte die Kommission etwa 13 Mitglieder. Der Vorsitz lag – wie bisher – bei einem der Vorstände.

Die zum 1. Januar 2000 durch den Vorstand in Kraft gesetzte Geschäftsordnung benennt als Aufgaben der Kommission: „(Sie) erörtert die ethischen Aspekte des Handelns der Stiftung und ihrer Gesellschaften. Sie beobachtet und beurteilt die Entwicklung der Stiftung, ihres gesellschaftlichen und politischen Umfelds unter den Kriterien der Achtung der Menschenwürde, der Orientierung am christlichen Verständnis des Menschseins und der Ausrichtung am Gemeinwohl." [GO 2000, § 1, (2)]. Die Kommission diskutierte zunächst über ihr Ethikverständnis und verfasste die Schrift *Ethisch verantwortlich handeln* als Grundlage ihrer Arbeit. Danach erstellte sie eine Reihe von Erklärungen, die – neben *gesundheitspolitischen* Fragen – unterschiedliche *Tätigkeitsfelder* der Stiftung betrafen; hierbei wurden auch von den Geschäftsführungen eingebrachte *Fallbeispiele* erörtert.

Immer wieder wurde selbstkritisch die eigene Arbeit reflektiert. Das Bewusstsein wuchs, dass neben „Erklärungen nach außen", also in den politischen Raum hinein, *ethische Problemstellungen aus der Stiftung selbst* größeren Raum einnehmen sollten. Die unternehmensrechtlichen Veränderungen in der Stiftung führten in den Jahren 2007 bis 2011 zu einer langwierigen Diskussion über *Kriterien für Lohngerechtigkeit*, in der kein Konsens erzielt werden konnte. Die daraus erwachsenden Meinungsverschiedenheiten führten auch zu Überlegungen, ob es angemessen sei, dass *hochrangige Entscheidungsträger* der Stiftungspolitik (Vorstand und Geschäftsführungen) der Kommission angehören.

Aus diesen Diskussionen entstand der Vorschlag, die *Ethikkommission* durch ein *Ethikkomitee* zu ersetzen. Maßgebliche Argumente dafür kamen aus Publikationen von Steinkamp/Gordijn (2009a: 146-151, 156ff; 2009b). Das Komitee unterscheidet sich von der bisherigen Kommission durch drei Merkmale:

- Es ist ein Beratungsorgan ohne eigene administrative Befugnis.
- Es umfasst keine Entscheidungsträger, sondern besteht ausschließlich aus Experten, die teils in der Stiftung beschäftigt sind, aber auch von außen kommen, und
- Es soll möglichst klein und damit in seiner Arbeit effektiv sein; wo notwendig, werden Sachverständige hinzugezogen.

8.2.3 Dritte Form: Fachkompetenz ohne Entscheidungsbefugnis

Zum 1. Januar 2012 wurde eine neue Geschäftsordnung in Kraft gesetzt. In ihr spiegeln sich die oben genannten Merkmale des neuen Ethikkomitees. Als erste Aufgabe wird, zusätzlich zu den schon bekannten, festgehalten: „Das Komitee *entwickelt die moralische und ethische Kompetenz der Mitarbeiter*. Zu diesem Zweck unterstützt es die Schulung von Ethikberatern und Moderatoren von ethischen Fallbesprechungen sowie die Schaffung von Ethikzirkeln in den Gesellschaften der Stiftung." [GO 2012, § 1 (2)]

Über die Zusammensetzung des Komitees sagt die Geschäftsordnung: „Das Ethikkomitee ist ein Beratungsorgan für alle Mitarbeiter der Stiftung. Seine Beratung setzt auf die Überzeugungskraft *theologisch-ethischer Argumentation*. Es hat *keine eigene Weisungskompetenz*. Daher gehören ihm weder Mitglieder des Vorstands noch der Geschäftsführungen an." [GO 2012, § 2 (1)] Und weiter:

„Das Komitee besteht aus *sechs Mitgliedern*: aus zwei Mitgliedern mit theologisch-ethischer Kompetenz und je einem Mitglied mit medizinischer, juristischer, pädagogischer und pflegerischer Kompetenz. Sachverständige können beratend hinzugezogen werden, soweit die Beratungsgegenstände es erforderlich machen." [GO 2012, § 2 (2)]

Bei einem Workshop im März 2012 mit dem Vorstand, Geschäftsführungen und Vertretern der MAV wurden von den Teilnehmern Themen zur Bearbeitung durch das Ethikkomitee vorgeschlagen. Dabei fiel auf, dass *sozialpolitische Themen* (wie „Fairer Umgang mit Mitarbeitern", „Inklusion") eine höhere Priorität hatten als die bisher meist behandelten *medizinethischen Themen.*

8.3 Aufgabe, Ethikverständnis und Arbeitsweise des Ethikkomitees

8.3.1 Aufgabe und Ethikverständnis

Laut Geschäftsordnung liegt die Aufgabe des Ethikkomitees vorrangig darin, die moralische und ethische Kompetenz der Mitarbeiter zu entwickeln. Dazu verständigte es sich mit dem Vorstand auf das folgende Ethikverständnis: Ethik wird als die *Reflexion moralischen Handelns* verstanden (Lesch 1992: 65). Diese Reflexion vollzieht sich im Kontext eines Sozialunternehmens wie der Stiftung Liebenau in dreifacher Weise:

- als Reflexion über Haltungen („Tugendethik"),
- in der Erstellung von Regeln und Handreichungen („Normative Ethik")
- und als vernunft- und wertegeleiteter Aushandlungsprozess („Diskursive Ethik").

Diese drei Vollzüge ethischen Reflektierens lassen sich folgendermaßen charakterisieren:

a) Reflexion über Haltungen („Tugendethik")

Die Reflexion über Haltungen macht das moralisch Gute und Richtige am *Streben des Menschen* fest. Übertragen auf ein modernes Sozialunternehmen will *Tugendethik* geltend machen, dass dessen Gelingen vom Bemühen aller abhängt, die im Leitbild des Unternehmens geforderten und ihren Überzeugungen entsprechenden Handlungen motiviert zu vollziehen. *Aufgabe des Ethikkomitees ist die Reflexion dieses Handelns*; dies kann geschehen als kritisches Nachdenken sowohl über die Einstellungen der Belegschaft insgesamt (und die sich in ihr vollziehenden gesellschaftlichen Trends) wie auch über die Leitungskräfte, ihre Fähigkeiten und Interessen.

b) Erstellung von Regeln und Handreichungen („Normative Ethik“)
Die Erstellung von Regeln und Handreichungen macht das moralisch Richtige an *Normen* fest, die mit Vernunft und gutem Willen als maßgeblich erkannt und realisiert werden können. Übertragen auf ein modernes Sozialunternehmen will eine *Normative Ethik* geltend machen, dass alle Mitarbeiter nicht ihren Neigungen, sondern den Regeln folgen, die sich nach dem kategorischen Imperativ als Normen unbedingten Sollens erweisen. Im Zentrum steht dabei das Ziel moralischen Handelns: den Anderen – sei er Klient, sei er Mitarbeiter, sei er Zeitgenosse – niemals nur als Mittel, sondern als Zweck des Handelns zu sehen und damit seine Würde zu wahren. *Aufgabe des Ethikkomitees ist die Reflexion der im Unternehmen geltenden Regeln*, der Erstellung von Handreichungen, die zum Verfolgen dieser Regeln befähigen, und die Entwicklung der Kompetenz der Mitarbeiter zum Erreichen der Regeln.

c) Vernunft- und wertegeleiteter Aushandlungsprozess („Diskursive Ethik“)
Der vernunft- und wertegeleitete Aushandlungsprozess macht das moralisch Richtige am *Diskurs* fest. Übertragen auf ein modernes Sozialunternehmen will eine *Diskursethik* geltend machen, dass das jeweils moralisch Richtige, an dem sich Leitung und Mitarbeiter orientieren sollen, häufig nicht durch Regeln apriori erfasst werden, sondern nur im gemeinsamen Nachdenken und Aushandeln zwischen den Betroffenen gefunden werden kann. *Aufgabe des Ethikkomitees ist es, die Rahmenbedingungen für kritisch-rationale Diskurse zu schaffen*, die Unternehmensangehörigen zum Führen solcher Diskurse zu befähigen und die Diskursprozesse zu begleiten.

8.3.2 Arbeitsweise

Der in der Geschäftsordnung des Ethikkomitees verankerte Plan, eine *Schulung von Ethikberatern und Moderatoren von ethischen Fallbesprechungen* sowie die *Schaffung von Ethikzirkeln* zu implementieren, fand *bei den Geschäftsführungen wenig Gegenliebe*. Die Folge war, dass sich der Vorsitzende und der Geschäftsführer des Ethikkomitees mit den Geschäftsführungen der einzelnen Gesellschaften jeweils etwa zweimal im Jahr trafen, um deren speziellen *„Bedarf an Ethik“* zu besprechen.

So entwickelte sich ein Vorgehen, das für die Stiftung als ganze und für jede der Gesellschaften unterschiedlich war: Mehrfach wurden *Fallbesprechungen* angesetzt, teils wurde das Komitee um *Beratung und schriftliche Stellungnahmen* gebeten. Auf Wunsch erarbeitete das Komitee *Positionierungen zu anstehenden Fragen*, die den Verantwortlichen als Entscheidungshilfe dienten. Beispiele für die differenzierten Instrumente, die das Komitee dabei entwickelte, sollen im folgenden, abschließenden Kapitel vorgestellt und exemplarisch besprochen werden.

8.4 Unterschiedliche Instrumente ethischer Urteilsbildung

Fünf verschiedene Aktivitäten des Ethikgremiums aus den Jahren 2010 bis 2014 werden vorgestellt. Diese Aktivitäten werden den drei oben genannten Vollzügen ethischen Reflektierens (a, b, c) zugeordnet. Zu jeder Aktivität wird ein Vorgang exemplarisch besprochen und dem Ethikverständnis zugeordnet, wobei deutlich wird, dass die Zuordnung jeweils nicht zwingend ist.

8.4.1 Texte zur Orientierung für Mitarbeiterinnen

Ein erstes Beispiel ist die von der damaligen Ethikkommission im Jahr 2010 verabschiedete Schrift *Autonomie stärken*, die Mitarbeiterinnen und Mitarbeitern der Stiftung Orientierung geben soll bei dem Ziel, *die Fähigkeit der betreuten Menschen zur Selbstbestimmung zu fördern*. Die Schrift hat drei Teile: Teil 1 klärt den *Begriff der Autonomie*, auch im Blick auf Menschen mit eingeschränkter Selbststeuerung. Teil 2 bringt *zehn Beispiele*, die von der Stärkung der Autonomie bei geistig behinderten oder bei alten und demenzkranken Menschen handeln. Teil 3 gibt *Anregungen für die Praxis*, die einerseits den Anspruch der Betreuten auf möglichst weitgehende Selbstbestimmung, andererseits die Förderung der Kompetenz der Mitarbeiterinnen betreffen.

Der Text kann, soweit er die Haltung der Mitarbeitenden anspricht, als Ausdruck *tugendethischer Argumentationsweise* verstanden werden. Beispielhaft kann man etwa den Fall (9) „Sonjas Eltern wollen, dass sie sterben darf“ (S. 51-53) heranziehen. Er handelt von einem Kleinkind, das nach Geburtskomplikationen mit Sauerstoffmangel eine *schwerste Hirnschädigung* erlitten hat und ins *Kinderhospiz* verlegt wurde. Die Eltern erwarten, je länger die Situation andauert, desto deutlicher das komplette Absetzen der künstlichen Ernährung, um das Kind sterben zu lassen. Der Text schildert die Ausgangssituation, das Dilemma für Ärzte und Pflegende im Kinderhospiz, deren – schließlich im Einvernehmen mit den Eltern getroffene – Entscheidung, Sonja weiterhin künstlich zu ernähren, und abschließend die Begründung hierfür.

8.4.2 Fallbesprechungen

Ein zweites vom Ethikkomitee eingesetztes Instrument ethischer Urteilsbildung sind *Fallbesprechungen*. Das folgende Beispiel berichtet von einer Fallbesprechung in der *St. Lukas-Klinik* im September 2013. Grundlage der Besprechung, an der etwa 30 Angehörige des ärztlichen und pflegerischen Personals der Klinik teilnahmen, war der (anonymisierte) Bericht des behandelnden Arztes über einen 49-jährigen Mann mit Down-Syndrom, der seit mehr als 30 Jahren in einem Heim der *St. Gallus-Hilfe* lebte. Als bei ihm ein deutlicher Appetits- und dann auch ein Gewichtsverlust beobachtet wurden, schlugen die Ärzte den Angehörigen vor, eine *PEG-Sonde* zu legen. Auch ein Gastroenterologe einer auswärtigen Klinik, der konsultiert wurde, plädierte für diesen Eingriff. Die Angehörigen lehnten dies zunächst ab, stimmten aber schließlich zu, als eine Magenspiegelung keine Ursache für die Essstörung ergab. *Die Sonde wurde gelegt.* Wenige Tage später *verstarb der Mann* im Krankenhaus.

In der Fallbesprechung, die sich an das Konzept der Medizinethikerin Baumann-Hölzle (1999; 2009) anlehnte, wurden zwei Teilgruppen gebildet. Die Diskussion folgte einer Wertanalyse, die sich an den vier von der prinzipienorientierten Ethik (Beauchamp/Childress 2013) genannten Werten ausrichtete: Respekt vor der Selbstbestimmung des Patienten, Schadensvermeidung, Fürsorge, Gerechtigkeit. Das Fazit war, dass es – auch nach kritischen Rückfragen – gute Gründe *für* das Verhalten der Ärzte in der geschilderten Situation gab; es sprach manches dafür, dass der überraschende Tod des Patienten durch das späte Legen der Sonde herbeigeführt wurde.

Die Fallbesprechungen, die – immer auf Anfrage der Gesellschaften – auch zu anderen Fragen durchgeführt wurden, können als Instrumente der *diskursiven Ethik* verstanden werden; betrachtet man sie (wie im oben geschilderten Fall) unter dem Aspekt der Selbstvergewisserung über die Angemessenheit des Verhaltens der behandelnden Ärzte, enthalten sie auch Aspekte des *tugendethischen Konzepts*.

8.4.3 Expertisen zu Richtlinien

Eine weitere Aktivität des Ethikkomitees, die sich nun aber eher dem Konzept der *normativen Ethik* zuordnen lässt, sind *Begutachtungen von Richtlinien*, die im Auftrag des Vorstands der Stiftung oder der Geschäftsführung von Gesellschaften von Arbeitsgruppen erstellt worden sind. Ein Beispiel dafür war im Frühjahr 2012 die Beratung einer Arbeitsgruppe der St. Gallus-Hilfe. Diese hatte auf Wunsch der Geschäftsführung ein Papier *Leitlinien zum Umgang mit sexuellem Missbrauch* erarbeitet, das sich an die Mitarbeiterinnen und Mitarbeiter wandte. Anlass waren nicht nur die Missbrauchsfälle im kirchlichen Raum, sondern analoge Vorkommnisse in den Gesellschaften der Liebenauer Behindertenhilfe.

Eine Mitarbeiterin der Arbeitsgruppe berichtete über die Erarbeitung der *Leitlinien*, die insgesamt 28 Seiten umfassen, und kommentierte den Text. Das Ethikkomitee beriet darüber, sprach der Grundstruktur und der Intention der *Leitlinien* Anerkennung aus, gab aber auch insgesamt fünf Rückmeldungen zu sachlichen und sprachlichen Verbesserungen in einzelnen Punkten. Zum Beispiel wurde nach Meinung des Komitees die Möglichkeit einer Strafanzeige zu restriktiv behandelt; eine offensivere Vorgehensweise sei hier hilfreich. Die *Leitlinien* sind inzwischen im Druck erschienen.

Einige Monate später prüfte das Ethikkomitee auch den Entwurf einer Richtlinie des Berufsbildungswerks Adolf Aich zum Thema *Prävention gegen sexuellen Missbrauch und Verhalten bei Missbrauchsfällen* und empfahl eine Überarbeitung, die sich an schon vorhandenen Leitlinien, etwa denen der Deutschen Bischofskonferenz vom 23. August 2010, ausrichten sollte.

8.4.4 Stellungnahmen für Politik und Öffentlichkeit

Ein Instrument ethischer Urteilsbildung, das auch die früheren Ethikkommissionen schon benutzt hatten, sind *Stellungnahmen, vorrangig zu gesundheitspolitischen oder sozialpolitischen Entscheidungen* – seien es Gesetzentwürfe oder Verwaltungsakte –, die das Ethikkomitee für die Entscheidungsträger in Legislative oder Exekutive erstellt und diesen sowie der Öffentlichkeit bekannt gibt. In den Jahren 1995 bis 2011 standen dabei gesundheitspolitische Themen im Vordergrund: Stellungnahme zur sog. *Bioethikkonvention* des Europarats (1995),

Stellungnahme zu den *Grundsätzen der Bundesärztekammer zur ärztlichen Sterbebegleitung* vom 11. September 1998 (1999), *Stellungnahme zur gesetzlichen Regelung der Präimplantationsdiagnostik* (2002), *Ergänzende Stellungnahme zur gesetzlichen Neuregelung der Präimplantationsdiagnostik* (2011). Entsprechend dem Votum eines Workshops, der im März 2012 anlässlich der Einsetzung des neuen Ethikkomitees darüber beraten hatte, sollten nun stärker sozialpolitische Themen in den Blick genommen werden. Dieses Instrument, in dem das Ethikkomitee im gemeinsamen Nachdenken und Aushandeln, oft begleitet von Experten, eine Lösung für gesellschaftlich strittige Fragen zu finden versucht, entspricht dem Konzept einer *diskursiven Ethik.*

Ein Anlass für einen solchen Diskurs und eine damit verbundene Stellungnahme bot sich im Frühjahr 2012, als die Geschäftsführung des *Berufsbildungswerks (BBW) Adolf Aich* das Ethikkomitee auf eine seit 2005 üblich gewordene Vorgehensweise der *Bundesagentur für Arbeit (BA)* hinwies, die die deutschlandweit 52 BBWs teilweise vor gravierende finanzielle Probleme stellt. Demnach werden die Bildungsmaßnahmen, die die BA zur Unterstützung und Qualifizierung förderbedürftiger Jugendlicher finanziert, nicht mehr gemäß einer bundesweiten Netzplanung der BBWs vereinbart, sondern auf dem „Markt" der Bildungsträger als „Lose" ausgeschrieben. Während es für die BBWs zuvor preisverhandelte Maßnahmen, vereinbarte Kostensätze und sichere Belegungszahlen gab, kommt es nun zu einer neuen, den Wettbewerb von Anbietern anreizenden Mittelvergabe durch Ausschreibung von Ausbildungsdienstleistungen.

Das Ethikkomitee beschreibt in seiner vierseitigen Stellungnahme zunächst kurz diese *Ausschreibungsverfahren*, die an die Stelle der bisherigen Rehabilitationsmaßnahmen getreten sind, würdigt die Situation der BA, die unter Spardruck steht, übt aus ethischer Sicht Kritik an deren Vorgehen, formuliert ethische Kriterien für angemessene Bildungsmaßnahmen und zieht Schlussfolgerungen für die künftige Gewährung von Leistungen der beruflichen Rehabilitation.

Die Stellungnahme wurde – im Einvernehmen mit dem Vorstand der Stiftung und der Geschäftsführung des BBW – im Juli 2012 der BA zugesandt und innerhalb der Fachwelt veröffentlicht. Es kam zu einem lebhaften Briefwechsel zwischen der zuständigen Stelle der BA (dem *Einkauf Arbeitsmarktdienstleistungen*) und dem Ethikkomitee. Im September 2013 fand ein abschließendes Gespräch statt, zu dem die BA drei hochrangige Vertreter in das BBW entsandte.

Es ist schwer zu beurteilen, *ob der vom Ethikkomitee angestoßene Diskurs bei der BA zum Nachdenken geführt* und dadurch die Situation der lernbehinderten

Jugendlichen verbessert hat. Die BA hat ihre Maßnahmen durchweg verteidigt und ging auf die ethische Dimension der Kritik nicht ein. Die Geschäftsführung des BBW sieht allerdings zwischenzeitlich eine Verbesserung seiner Situation.

8.4.5 Beratung des Vorstands und der Geschäftsführungen

Zu den Instrumenten einer *diskursiven Ethik* gehören neben Stellungnahmen für Politik und Öffentlichkeit auch Beratungen, mit denen das Ethikkomitee die Arbeit des Vorstands der Stiftung und der Geschäftsführungen einzelner Gesellschaften begleitet. Dafür soll im Folgenden eine vom *Vorstand* erbetene Stellungnahme vorgestellt werden, die das Komitee in der zweiten Jahreshälfte 2013 erarbeitete und im Dezember dem Vorstand und den in der Arbeit für behinderte Menschen tätigen *Geschäftsführungen* übergab. Unter dem Titel *Inklusion verlangt eine strategische Neuausrichtung* erläutert der 15-seitige Text im 1. Kapitel das Behindertenrechtsübereinkommen der Vereinten Nationen von 2006, geht dann im 2. Kapitel auf Forderungen dieses Übereinkommens ein, die die Arbeit der Stiftung Liebenau tangieren, und stellt im 3. Kapitel bisher eingebrachte Beiträge zu dieser Thematik aus der Stiftung Liebenau vor. Darauf gestützt reflektiert Kapitel 4 kurz die Urteilsbildung zum Thema innerhalb der Stiftung. Kapitel 5 erörtert *ethische Kriterien* zum Thema *Inklusion*: *Respekt vor Selbstbestimmung*, *Fürsorge*, *Teilhabe am gesellschaftlichen Leben* und *Schutz*.

Das abschließende Kapitel 6 gibt Empfehlungen für eine strategische Neuausrichtung der Stiftung. Diese Empfehlungen bündeln sich in *vier Aspekten*: (1) Der Vorrang der Wahlmöglichkeit der Menschen mit Behinderung, (2) Die unterschiedliche Situation von Menschen mit Behinderung, (3) Inklusion als Zielsetzung und (4) Grenzen der Verwirklichung von Inklusion. Dieser letzte, heute gegenüber dem dritten Aspekt oft wenig beachtete Gedanke greift das Kriterium des *Schutzes* aus dem Kapitel 5 auf. Dieses lautet: „Dort, wo für Menschen mit schwerster und mehrfacher Behinderung an Stelle der Teilhabe eher der Wunsch nach Schutz und einer Rückzugsmöglichkeit Vorrang hat, soll diesem Bedürfnis Rechnung getragen werden“ (S. 11).

8.5 Versuch eines Fazits zur Arbeit des Ethikkomitees

Ein Fazit zur Arbeit des Ethikkomitees seit dessen Neubesetzung im Jahr 2012 zu ziehen ist schwierig, da die Gespräche über die angemessene Arbeitsweise andauern. Eine Zusammenfassung soll *unter zwei Fragestellungen* versucht werden: (1) Welche Folgen hatten *die jüngsten Veränderungen* in der Zusammensetzung des Gremiums? (2) Ist *die Arbeit des Komitees* seit der letzten Umgestaltung Anfang des Jahres 2012 besser gelungen?

8.5.1 Folgen der Veränderungen in der Zusammensetzung des Gremiums

Durch die Veränderungen in der Zusammensetzung des Gremiums gelang es, die ethische Reflexion in der Stiftung Liebenau *näher an ihre ursprüngliche Aufgabenstellung* heranzubringen: die kritisch-reflektierende ethische „Begleitung sowohl ihres Handelns als auch ihrer Vernetzung mit der sich ständig verändernden Gesellschaft und der politischen Entwicklung" (GO 1999, Präambel). Das Ziel, die ethische Urteilsbildung von der *Überlagerung durch Interessen der Entscheidungsträger* zu befreien, wird sowohl von Seiten des Vorstands wie von Seiten des Ethikkomitees bis heute bejaht. Es hatte zur Folge, die Arbeit des Gremiums besser als zuvor mit der *Lebenswirklichkeit der zur Stiftung gehörenden Menschen* zu verbinden und die *Arbeit am ethischen Nachdenken stringenter* zu gestalten.

Freilich hatten diese positiven Effekte auch *Kehrseiten*: Das 2012 entstandene Ethikkomitee ist ein Gremium *ohne direkten operativen Einfluss*, das beim Vorstand und den Geschäftsführungen der verschiedenen Gesellschaften „dafür werben muss", seiner Sichtweise Gehör zu verschaffen. Denn „Verbindlichkeit für die Stiftung erlangen die Beschlüsse (sc. des Ethikkomitees) dann, wenn sie vom Vorstand in Kraft gesetzt werden" [GO 2012, § 3 (6)].

8.5.2 Das Bemühen um weitere Verbesserung der Arbeit des Ethikkomitees

Das aktuelle Komitee ist eine Gruppe von *nur sechs Personen*, die *sehr konzentriert* und mit *hohen Präsenzzeiten* arbeitet; die personelle Besetzung ist seit der Einrichtung im Januar 2012 konstant geblieben. Da die Auswahl durch den Vorstand – neben dem Kriterium *„in der Stiftung tätig/extern"* – nach *fachlichen Qualifikationen* erfolgte, herrscht eine *klare Zuordnung von Kompetenzen*, die bei den Beratungen und der Erarbeitung von Texten auch zum Tragen kommt. Dies zeigte sich etwa bei der Erstellung der zuletzt verabschiedeten Stellungnahme *„Beihilfe zum Suizid in ethischer Bewertung"*. Sie wurde im Zeitraum *von März bis September 2014* in sechs Sitzungen erarbeitet; zu *einem* der Treffen war ein renommierter *auswärtiger Medizinethiker als Experte* eingeladen. Bei der Konzeption und Formulierung des Papiers herrschte ein *hoher Konsens* innerhalb des Gremiums. In der Endphase wurden der *Vorstand* und die primär betroffene *Geschäftsführung der Altenhilfe eingebunden* und wirkten sehr kooperativ mit; insbesondere die *Unterstützung durch den Vorstand* war äußerst hilfreich.

Dass diese Stellungnahme, die inzwischen im Druck erschienen ist, von der Leitungsebene so zustimmend aufgenommen wurde, mag auch daran liegen, dass sie eine *medizinethische Fragestellung* betraf. Die Erfahrung zeigt, dass Meinungsverschiedenheiten eher dort entstehen, wo – wie in dem Diskurs über „*Lohngerechtigkeit*" – *unternehmensethische Fragen* berührt werden. So dauert etwa das Bemühen um den in der Geschäftsordnung des Ethikkomitees verankerten „*Masterplan*", eine „Schulung von Ethikberatern und Moderatoren von ethischen Fallbesprechungen sowie die Schaffung von Ethikzirkeln" in den verschiedenen Gesellschaften zu verankern [GO 2012, § 1 (2)], im Gespräch mit den Geschäftsführungen an. Auch die vom Ethikkomitee gewünschte Benennung eines Ethikbeauftragten in jeder Gesellschaft ist Thema weiterer Überlegungen.

Ohne Zweifel gab es in den drei Jahren von 2012 bis 2014 *zahlreiche gelungene Aktivitäten des Komitees*, vor allem dort, wo dieses *auf Grund einer ethischen Bedarfslage* von den Entscheidungsträgern *zu einer Beratung und Positionsfindung gerufen* wurde. Dazu zählten *Fallbesprechungen über medizinethisch komplexe Situationen oder schwierige Klienten*, *Stellungnahmen gegenüber legislativen und exekutiven Organen der Politik*, *Leitlinien für Mitarbeiter*. In analoger Weise versucht das Ethikkomitee zusammen mit den Entscheidungsträgern innerhalb der Stiftung, insbesondere den Geschäftsführungen, *gemeinsame Plattformen zu vereinbaren*, in denen Anregungen und Einsichten des Ethikkomitees für das eigene operative Handeln fruchtbar gemacht werden können. Es wird künftig eine wesentliche Aufgabe der wichtigsten Gesprächspartner sein, eine Grundlage der Zusammenarbeit zu finden, die auf *von allen bejahten Vereinbarungen* beruht.

Literatur

Baumann-Hölzle Ruth (1999): Sieben Schritte ethischer Urteilsbildung. In: Dies.: Autonomie und Freiheit in der Medizin-Ethik. Freiburg, München (Alber), S. 320-330.

Baumann-Hölzle Ruth (2009): "7 Schritte Dialog" – Exemplarische Vertiefung der Methodik einer Fallbesprechung. In: Dies., Arn Christof (Hg.): Ethiktransfer in Organisationen. Handbuch Ethik im Gesundheitswesen Band 3, Basel (Schwabe und EMH), S. 215-240.

Beauchamp Tom L., Childress James F. (2013): Principles of Biomedical Ethics. 7. Auflage. New York (Oxford University Press).

Brüll Hans-Martin/Schmid Bruno (Hg.) (2008): Leben zwischen Autonomie und Fürsorge. Beiträge zu einer anwaltschaftlichen Ethik. Freiburg i. Br. (Lambertus).

Brüll Hans-Martin, Bohlken Eike (Hg.) (2009): Autonomie in Beziehung. Zur Ethik von Sozialunternehmen mit christlichem Anspruch. Freiburg i. Br. (Lambertus).

Lesch Walter (1992): Ethik und Moral/Gut und Böse/Richtig und Falsch. In: Wils Jean-Pierre, Mieth Dietmar: Grundbegriffe der christlichen Ethik. Paderborn (Schöningh), 64-83.

Schmid Bruno (2002): Widersprechen sich christliches Ethos und ökonomische Vernunft? Ein Diskussionsprozess in der Ethikkommission der Stiftung Liebenau. In: Broll Berthold, Staiber Helmut, Worrings Dieter (Hg.): In Freiheit Beziehungen gestalten. Erfahrungen, Standpunkte und Perspektiven aus der Stiftung Liebenau. Freiburg i. Br. (Lambertus), S. 67-75.

St. Gallus-Hilfe für behinderte Menschen gGmbH (Hg.) (2014): Leitlinien zum Umgang mit sexuellem Missbrauch in der St. Gallus-Hilfe. Meckenbeuren-Liebenau (St. Gallus-Hilfe).

Steinkamp Norbert, Godijn Bert (2009): Ethik in der Klinik – ein Arbeitsbuch. Zwischen Leitbild und Stationsalltag. 3. Auflage. Neuwied (Luchterhand).

Die Autorinnen und Autoren

Gisela Bockenheimer-Lucius, Dr. med., ehemalige Wissenschaftliche Mitarbeiterin des Dr. Senckenbergischen Instituts für Geschichte und Ethik der Medizin an der Johann Wolfgang Goethe-Universität Frankfurt a.M., Initiatorin des Frankfurter Netzwerks Ethik in der Altenpflege.

Michael Coors, Dr. theol., Theologischer Referent am Zentrum für Gesundheitsethik (ZfG), Hannover, Pastor der Ev.-luth. Landeskirche Hannovers.

Reinhild Godehart, Fachärztin für Allgemeinmedizin, Vorsitzende des Ethikkomitees für den Landkreis Nienburg, Mitglied im Vorstand des Palliativstützpunktes Nienburg.

Karin Gollan, M. A., Leiterin des Fachbereichs Ethik der Malteser Deutschland gGmbH, Bonn.

Margit Haas, Univ.-Prof. Dr. rer. cur., Pflegewissenschaftlerin (MScN), Universität Trier.

Ina Hauptmann, Dr. med., Fachärztin für Allgemeinmedizin, Palliativmedizin, Vorsitzende des Palliativnetz Peine e.V.

Stefan Kliesch, Dipl. Theologe, Coach, Ethik-Berater, Stabstelle Ethik & Unternehmenskultur/Leitung der Gesundheitsakademie der Hospitalgesellschaft Jade-Weser mbh.

Sylvia Kotterba, Prof. Dr. med., Chefärztin der Klink für Geriatrie im Klinikum Leer gGmbH, Mitglied des Zentrums für Medizinische Ethik an der Ruhr-Universität Bochum

Matthias Kreft, Dr. med., Facharzt für Allgemeinmedizin, Palliativmedizin, verantwortlicher Palliativmediziner für den Palliativstützpunkt Ammerland/Uplengen und den Palliativstützpunkt Landkreis Oldenburg & Delmenhorst, Geschäftsführer der gemeinnützigen Plexxon Management GmbH Oldenburg.

Annette Riedel, Prof. Dr. phil., Hochschule Esslingen, Mitglied im Vorstand der Akademie für Ethik in der Medizin (AEM), Mitglied im Ethikkomitee der Diakonie Stetten e.V., Trainerin für Ethikberatung im Gesundheitswesen.

Alfred Simon, Prof. Dr. phil., Geschäftsführer der Akademie für Ethik in der Medizin e. V. (AEM), Göttingen, Vorsitzender des Klinischen Ethikkomitees der Universitätsmedizin Göttingen, Trainer für Ethikberatung im Gesundheitswesen.

Timo Sauer, Dr. rer. med., M. A., Wissenschaftlicher Mitarbeiter des Dr. Senckenbergischen Instituts für Geschichte und Ethik der Medizin und des Klinischen Ethik-Komitees an der Universitätsklinik der Johann Wolfgang Goethe-Universität Frankfurt a.M., Mitglied des Frankfurter Netzwerks Ethik in der Altenpflege, Trainer für Ethikberatung im Gesundheitswesen (AEM).

Bruno Schmid, Dr. theol., Prof. i. R. für Katholische Theologie/ Religionspädagogik an der Pädagogischen Hochschule Weingarten, Vorsitzender des Ethikkomitees der Stiftung Liebenau.

Mechthild Schmithüsen, Fachärztin für Allgemeinmedizin, Vorsitzende des Ethik-Komitees für den Landkreis Nienburg, Vorsitzende des Palliativstützpunkts Nienburg/Weser.

Petra Scholz, Diplompädagogin, Sozialtherapie (DVG), Mitarbeiterin der Stabsstelle Qualität der Bremer Heimstiftung, Ethikberatung in der Altenpflege.

Mark Stiemerling, Leiter der Stiemerling Seniorenresidenz, Herzberg, Vorsitzender des Landesverbandes Niedersachsen/Bremen des Deutschen Verbandes der Leitungskräfte von Alten- und Behinderteneinrichtungen (DVLAB).

Jörg Wilch, Fachkrankenpfleger für Psychiatrie, Einrichtungsleitung des AMEOS Pflegehauses am Sonnenweg in Oldenburg i.H., Leiter des Ethikkomitees im Unternehmensbereich Pflege für die AMEOS Standorte in Ostholstein.